Das Erste Russische Lesebuch für Anfänger

Vadim Zubakhin

Das Erste Russische Lesebuch für Anfänger
Stufen A1 A2
Zweisprachig mit Russisch-deutscher Übersetzung
Audiodateien inklusive

LANGUAGE
PRACTICE
PUBLISHING

Das Erste Russische Lesebuch für Anfänger
von Vadim Zubakhin

Audiodateien: www.lppbooks.com/Russian/FirstRussianReader_audio
Homepage: www.audiolego.com

Umschlaggestaltung: Audiolego Design
Umschlagfoto: Canstockphoto

5. Ausgabe
Copyright © 2012 2013 2015 2018 2019 Language Practice Publishing
Copyright © 2015 2018 2019 Audiolego
Alle Rechte vorbehalten. Das Werk ist urheberrechtlich geschützt.

Оглавление
Inhaltsverzeichnis

So steuern Sie die Geschwindigkeit der Audiodateien 8
Anfänger Stufe A1 9
Das russische Alphabet 10
Kapitel 1 Robert hat einen Hund 13
Kapitel 2 Sie wohnen in St Peterburg 16
Kapitel 3 Sind sie Russen? 19
Kapitel 4 Können Sie mir bitte helfen? 23
Kapitel 5 Robert wohnt jetzt in Russland 27
Kapitel 6 Robert hat viele Freunde 30
Kapitel 7 Pascha kauft ein Fahrrad 34
Kapitel 8 Luba will eine neue DVD kaufen 37
Kapitel 9 Kristian hört deutsche Musik 40
Kapitel 10 Kristian kauft Fachbücher über Design 44
Kapitel 11 Robert will ein bisschen Geld verdienen (Teil 2) 48
Kapitel 12 Robert will ein bisschen Geld verdienen (Teil 2) 52
Fortgeschrittene Anfänger Stufe A2 57
Глава 13 Название гостиницы 58
Глава 14 Аспирин 61
Глава 15 Аня и кенгуру 65
Глава 16 Парашютисты 69
Глава 17 Выключи газ! 75
Глава 18 Агентство по трудоустройству 80
Глава 19 Паша и Роберт моют грузовик (часть 1) 85
Глава 20 Паша и Роберт моют грузовик (часть 2) 90
Глава 21 Урок 95
Глава 22 Кристиан работает в издательстве 99
Глава 23 Правила для кошек 104
Глава 24 Работа в команде 108
Глава 25 Роберт и Паша ищут новую работу 113
Глава 26 Устройство на работу в газету «Санкт Петербург сегодня» 119

Глава 27 Полицейский патруль (часть 1)	124
Глава 28 Полицейский патруль (часть 2)	131
Глава 29 ФЛЕКС и апэр	137
Приложения - Anlagen	141
Русско-немецкий словарь	149
Немецко-русский словарь	163
Die 1300 wichtigen russischen Wörter	177
Дни недели	177
Месяцы	177
Сезоны года	177
Семья	177
Внешность и качества	177
Эмоции	178
Одежда	179
Дом и мебель	179
Кухня	180
Посуда	181
Еда	181
Мясо и рыба	182
Фрукты	182
Овощи	183
Напитки	183
Приготовление еды (готовка)	183
Уборка	184
Уход за телом	184
Погода	185
Транспорт	185
Город	185
Профессии	188
Действия	189
Музыка	190
Спорт	191

Тело	191
Природа	192
Домашнее животное	193
Животные	193
Птицы	193
Цветы	194
Деревья	194
Море	194
Цвета	195
Размер	195
Материалы	195
Аэропорт	196
География	196
Преступления	197
Числа	198
Порядковые числительные	198
Buchtipps	200

So steuern Sie die Geschwindigkeit der Audiodateien

Das Buch ist mit den Audiodateien ausgestattet. Die Adresse der Homepage des Buches, wo Audiodateien zum Anhören und Herunterladen verfügbar sind, ist am Anfang des Buches auf der bibliographischen Beschreibung vor dem Copyright-Hinweis aufgeführt.

Wir empfehlen Ihnen, den kostenlosen VLC-Mediaplayer zu verwenden, die Software, die zur Steuerung der Wiedergabegeschwindigkeit aller Audioformate verwendet werden kann. Die Steuerung der Geschwindigkeit ist auch einfach und erfordert nur wenige Klicks oder Tastatureingaben.

Android: Nach der Installation vom VLC Media Player klicken Sie auf die Audiodatei am Anfang eines Kapitels oder auf der Homepage des Buches, wenn Sie ein Papierbuch lesen. Wählen Sie "Open with VLC". Wenn Sie Schwierigkeiten beim Öffnen von Audiodateien mit VLC haben, ändern Sie die Standard-App für den Musik-Player. Gehen Sie zu Einstellungen→Apps, wählen Sie VLC und klicken Sie auf "Open by default" oder "Set default".

Kindle Fire: Nach der Installation vom VLC Media Player klicken Sie auf eine Audiodatei am Anfang eines Kapitels oder auf der Homepage des Buches, wenn Sie ein Papierbuch lesen. Wählen Sie "Complete action using →VLC".

iOS: Nach der Installation vom VLC Media Player kopieren Sie den Link zu der Audiodatei am Anfang eines Kapitels oder auf der Homepage des Buches, wenn Sie ein Papierbuch lesen, und fügen Sie ihn in den Download-Bereich des VLC Media Players ein. Nachdem der Download abgeschlossen ist, gehen Sie zu "Alle Dateien" und starten Sie die Audiodatei.

Windows: Starten Sie den VLC Media Player und klicken Sie auf die Audiodatei am Anfang eines Kapitels oder auf der Homepage des Buches, wenn Sie ein Papierbuch lesen. Gehen Sie nun in die Wiedergabe (Playback) und navigieren Sie die Geschwindigkeit.

MacOS: Starten Sie den VLC Media Player und klicken Sie auf die Audiodatei am Anfang eines Kapitels oder auf der Homepage des Buches, wenn Sie ein Papierbuch lesen. Nun, navigieren Sie zum Playback und öffnen die Optionen von Geschwindigkeit. Navigieren Sie die Geschwindigkeit.

Anfänger Stufe 1A

Русский алфавит
Das russische Alphabet

Buchstabe	Handschrift	Name	IPA	Beispiel in Deutsch
Аа	*Аа*	а [a]	/a/	a in Mann
Бб	*Бб*	бэ [bɛ]	/b/ oder /bʲ/	b in Bett
Вв	*Вв*	вэ [vɛ]	/v/ oder /vʲ/	w in wer
Гг	*Гг*	гэ [gɛ]	/g/	g in gut, oder h in habe
Дд	*Дд*	дэ [dɛ]	/d/ oder /dʲ/	d in das
Ее	*Ее*	е [je]	/je/ oder /ʲe/	je in jetzt
Ёё	*Ёё*	ё [jo]	/jo/ oder /ʲo/	jo in Johannes
Жж	*Жж*	жэ [ʐɛ]	/ʐ/	g in Giro, Genre
Зз	*Зз*	зэ [zɛ]	/z/ oder /zʲ/	S in sagen
Ии	*Ии*	и [i]	/i/ oder /ʲi/	i in Tisch
Йй	*Йй*	и краткое	/j/	j in jetzt
Кк	*Кк*	ка [ka]	/k/ oder /kʲ/	k in Katze
Лл	*Лл*	эл [el]	/l/ oder /lʲ/	l in lesen
Мм	*Мм*	эм [ɛm]	/m/ oder /mʲ/	m in Mantel
Нн	*Нн*	эн [ɛn]	/n/ oder /nʲ/	n in nicht
Оо	*Оо*	о [o]	/o/	o in rot
Пп	*Пп*	пэ [pɛ]	/p/ oder /pʲ/	p in putzen
Рр	*Рр*	эр [ɛr]	/r/ oder /rʲ/	knurrende r
Сс	*Сс*	эс [ɛs]	/s/ oder /sʲ/	s in was
Тт	*Тт*	тэ [tɛ]	/t/ oder /tʲ/	t in Tisch
Уу	*Уу*	у [u]	/u/	u in Schuh
Фф	*Фф*	эф [ɛf]	/f/ oder /fʲ/	f in fallen
Хх	*Хх*	ха [ha]	/x/	ch in hoch, soft ausatmen

Цц	*Цц*	це [t͡sɛ]	/ts/	z in Zoo
Чч	*Чч*	че [t͡ɕe]	/t͡ɕ/	tsch in Deutsch
Шш	*Шш*	ша [ʃa]	/ʃ/	sch in Tisch
Щщ	*Щщ*	ща [ɕɕa]	/ɕ/	sch long und hart
Ъъ	*Ъъ*	твёрдый знак	/j/	
Ыы	*Ыы*	ы [ɨ]	[ɨ]	i in Willy
Ьь	*Ьь*	мягкий знак	/ ʲ/	
Ээ	*Ээ*	э [ɛ]	/e/	e in Bett
Юю	*Юю*	ю [ju]	/ju/ oder /ʲu/	ju in jung
Яя	*Яя*	я [ja]	/ja/ oder /ʲa/	ja in jammern

Русское произношение
Russische Aussprache

Betonung

Feste Betonungsregeln gibt es im Russischen nicht. Nur ё ist immer betont. Deswegen ist es wichtig, die Betonung gleich beim Lernen der russischen Vokabeln zu merken. Betonte Vokale werden auf Russisch lang ausgesprochen. Unbetonte Vokale werden kurz ausgesprochen.

Vokale

Hart: а, о, у, ы, э
Weich: я, ё, ю, и, е
In folgenden Fällen werden weiche Vokale (außer 'и') auf Russisch mit einem j-Vorsatz ausgesprochen:
am Wortanfang wie in *ягода - jagada - Beere*
nach einem Vokal wie in *новая - nowaja - neue (weiblich)*
nach einem Weichzeichen (ь) *семья - ßimja - Familie*
nach einem Härtezeichen (ъ) *отъезд - otjezd - Abfahrt*

Aussprache von -o- im Russischen

Im Russischen wird der Buchstabe O deutlich als O ausgesprochen, wenn er betont wird. Die restlichen Os werden als reduzierte As ausgesprochen (d.h. kürzer und undeutlicher als ein betontes A). Im Wort "молоко" (Milch) wird nur das letzte O deutlich als O ausgesprochen, weil es betont ist. Die unbetonten Os werden hier als reduzierte As

ausgesprochen. Das Wort "пл_о_хо" (schlecht) dagegen wird auf der ersten Silbe betont. Das unbetonte O am Ende wird als ein reduziertes A ausgesprochen.

Russische Konsonanten

Die meisten Konsonanten können im Russischen hart oder weich sein. Ob ein Konsonant hart oder weich ausgesprochen wird, erkennt man am darauf folgenden Buchstaben. Weich wird ein Konsonant, wenn ihm ein weicher Vokal (я, ё, ю, и, е) oder ein Weichzeichen (ь) folgt.

Harte Konsonanten:
бород_а_ - barada - Bart
р_о_ст - rost - Höhe
Weiche Konsonanten:
В_а_ля - walia - Walia (Name)
люб_о_вь - lubov - Liebe
пить - pit - trinken
Immer hart sind die Konsonanten: ж, ш, ц
Immer weich sind die Konsonanten: ч, щ

Stimmhaft oder stimmlos

Im Russischen unterscheidet man zwischen stimmhaften und stimmlosen Konsonanten. Es gibt folgende Paare:
Stimmhaft: б, в, г, д, ж, з
Stimmlos: п, ф, к, т, ш, с
Stimmhafte russische Konsonanten werden stimmlos am Wortende und vor einem stimmlosen Konsonanten.
Beispiel stimmhaft:
др_у_жба - druschba - Freundschaft
Beispiel stimmlos:
хлеб - chljep - Brot
идт_и_ - ittí - gehen
Immer stimmhaft sind: л, м, н, р, й
Immer stimmlos sind: х, ч, ц, щ.

1

У Ро**берта есть соб**а**ка**
Robert hat einen Hund

A

Слова
Vokabeln

1. автор**у**чка - der Stift; автор**у**чки - die Stifte
2. блокн**о**т - das Notizbuch; блокн**о**ты - die Notizbücher
3. больш**о**й - groß
4. велосип**е**д - das Fahrrad
5. глаз - das Auge; глаз**а** - die Augen
6. гост**и**ница - das Hotel; гост**и**ницы - die Hotels
7. ег**о** - sein, seine; ег**о** кров**а**ть - sein Bett
8. звезд**а** - der Stern
9. зелёный - grün
10. и / a - und
11. им**е**ет - er/sie/es hat; Он им**е**ет кн**и**гу. - Er hat ein Buch.
12. им**е**ть - haben
13. кн**и**га - das Buch

14. комната - das Zimmer; комнаты - die Zimmer
15. кошка - die Katze
16. красивый - schön
17. Кристиан - Kristian (Name)
18. кровати - die Betten; кровать - das Bett
19. магазин - der Laden; магазины - die Läden
20. маленький - klein
21. мечта - der Traum
22. много - viel
23. мой (M), моя (F), моё (N), мои (Pl) - mein, meine, mein, meine
24. не - nicht
25. новый - neu
26. нос - die Nase
27. один - ein
28. окна - die Fenster; окно - das Fenster
29. он - er
30. они - sie (Pl)
31. парк - der Park; парки - die Parks
32. Паша - Pascha (Name)
33. Роберт - Robert (Name)
34. Санкт Петербург - St Peterburg
35. синий - blau
36. слова - die Wörter, die Vokabeln; слово - das Wort, die Vokabel
37. собака - der Hund
38. стол - der Tisch; столы - die Tische
39. студент - der Student; студенты - die Studenten
40. те - jene (Pl.)
41. текст - der Text
42. тоже, также - auch
43. тот (M), та (F), то (N) - jener, jene, jenes
44. у меня - ich habe, у нас - wir haben, у тебя / у вас - du hast / ihr habt, у Вас - Sie haben, у него - er / es hat, у неё - sie hat, у них - sie haben
45. улица - die Straße; улицы - die Straßen
46. чёрный - schwarz
47. четыре - vier
48. эти - diese
49. этот (M), эта (F), это (N) - dieser, diese, dieses; эта книга - dieses Buch
50. я - ich

B

У Роберта есть собака

Robert hat einen Hund

1.Этот студент имеет книгу. 2.Он имеет ручку также.

3.Санкт Петербург имеет много улиц и парков. 4.Эта улица имеет новые гостиницы и магазины. 5.Эта гостиница имеет четыре звезды. 6.Эта гостиница имеет много хороших больших комнат.

7.Та комната имеет много окон. 8.А эти комнаты не имеют много окон. 9.Эти комнаты имеют четыре кровати. 10.А те комнаты имеют одну кровать. 11.Та комната не имеет много

1.Dieser Student hat ein Buch. 2.Er hat auch einen Stift.

3.St Peterburg hat viele Straßen und Parks. 4.Diese Straße hat neue Hotels und Läden. 5.Dieses Hotel hat vier Sterne. 6.Dieses Hotel hat viele schöne, große Zimmer.

7.Jenes Zimmer hat viele Fenster. 8.Und diese Zimmer haben nicht viele Fenster. 9.Diese Zimmer haben vier Betten. 10.Und diese Zimmer haben ein Bett. 11.Jenes Zimmer hat nicht viele Tische.

столов. 12.А те комнаты имеют много больших столов.

13.Эта улица не имеет гостиниц. 14.Тот большой магазин не имеет много окон.

15.Эти студенты имеют тетради. 16.Они имеют ручки также. 17.Роберт имеет одну маленькую чёрную тетрадь. 18.Кристиан имеет четыре новые зелёные тетради.

19.Этот студент имеет велосипед. 20.Он имеет новый синий велосипед. 21.Паша имеет велосипед тоже. 22.Он имеет красивый чёрный велосипед.
23.У Кристиана есть мечта. 24.У меня есть мечта тоже. 25.У меня нет собаки 26.У меня есть кошка. 27.У моей кошки красивые зелёные глаза. 28.У Роберта нет кошки. 29.У него есть собака. 30.У его собаки маленький чёрный нос.

12.Und diese Zimmer haben viele große Tische.

13.In dieser Straße sind keine Hotels. 14.Dieser große Laden hat nicht viele Fenster.

15.Diese Studenten haben Notizbücher. 16.Sie haben auch Stifte. 17.Robert hat ein kleines schwarzes Notizbuch. 18.Kristian hat vier neue grüne Notizbücher.

19.Dieser Student hat ein Fahrrad. 20.Er hat ein neues blaues Fahrrad. 21.Pascha hat auch ein Fahrrad. 22.Er hat ein schönes schwarzes Fahrrad. 23.Kristian hat einen Traum. 24.Ich habe auch einen Traum. 25.Ich habe keinen Hund. 26.Ich habe eine Katze. 27.Meine Katze hat schöne grüne Augen. 28.Robert hat keine Katze. 29.Er hat einen Hund. 30.Sein Hund hat eine kleine schwarze Nase.

C

Aussprache

Den meisten russischen Buchstaben entspricht nur ein Klang.
Ё ist immer betont. O wird wie a ausgesprochen, falls es unbetont ist: молоко - [малако] *Milch*.
E wird wie и ausgesprochen, falls unbetont: менеджер - [мениджир] *Manager*.
Die Endung -го wird immer -во ausgesprochen: его - [ево] *ihn*.
Wenn ein Konsonant am Ende des Wortes erscheint, wird sein Klang schwächer.
б wird ausgesprochen wie п: клуб - [клуп] *Klub*
в wird ausgesprochen wie ф: Медведев - [мидведеф] *Medwedew (Familienname)*
г wird ausgesprochen wie к: маркетинг - [маркитинк] *Marketing*
д wird ausgesprochen wie т: шоколад - [шакалат] *Schokolade*
ж wird ausgesprochen wie ш: ложь - [лош] *Lüge*
з wird ausgesprochen wie с: каприз - [каприс] *Laune*

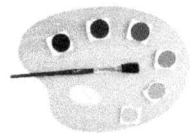

2

Они живут в Санкт Петербурге
Sie wohnen in St Peterburg

A

Слова
Vokabeln

1. большой - groß
2. брат - der Bruder
3. в - in
4. голодный - hungrig
5. город - die Stadt
6. два - zwei
7. жить - leben, wohnen
8. из, с, от - aus
9. Люба - Luba (Name)
10. мать - die Mutter
11. мы - wir
12. на - in, on, at
13. находится - ist, befindet sich; Магазин находится рядом. - Der Laden ist nah.
14. находятся - sind, befinden sich; Магазины находятся рядом. - Die Läden sind nah.
15. немец - der Deutsche, немка - die Deutsche
16. немецкий - deutsche
17. Норвегия - Norwegen
18. она - sie
19. покупать - kaufen

20. Россия - Russland
21. русский / россиянин (M) - Russe
22. русская / россиянка (F) - Russin
23. русский, российский (Adj) - russisch
24. сейчас - jetzt, zurzeit, gerade
25. сестра - die Schwester
26. супермаркет - der Supermarkt
27. сэндвич - das Sandwich
28. ты / Вы / вы - du / Sie / ihr

B

Они живут в Санкт Петербурге

Sie wohnen in St Peterburg

1.Санкт Петербург большой город. 2.Санкт Петербург находится в России.

1.St Peterburg ist eine große Stadt. 2.St Peterburg ist in Russland.

3.Это Роберт. 4.Роберт студент. 5.Он находится сейчас в Санкт Петербурге. 6.Роберт из Германии. 7.Он немец. 8.Роберт имеет мать, отца, брата и сестру. 9.Они живут в Германии.

3.Das ist Robert. 4.Robert ist Student. 5.Er ist zurzeit in St Peterburg. 6.Robert kommt aus Deutschland. 7.Er ist Deutscher. 8.Robert hat eine Mutter, einen Vater, einen Bruder und eine Schwester. 9.Sie leben in Deutschland.

10.Это Кристиан. 11.Кристиан студент тоже. 12.Он из Норвегии. 13.Он норвежец. 14.Кристиан имеет мать, отца и двух сестёр. 15.Они живут в Норвегии.

10.Das ist Kristian. 11.Kristian ist auch Student. 12.Er kommt aus Norwegen. 13.Er ist Norwege. 14.Kristian hat eine Mutter, einen Vater und zwei Schwestern. 15.Sie leben in Norwegen.

16.Роберт и Кристиан находятся сейчас в супермаркете. 17.Они голодные. 18.Они покупают сэндвичи.

16.Robert und Kristian sind gerade im Supermarkt. 17.Sie haben Hunger. 18.Sie kaufen Sandwichs.

19.Это Люба. 20.Люба русская. 21.Люба живёт в Санкт Петербурге тоже. 22.Она не студентка.

19.Das ist Luba. 20.Luba ist Russin. 21.Luba wohnt auch in St Peterburg. 22.Sie ist kein Student.

23.Я студент. 24.Я из Германии. 25.Я сейчас в Санкт Петербурге. 26.Я не голоден.

23.Ich bin Student. 24.Ich komme aus Deutschland. 25.Ich bin zurzeit in St Peterburg. 26.Ich habe keinen Hunger.

27.Ты студент. 28.Ты немец. 29.Ты сейчас не в Германии. 30.Ты в России.

27.Du bist Student. 28.Du bist Deutsche. 29.Du bist zurzeit nicht in Deutschland. 30.Du bist in Russland.

31.Мы студенты. 32.Мы сейчас в России.

31.Wir sind Studenten. 32.Wir sind zurzeit in Russland.

33.Это велосипед. 34.Велосипед синий. 35.Велосипед не новый.

33.Dies ist ein Fahrrad. 34.Das Fahrrad ist blau. 35.Das Fahrrad ist nicht neu.

36.Это собака. 37.Собака чёрная. 38.Собака не большая.

39.Это магазины. 40.Магазины не большие. 41.Они маленькие. 42.Тот магазин имеет много окон. 43.Те магазины имеют не много окон.

44.Та кошка находится в комнате. 45.Те кошки находятся не в комнате.

36.Dies ist ein Hund. 37.Der Hund ist schwarz.
38.Der Hund ist nicht groß.

39.Dies sind Läden. 40.Die Läden sind nicht groß. 41.Sie sind klein. 42.Jener Laden hat viele Fenster. 43.Jene Läden haben nicht viele Fenster.

44.Jene Katze ist im Zimmer. 45.Jene Katzen sind nicht im Zimmer.

Geschlecht der Substantive

Substantive haben keinen Artikel. Es gibt drei Geschlechter: Maskulinum, Femininum und Neutrum. Das Geschlecht der Substantive, sowohl lebendige (belebt) als auch Gegenstände (unbelebt), werden von der Endung des Wortes bestimmt.
Substantive im Maskulinum enden mit einem Konsonant oder -й: город *(Stadt)*, номер *(Nummer)*, диджей *(DJ)*. Die wichtigsten Ausnahmen: папа *(Vater)*, дядя *(Onkel)*, мужчина *(Mann)*.
Substantive im Femininum enden normalerweise mit -а oder -я: фамилия *(Familienname)*, фирма *(Firma)*.
Substantive im Neutrum enden mit -о oder -е: отчество *(Vatersname)*, здание *(Gebäude)*. Die Hauptausnahme: имя *(Name)*
Die meisten Substantive mit der Endung -ь sind Maskulinum oder Femininum: сеть *(Netz, Fem.)*, день *(Tag, Mask.)*, стиль *(Stil, Mask.)*.

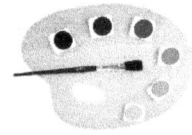

3

Они русские?
Sind sie Russen?

A

Слова
Vokabeln

1. все, всё - alle
2. Вы - Sie
3. где - wo
4. да - ja
5. дом - das Haus
6. её - ihr; её книга - ihr Buch
7. женщина - die Frau
8. животное - das Tier
9. как - wie
10. карта - die Karte
11. кафе - das Café
12. мальчик - der Junge
13. мужчина - der Mann
14. на - auf
15. наш - unser
16. нет - nein
17. никакой - nein
18. оно - es
19. парень - der Junge
20. россиянин / русский (M), россиянка / русская (F) - Russe / Russin, российский / русский (M) (Adj) - russische; русский язык - russische Sprache

21. сидиплеер - der CD-Spieler
22. сколько - wieviel
23. старый - alt

24. ты / вы - du / ihr
25. у, около, в - am, beim

B

Они русские?

1
- Я парень. Я в комнате.
- Ты русский?
- Нет. Я немец.
- Ты студент?
- Да. Я студент.

2
- Это женщина. Женщина в комнате - тоже.
- Она немка?
- Нет. Она русская.
- Она студентка?
- Нет. Она не студентка.

3
- Это человек. Он за столом.
- Он русский?
- Да. Он русский.

4
- Это студенты. Они в парке.
- Они все русские?
- Нет. Это норвежцы, русские и немцы.

5
- Это стол. Он большой.
- Он новый?
- Да. Он новый.

6
- Это кошка. Она в комнате.
- Она чёрная?
- Да. Она чёрная и красивая.

7
- Это велосипеды. Они возле дома.
- Они чёрные?
- Да. Они чёрные.

8
- Ты имеешь тетрадь?
- Да.
- Сколько тетрадей ты имеешь?

Sind sie Russen?

1
- *Ich bin ein Junge. Ich bin im Zimmer.*
- *Bist du Russe?*
- *Nein, ich bin nicht Russe. Ich bin Deutscher.*
- *Bist du Student?*
- *Ja, ich bin Student.*

2
- *Das ist eine Frau. Die Frau ist auch im Zimmer.*
- *Ist sie Deutsche?*
- *Nein, sie ist nicht Deutsche. Sie ist Russin.*
- *Ist sie Studentin?*
- *Nein, sie ist nicht Studentin.*

3
- *Das ist ein Mensch. Er sitzt am Tisch.*
- *Ist er Russe?*
- *Ja, er ist Russe.*

4
- *Das sind Studenten. Sie sind im Park.*
- *Sind sie alle Russen?*
- *Nein, sie sind nicht alle Russen. Sie sind Deutsche, Russen und Norwegen.*

5
- *Das ist ein Tisch. Er ist groß.*
- *Ist er neu?*
- *Ja, er ist neu.*

6
- *Das ist eine Katze. Sie ist im Zimmer.*
- *Ist sie schwarz?*
- *Ja, das ist sie. Sie ist schwarz und schön.*

7
- *Das sind Fahrräder. Sie stehen beim Haus.*
- *Sind sie schwarz?*
- *Ja, sie sind schwarz.*

8
- *Hast du ein Notizbuch?*
- *Ja.*
- *Wie viele Notizbücher hast du?*

- Я им<u>е</u>ю две тетр<u>а</u>ди.

9

- Им<u>е</u>ет он р<u>у</u>чку?
- Да.
- Ск<u>о</u>лько р<u>у</u>чек им<u>е</u>ет он?
- Он им<u>е</u>ет одн<u>у</u> р<u>у</u>чку.

10

- Им<u>е</u>ет она велосип<u>е</u>д?
- Да.
- Её велосип<u>е</u>д с<u>и</u>ний?
- Нет. Её велосип<u>е</u>д не с<u>и</u>ний. Он зелёный.

11

- Ты им<u>е</u>ешь р<u>у</u>сскую кн<u>и</u>гу?
- Нет. Я не им<u>е</u>ю р<u>у</u>сскую кн<u>и</u>гу. Я не им<u>е</u>ю никак<u>о</u>й кн<u>и</u>ги.

12

- Он<u>а</u> им<u>е</u>ет к<u>о</u>шку?
- Нет. Он<u>а</u> не им<u>е</u>ет к<u>о</u>шку. Он<u>а</u> не им<u>е</u>ет никак<u>и</u>х жив<u>о</u>тных.

13

- Вы им<u>е</u>ете CD-пл<u>е</u>ер?
- Нет, мы не им<u>е</u>ем. Мы не им<u>е</u>ем никак<u>о</u>го CD-пл<u>е</u>ера.

14

- Где н<u>а</u>ша к<u>а</u>рта?
- Н<u>а</u>ша к<u>а</u>рта в к<u>о</u>мнате.
- Он<u>а</u> на стол<u>е</u>?
- Да, он<u>а</u> на стол<u>е</u>.

15

- Где м<u>а</u>льчики?
- Он<u>и</u> в каф<u>е</u>.
- Где велосип<u>е</u>ды?
- Он<u>и</u> в<u>о</u>зле каф<u>е</u>.
- Где Кр<u>и</u>стиан?
- Он в каф<u>е</u> т<u>о</u>же.

- Ich habe zwei Notizbücher.

9

- *Hat er einen Stift?*
- *Ja.*
- *Wie viele Stifte hat er?*
- *Er hat einen Stift.*

10

- *Hat sie ein Fahrrad?*
- *Ja.*
- *Ist ihr Fahrrad blau?*
- *Nein, es ist nicht blau. Es ist grün.*

11

- *Hast du ein russisches Buch?*
- *Nein, ich habe kein russisches Buch. Ich habe keine Bücher.*

12

- *Hat sie eine Katze?*
- *Nein, sie hat keine Katze. Sie hat kein Tier.*

13

- *Habt ihr einen CD-Spieler?*
- *Nein, wir haben keinen CD-Spieler.*

14

- *Wo ist unsere Karte?*
- *Unsere Karte ist im Zimmer.*
- *Liegt sie auf dem Tisch?*
- *Ja, sie liegt auf dem Tisch.*

15

- *Wo sind die Jungs?*
- *Sie sind im Café.*
- *Wo sind die Fahrräder?*
- *Sie stehen vor dem Café.*
- *Wo ist Kristian?*
- *Er ist auch im Café.*

C

Geschlecht der Adjektive

Adjektive stimmen mit Substantiven und Pronomen nach Zahl, Geschlecht und Kasus überein.
Für das Maskulinum sind die Endungen eigen: -ый, -ий, -ой: р<u>у</u>сский г<u>о</u>род - *eine russische Stadt*, компь<u>ю</u>терный магаз<u>и</u>н - *Computer Geschäft*, молод<u>о</u>й челов<u>е</u>к - *ein*

junger Mann.

Für das Femininum sind die Endungen -ая: русская книга - *ein russisches Buch*, стройная женщина - *eine schlanke Frau*.

Für das Neutrum sind die Endungen - ое, -ее: большое синее озеро - *ein großer blauer See,* новое здание - *ein neues Gebäude,* .

Für den Plural sind die Endungen für alle Geschlechter gleich -ые, -ие: американские студенты - *amerikanische Studenten,* новые русские фильмы - *neue russische Filme.*

Kurze Form der Adjektive

Es gibt eine kurze Form der Adjektive. Sie wird immer nach Substantiven oder Pronomen benutzt:

Он молод. *Er ist jung. Vergleiche:* Он молодой человек.

Аня молода. *Anja ist jung. Vergleiche:* Аня молодая девушка.

Это место свободно. *Dieser Platz ist frei. Vergleiche:* Свободное место там.

Эти места свободны. *Diese Plätze sind frei. Vergleiche:* Свободные места там.

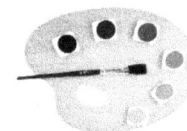

4

Пожалуйста, Вы можете помочь?
Können Sie mir bitte helfen?

 A

Слова
Vokabeln

1. адрес - die Adresse
2. банк - die Bank
3. благодарить - danken; Благодарю вас. - Danke. Спасибо. - Danke.
4. брать, взять - nehmen
5. возможно - wahrscheinlich, können; Я, возможно, пойду в банк. - Ich kann zur Bank gehen.
6. говорить - sprechen
7. давать - geben
8. для - für
9. должен - müssen; Я должен идти. - Ich muss gehen.
10. ехать - fahren
11. играть - spielen
12. идти / ходить - gehen
13. или - oder

14. к, в, на - zu; Я иду в банк. - Ich gehe zur Bank.
15. место - der Platz, помещать - legen
16. мне - mir
17. можно - dürfen, können; Можно Вам помочь? - Kann ich Ihnen helfen?
18. мочь, уметь - können; Я умею / могу читать. - Ich kann lesen.
19. надо / нужно (+ Dative) - brauchen
20. (на)писать - schreiben
21. (на)учиться - lernen
22. нельзя (+ Dative) - nicht dürfen; Ему нельзя работать. - Er darf nicht arbeiten.
23. но - aber
24. пожалуйста - bitte
25. (по)ложить - legen
26. помощь - die Hilfe; помочь - helfen
27. работа - Arbeit; работать - arbeiten
28. садиться - sich setzen; сидеть - sitzen
29. свой - *ersetzt alle Possessivpronomen (Singular und Plural), wenn das Subjekt im Satz der Besitzer des Objektes ist:* Я использую свой компьютер. - *Ich benutze mein (eigener) Komputer.*
30. учить / изучать - lernen
31. читать - lesen

B

Пожалуйста, Вы можете помочь?

1
- Пожалуйста, Вы можете мне помочь?
- Да.
- Я не могу написать адрес по-русски. Вы можете написать его для меня?
- Да.
- Спасибо.

2
- Ты умеешь играть в теннис?
- Нет, не умею. Но я могу научиться. Ты можешь помочь мне научиться?
- Да. Я могу помочь тебе научиться играть в теннис.
- Спасибо.

3
- Ты умеешь говорить по-русски?
- Я умею говорить и читать, но не умею писать.
- Ты умеешь говорить, читать и писать по-немецки?
- Я умею говорить, читать и писать по-немецки.

4
- Люба умеет говорить по-немецки?

Können Sie mir bitte helfen?

1
- *Können Sie mir bitte helfen?*
- *Ja.*
- *Ich kann die Adresse nicht auf Russisch schreiben. Können Sie sie für mich schreiben?*
- *Ja.*
- *Danke.*

2
- *Kannst du Tennis spielen?*
- *Nein, das kann ich nicht. Aber ich kann es lernen. Kannst du mir dabei helfen?*
- *Ja, ich kann dir helfen, Tennis spielen zu lernen.*
- *Danke.*

3
- *Sprichst du Russisch?*
- *Ich kann Russisch sprechen und lesen, aber nicht schreiben.*
- *Kannst du Deutsch sprechen, lesen und schreiben?*
- *Ich kann Deutsch sprechen, lesen und schreiben.*

4
- *Kann Luba auch Deutsch?*

- Нет, не ум__е__ет. Она р__у__сская.

5

- Ум__е__ют он__и__ говор__и__ть по-р__у__сски?
- Да, ум__е__ют немн__о__го. Он__и__ студ__е__нты и __у__чат р__у__сский.
- __Э__тот м__а__льчик не ум__е__ет говор__и__ть по-р__у__сски.

6

- Где он__и__?
- Он__и__ игр__а__ют сейч__а__с в т__е__ннис.
- Мы м__о__жем т__о__же поигр__а__ть?
- Да, мы м__о__жем поигр__а__ть.

7

- Где Р__о__берт?
- Он, возм__о__жно, в каф__е__.

8

- Сад__и__тесь за __э__тот стол, пож__а__луйста.
- Спас__и__бо. М__о__жно я полож__у__ сво__и__ кн__и__ги на тот стол?
- Да.
- М__о__жно Крист__и__ану сесть за её стол?
- Да.

9

- М__о__жно мне сесть на её кров__а__ть?
- Нет, нельз__я__.
- М__о__жно Л__ю__бе взять ег__о__ CD-пл__е__ер?
- Нет. Ей нельз__я__ брать ег__о__ CD-пл__е__ер.
- М__о__жно им взять её к__а__рту?
- Нет, не н__а__до.

10

- Теб__е__ нельз__я__ сад__и__ться на её кров__а__ть.
- Ей нельз__я__ брать ег__о__ CD-пл__е__ер.
- Им нельз__я__ брать __э__ти тетр__а__ди.

11

- Я д__о__лжен идт__и__ в банк.
- Д__о__лжен ты идт__и__ сейч__а__с?
- Да.

12

- Ты д__о__лжен изуч__а__ть нем__е__цкий язык?
- Мне не н__а__до изуч__а__ть нем__е__цкий. Я д__о__лжен изуч__а__ть р__у__сский.

13

- Д__о__лжн__а__ он__а__ идт__и__ в банк?
- Нет. Ей не об__я__зательно идт__и__ в банк.

- *Nein, das kann sie nicht. Sie ist Russin.*

5

- *Sprechen sie Russisch?*
- *Ja, ein bisschen. Sie sind Studenten und lernen Russisch.*
- *Dieser Junge spricht kein Russisch.*

6

- *Wo sind sie?*
- *Sie spielen gerade Tennis.*
- *Können wir auch spielen?*
- *Ja, das können wir.*

7

- *Wo ist Robert?*
- *Er ist vielleicht im Café.*

8

- *Setzen Sie sich an diesen Tisch, bitte.*
- *Danke. Kann ich meine Bücher auf diesen Tisch legen?*
- *Ja.*
- *Darf Kristian sich an ihren Tisch setzen?*
- *Ja.*

9

- *Darf ich mich auf ihr Bett setzen?*
- *Nein, das darfst du nicht.*
- *Darf Luba seinen CD-Spieler nehmen?*
- *Nein, sie darf seinen CD-Spieler nicht nehmen.*
- *Dürfen sie ihre Karte nehmen?*
- *Nein, das dürfen sie nicht.*

10

- *Du darfst dich nicht auf ihr Bett setzen.*
- *Sie darf seinen CD-Spieler nicht nehmen.*
- *Sie dürfen diese Notizbücher nicht nehmen.*

11

- *Ich muss zur Bank gehen.*
- *Musst du jetzt gehen?*
- *Ja.*

12

- *Musst du Deutsch lernen?*
- *Ich muss nicht Deutsch lernen. Ich muss Russisch lernen.*

13

- *Muss sie zur Bank gehen?*
- *Nein, sie muss nicht zur Bank gehen.*

14
- Можно мне взять этот велосипед?
- Нет, тебе нельзя брать этот велосипед.

15
- Можно нам положить эти тетради на её кровать?
- Нет. Вам нельзя положить тетради на её кровать.

14
- Darf ich dieses Fahrrad nehmen?
- Nein, du darfst dieses Fahrrad nicht nehmen.

15
- Dürfen wir diese Notizbücher auf ihr Bett legen?
- Nein, ihr dürft die Notizbücher nicht auf ihr Bett legen.

C

Plural der Substantive

Die Meisten Substantive im Maskulinum und Femininum haben im Plural (Nominativ) die Endung -ы, falls der Wortstamm mit einem hartem Konsonanten endet: фирма - фирмы, телефон - телефоны.

Substantive mit Endungen -a und -я verlieren diese: мужчина - мужчины *Mann - Männer*, женщина - женщины *Frau - Frauen*.

Wenn der Wortstamm mit weichem Konsonant oder г, ж, к, х, ч, ж, ш, щ endet, ist die Plural-Endung -и: книга - книги *Buch - Bücher*, банк - банки *Bank - Banken*.

Das weiche Zeichen (-ь) entfällt dabei: день - дни *Tag - Tage*.

Substantive im Neutrum mit der Endung -o haben im Plural die Endung -a: окно - окна *das Fenster - die Fenster*.

Substantive im Neutrum mit der Endung -e haben im Plural die Endung -я: здание - здания *das Gebäude - die Gebäude*.

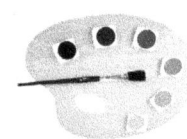

5

Роберт живёт теперь в России
Robert wohnt jetzt in Russland

A

Слова
Vokabeln

1. Аня - Anya (Name)
2. восемь - acht
3. газета - die Zeitung
4. девочка, девушка - das Mädchen
5. завтрак - das Frühstück; завтракать - frühstücken
6. идти / ходить - gehen
7. какой-нибудь - irgendein
8. кушать, есть - essen
9. ли - ob; Может ли он помочь? - Ob er helfen kann?
10. любить - mögen, lieben
11. любой - jeder
12. люди - die Menschen
13. мебель - die Möbel
14. музыка - die Musik
15. надо, нужно - brauchen
16. несколько, немного - ein paar
17. пить - trinken

18. площадь - der Platz
19. пять - fünf
20. семь - sieben
21. слушать - hören; Я слушаю музыку. - Ich höre Musik.
22. стул - der Stuhl
23. там - dort (Platz)
24. три - drei
25. туда - dorthin (Richtung)
26. ферма - der Bauernhof
27. хороший / хорошо - gut
28. хотеть - wollen
29. чай - der Tee
30. шесть - sechs

B

Роберт живёт теперь в России

1
Люба читает по-русски хорошо. Я читаю по-русски тоже. Студенты идут в парк. Она идёт в парк тоже.

2
Мы живём в Санкт Петербурге. Кристиан сейчас тоже живёт в Санкт Петербурге. Его мать и отец живут в Норвегии. Роберт сейчас тоже живёт в России. Его мать и отец живут в Германии.

3
Студенты играют в теннис. Кристиан играет хорошо. Роберт не играет хорошо.

4
Мы пьём чай. Люба пьёт зелёный чай. Паша пьёт чёрный чай. Я пью чёрный чай тоже.

5
Я слушаю музыку. Аня слушает музыку тоже. Она любит слушать хорошую музыку.

6
Мне нужно шесть тетрадей. Паше надо семь тетрадей. Любе надо восемь тетрадей.

7
Аня хочет пить. Я тоже хочу пить. Кристиан хочет есть.

8
На столе есть газета. Кристиан берёт её и читает. Он любит читать газеты.

9
В комнате есть немного мебели. Там шесть столов и шесть стульев.

Robert wohnt jetzt in Russland

1
Luba liest gut Russisch. Ich lese auch Russisch. Die Studenten gehen in den Park. Sie geht auch in den Park.

2
Wir wohnen in St Peterburg. Kristian wohnt jetzt auch in St Peterburg. Sein Vater und seine Mutter leben in Norwegen. Robert wohnt jetzt in Russland auch. Sein Vater und seine Mutter leben in Deutschland.

3
Die Studenten spielen Tennis. Kristian spielt gut. Robert spielt nicht gut.

4
Wir trinken Tee. Luba trinkt grünen Tee. Pascha trinkt schwarzen Tee. Ich trinke auch schwarzen Tee.

5
Ich höre Musik. Ania hört auch Musik. Sie hört gerne gute Musik.

6
Ich brauche sechs Notizbücher. Pascha braucht sieben Notizbücher. Luba braucht acht Notizbücher.

7
Ania will etwas trinken. Ich will auch etwas trinken. Kristian will etwas essen.

8
Dort liegt eine Zeitung auf dem Tisch. Kristian nimmt sie und liest. Er liest gerne Zeitung.

9
Im Zimmer gibt es Möbel. Es gibt dort sechs Tische und sechs Stühle.

10
В комнате три девушки. Они едят завтрак. Аня ест хлеб и пьёт чай. Она любит зелёный чай.

11
На столе есть несколько книг. Они не новые. Они старые.

12
- Есть ли банк на этой улице?
- Да. На этой улице пять банков. Эти банки не большие.

13
- Есть ли люди на площади?
- Да. На площади есть несколько людей.

14
- Есть ли велосипеды возле кафе?
- Да. Возле кафе четыре велосипеда. Они не новые.

15
- Есть ли на этой улице гостиница?
- Нет. На этой улице нет гостиниц.

16
- Есть ли большие магазины на этой улице?
- Нет. На этой улице нет больших магазинов.

17
- Есть ли фермы в России?
- Да. В России много ферм.

18
- Есть ли мебель в той комнате?
- Да. Там есть четыре стола и несколько стульев.

10
Es sind drei Mädchen im Zimmer. Sie frühstücken. Ania isst Brot und trinkt Tee. Sie mag grünen Tee.

11
Auf dem Tisch liegen ein paar Bücher. Sie sind nicht neu. Sie sind alt.

12
- *Ist in dieser Straße eine Bank?*
- *Ja. Es gibt fünf Banken in dieser Straße. Sie sind nicht groß.*

13
- *Sind Menschen auf dem Platz?*
- *Ja, auf dem Platz sind ein paar Menschen.*

14
- *Stehen Fahrräder vor dem Café?*
- *Ja, es stehen vier Fahrräder vor dem Café. Sie sind nicht neu.*

15
- *Gibt es in dieser Straße ein Hotel?*
- *Nein, es gibt keine Hotels in dieser Straße.*

16
- *Gibt es in dieser Straße große Läden?*
- *Nein, es gibt keine großen Läden in dieser Straße.*

17
- *Gibt es in Russland Bauernhöfe?*
- *Ja, es gibt viele Bauernhöfe in Russland.*

18
- *Sind Möbel in diesem Zimmer?*
- *Ja, es sind dort vier Tische und einige Stühle.*

C

Verb быть *(sein)*

Das Verb быть fehlt normalerweise im Präsens:
Он студент. - *Er ist Student.*
Она дома. - *Sie ist zu Hause.*
Allerdings können als Ersatz dieses Verbs являться und находиться in einer formellen Situation benutzt werden: Он является студентом. - *Er ist Student.*
Она находится дома. - *Sie befindet sich zu Hause.*

6

У Роберта много друзей
Robert hat viele Freunde

A

Слова
Vokabeln

1. агентство - die Agentur
2. (во)внутрь - hinein
3. дверь - die Tür
4. друг - der Freund
5. ездить - fahren
6. женщины - der Frau
7. знать - kennen, wissen
8. идти - kommen / gehen
9. карта мужчины - der Plan des Mannes
10. компакт-диск - die CD
11. компьютер - der Computer
12. кофе - der Kaffee
13. Кристиана - Kristians
14. мало - wenig
15. мамин - der Muti
16. машина - das Auto
17. много - viel, viele
18. Николай - Nikolai (Name)
19. очень - sehr
20. папа - der Vater, папин - Vatis

21. П_а_ши - Paschas; кн_и_га П_а_ши - Paschas Buch
22. плит_а_ кух_о_нная - der Herd
23. под - unter
24. раб_о_та - die Arbeit; аг_е_нтство по трудоустр_о_йству - die Arbeitsvermittlung
25. Р_о_берта - Roberts
26. своб_о_дный - frei
27. сказ_а_ть - sagen
28. т_а_кже, т_о_же - auch
29. ч_и_стый - sauber; ч_и_стить - putzen

B

У Р_о_берта мн_о_го друз_е_й

1
Р_о_берт им_е_ет мн_о_го друз_е_й. Друзь_я_ Р_о_берта х_о_дят в каф_е_. Он_и_ л_ю_бят пить к_о_фе. Друзь_я_ Р_о_берта пьют мн_о_го к_о_фе.

2
П_а_па Крист_и_ана им_е_ет автомоб_и_ль. П_а_пин автомоб_и_ль ч_и_стый, но ст_а_рый. П_а_па Крист_и_ана _е_здит мн_о_го. Он им_е_ет хор_о_шую раб_о_ту и у него сейч_а_с мн_о_го раб_о_ты.

3
П_а_ша им_е_ет мн_о_го д_и_сков. Д_и_ски П_а_ши на его кров_а_ти. Сиди-пл_е_ер П_а_ши т_о_же на его кров_а_ти.

4
Р_о_берт чит_а_ет р_у_сские газ_е_ты. На стол_е_ в к_о_мнате Р_о_берта мн_о_го газ_е_т.

5
_А_ня им_е_ет к_о_шку и соб_а_ку. К_о_шка _А_ни в к_о_мнате под кров_а_тью. Соб_а_ка _А_ни т_о_же в к_о_мнате.

6
В _э_том автомоб_и_ле есть челов_е_к. _Э_тот челов_е_к им_е_ет к_а_рту. К_а_рта _э_того челов_е_ка больш_а_я. _Э_тот челов_е_к _е_здит мн_о_го.

7
Я студ_е_нт. Я им_е_ю мн_о_го своб_о_дного вр_е_мени. Я ид_у_ в аг_е_нтство по трудоустр_о_йству. Мне нужн_а_ хор_о_шая раб_о_та. У Крист_и_ана и Р_о_берта есть немн_о_го своб_о_дного вр_е_мени. Он_и_ т_о_же ид_у_т в аг_е_нтство по труд_у_. Крист_и_ан им_е_ет комп_ь_ютер. Аг_е_нтство м_о_жет дать Крист_и_ану

Robert hat viele Freunde

1
Robert hat viele Freunde. Roberts Freunde gehen ins Café. Sie trinken gerne Kaffee. Roberts Freunde trinken viel Kaffee.

2
Kristians Vater hat ein Auto. Das Auto seines Vaters ist sauber, aber alt. Kristians Vater fährt viel Auto. Er hat eine gute Arbeit und im Moment viel zu tun.

3
Pascha hat viele CDs. Paschas CDs liegen auf seinem Bett. Paschas CD-Spieler ist auch auf seinem Bett.

4
Robert liest Russische Zeitungen. Auf dem Tisch in Roberts Zimmer liegen viele Zeitungen.

5
Ania hat eine Katze und einen Hund. Anias Katze ist im Zimmer unter dem Bett. Anias Hund ist auch im Zimmer.

6
In dem Auto ist ein Mann. Der Mann hat eine Karte. Die Karte des Mannes ist groß. Dieser Mann fährt viel Auto.

7
Ich bin Student. Ich habe viel Freizeit. Ich gehe zu einer Arbeitsvermittlung. Ich brauche einen guten Job. Kristian und Robert haben ein bisschen freie Zeit. Sie gehen auch zu der Arbeitsvermittlung. Kristian hat einen Computer. Die Agentur wird ihm vielleicht eine gute Arbeit geben.

хорошую работу.

8

Люба имеет новую кухонную плиту. Плита Любы хорошая и чистая. Она готовит завтрак для своих детей. Аня и Паша - дети Любы. Дети Любы пьют много чая. Мама пьёт немного кофе. Мама Ани может сказать очень мало русских слов. Она говорит по-русски очень мало. Люба имеет работу. У неё мало свободного времени.

9

Роберт может говорить по-русски мало. Роберт знает мало русских слов. Я знаю много русских слов. Я могу говорить по-русски немного. Эта женщина знает много русских слов. Она может говорить по-русски хорошо.

10

Николай работает в агентстве по трудоустройству. Это агентство по трудоустройству находится в Санкт Петербурге. Николай имеет машину. Машина Николая на улице. У Николая много работы. Он должен ехать в агентство. Он едет туда. Николай входит в агентство. Там много студентов. Им нужна работа. Работа Николая - помогать студентам.

11

Возле гостиницы стоит машина. Двери машины не чистые. Много студентов живёт в этой гостинице. Комнаты гостиницы маленькие, но чистые. Это комната Роберта. Окно комнаты большое и чистое.

8

Luba hat einen neuen Herd. Lubas Der Herd ist gut und sauber. Luba macht Frühstück für ihre Kinder. Ania und Pascha sind Lubas Kinder. Lubas Kinder trinken viel Tee. Die Mutter trinkt ein bisschen Kaffee. Anias Mutter kann nur ein paar Wörter auf Russisch. Sie spricht sehr wenig Russisch. Luba hat Arbeit. Sie hat wenig Freizeit.

9

Robert spricht wenig Russisch. Er kennt nur sehr wenige russische Wörter. Ich kenne viele russische Wörter. Ich spreche ein bisschen Russisch. Diese Frau kennt viele russische Wörter. Sie spricht gut Russisch.

10

Nikolai arbeitet in einer Arbeitsvermittlung. Diese Arbeitsvermittlung ist in St Peterburg. Nikolai hat ein Auto. Nikolais Auto steht an der Straße. Nikolai hat viel Arbeit. Er muss in die Agentur gehen. Er fährt mit dem Auto dorthin. Nikolai kommt in die Agentur. Dort sind viele Studenten. Sie brauchen Arbeit. Nikolais Arbeit ist, den Studenten zu helfen.

11

*Vor dem Hotel steht ein Auto. Die Türen des Autos sind nicht sauber.
In diesem Hotel wohnen viele Studenten. Die Zimmer des Hotels sind klein, aber sauber. Das ist Roberts Zimmer. Das Fenster des Zimmers ist groß und sauber.*

Das Verb Иметь

Das Verb иметь *(haben)* bezeichnet manchmal einen Besitz. Die folgende Konstruktion wird öfter verwendet:

У меня (есть) книга. - *Ich habe ein Buch.*
У нас (есть) книга. - *Wir haben ein Buch.*
У тебя (есть) книга. - *Du hast ein Buch. (Sing.)*
У Вас/вас (есть) книга. - *Sie haben ein Buch. (Plur.)*

У него (есть) книга. - *Er hat ein Buch/Es hat ein Buch. (Mask. und Neut.)*
У неё (есть) книга. - *Sie hat ein Buch.*
У них (есть) книга. - *Sie haben ein Buch.*

7

Паша покупает велосипед
Pascha kauft ein Fahrrad

A

Слова
Vokabeln

1. автобус - der Bus
2. ванная комната - das Bad, das Badezimmer; ванна - die Badewanne; ванный столик - der Badezimmertisch
3. воскресенье - Sonntag
4. время - die Zeit; время идёт - die Zeit läuft
5. делать - machen
6. чаеварка - Teemaschine
7. дом - das Zuhause
8. ехать на велосипеде - Fahrrad fahren, mit dem Fahrrad fahren
9. занимать время - Zeit nehmen; Это занимает пять минут. - Es nimmt fünf Minuten.
10. Здорово! - Toll!
11. кухня - die Küche
12. лицо - das Gesicht

13. нр**а**виться (passive form +Dative) - gefallen; Она мне нравится. - Sie gefällt mir.
14. од**и**н за друг**и**м - einer nach dem anderen
15. **о**фис - das Büro
16. **о**чередь - die Schlange
17. по**е**здка - Fahrt
18. пок**у**пка - Einkauf
19. пот**о**м, тогд**а**, зат**е**м - dann; п**о**сле **э**того - danach
20. по**э**тому - deshalb
21. пров**о**дить вр**е**мя - Zeit verbringen
22. раб**о**чий - der Arbeiter
23. с - mit
24. сег**о**дня - heute
25. спорт - der Sport; спорт**и**вный магаз**и**н - das Sportgeschäft, спорт**и**вный велосип**е**д - das Sportfahrrad
26. стир**а**льная маш**и**на - die Waschmaschine
27. тормоз**о**к - der Imbiss
28. умыв**а**ться - waschen
29. **у**тро - der Morgen
30. ф**и**рма - die Firma
31. центр - das Zentrum; центр г**о**рода - das Stadtzentrum

B

Паша покупает велосипед

Воскр**е**сное **у**тро. П**а**ша идёт в в**а**нную. В**а**нная к**о**мната не больш**а**я. Там есть в**а**нна, стир**а**льная маш**и**на и в**а**нный ст**о**лик. П**а**ша умыв**а**ется. Пот**о**м он идёт на к**у**хню. На к**у**хонном стол**е** сто**и**т чаев**а**рка. П**а**ша з**а**втракает. Воскр**е**сный з**а**втрак П**а**ши не больш**о**й. Затем он гот**о**вит чай с п**о**мощью чаев**а**рки и пьёт его. Сег**о**дня он х**о**чет пойт**и** в спорт**и**вный магаз**и**н. П**а**ша выход**и**т на **у**лицу. Он сад**и**тся на авт**о**бус семь. По**е**здка на авт**о**бусе в магаз**и**н занима**е**т немн**о**го вр**е**мени.
 П**а**ша вх**о**дит в спорт**и**вный магаз**и**н. Он х**о**чет куп**и**ть н**о**вый спорт**и**вный велосип**е**д. Там есть мн**о**жество спорт**и**вных б**а**йков. Он**и** чёрные, с**и**ние и зелёные. П**а**ше нр**а**вятся с**и**ние б**а**йки. Он х**о**чет куп**и**ть с**и**ний. В магаз**и**не **о**чередь. Пок**у**пка б**а**йка занима**е**т у П**а**ши мн**о**го вр**е**мени. Пот**о**м он выход**и**т на **у**лицу и **е**дет на б**а**йке. Он **е**дет в центр г**о**рода. Зат**е**м из ц**е**нтра г**о**рода он **е**дет в городск**о**й парк. **Э**то так здор**о**во **е**хать на н**о**вом спорт**и**вном б**а**йке!

Pascha kauft ein Fahrrad

Es ist Sonntagmorgen. Pascha geht ins Bad. Das Badezimmer ist nicht groß. Dort gibt es eine Badewanne, eine Waschmaschine und einen Badezimmertisch. Pascha wäscht sich das Gesicht. Dann geht er in die Küche. Auf dem Küchentisch steht ein Teekessel. Pascha frühstückt. Paschas Frühstück ist nicht groß. Dann macht er Tee mit dem Teekessel und trinkt ihn. Er will heute in ein Sportgeschäft. Pascha geht auf die Straße. Er nimmt den Bus 7. Pascha braucht nicht lange, um mit dem Bus zum Laden zu fahren.
Pascha geht in das Sportgeschäft. Er will sich ein neues Sportfahrrad kaufen. Es gibt viele Sportfahrräder. Sie sind schwarz, blau und grün. Pascha mag blaue Fahrräder. Er will ein blaues kaufen. Im Laden ist eine Schlange. Pascha braucht lange, um das Fahrrad zu kaufen. Dann geht er auf die Straße und fährt mit dem Fahrrad. Er fährt ins Stadtzentrum. Dann fährt er vom Zentrum in den Stadtpark. Es ist so schön, mit einem neuen Sportfahrrad zu fahren!

Воскресное утро, но Николай в своём офисе. У него сегодня много работы. В офис Николая стоит очередь. В очереди много студентов и рабочих. Им нужна работа. Они заходят один за другим в офис Николая. Они разговаривают с Николаем. Затем он даёт адреса фирм.

Сейчас время перерыва. Николай готовит кофе при помощи кофеварки. Он ест свою еду и пьёт кофе. Сейчас в его офис нет очереди. Николай может идти домой. Он выходит на улицу. Сегодня так хорошо! Николай идёт домой. Он берёт своих детей и идёт в городской парк. Они здорово проводят там время.

Es ist Samstagmorgen, aber Nikolai ist in seinem Büro. Er hat heute viel zu tun. Vor Nikolais Büro ist eine Schlange. In der Schlange stehen viele Studenten und Arbeiter. Sie brauchen Arbeit. Sie gehen einer nach dem anderen in Nikolais Büro. Sie sprechen mit Nikolai. Dann gibt er ihnen Adressen von Firmen.
Jetzt ist Zeit für einen Imbiss. Nikolai macht Kaffee mit der Kaffeemaschine. Er isst seinen Imbiss und trinkt Kaffee. Jetzt ist keine Schlange mehr vor seinem Büro. Nikolai kann nach Hause gehen. Er geht auf die Straße. Es ist so ein schöner Tag! Nikolai geht nach Hause. Er holt seine Kinder ab und geht in den Stadtpark. Dort haben sie eine schöne Zeit.

 C

Demonstrativpronomen

Das Demonstrativpronomen wird benutzt, um auf ein Substantiv oder seine Eigenschaften zu zeigen. Die Russischen Demonstrativpronomen sind этот (dieser) and тот (jener).
Das Pronomen этот (dieser) wird benutzt, um etwas Nahegelegenes zu bezeichnen: Этот журнал на русском языке. *Diese Zeitschrift ist auf Russisch.*
Das Pronomen тот (jener) wird benutzt um etwas nicht Nahgelegenes zu bezeichnen: Тот журнал на английском языке. *Jene Zeitschrift ist auf Englisch.*
Тот (jener) kann als zweites Glied bei Entgegenstellung benutzt werden. Vergleiche:
Этот дом мой, а тот моего друга. *Dieses Haus ist mein, und jenes von meinem Freund.* .
Этот студент работает в торговой фирме, а тот студент работает администратором компьютерной сети. *Dieser Student arbeitet bei einem Handelsunternehmen und jener Student als Administrator eines PC-Netzes.*
Maskulinum - этот (dieser), тот (jener):
Этот дом находится за магазином. *Dieses Haus befindet sich hinter dem Geschäft.*
Neutrum - это (dieses), то (jenes):
Я люблю ходить в это кафе. *Ich besuche dieses Café gerne.*
Femininum - эта (diese), та (jene):
Эта картина не новая. *Dieses Bild ist nicht neu.*
Plural - эти (diese), те (jene):
Приятно читать эти книги. *Es ist angenehm diese Bücher zu lesen.*

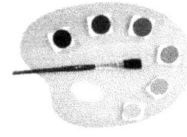

8

Люба хочет купить новый DVD
Luba will eine neue DVD kaufen

A

Слова
Vokabeln

1. более; больше - mehr
2. видеодиск - die DVD
3. видеокассета - die Videokassette
4. видеомагазин - die Videothek
5. двадцать - zwanzig
6. длинный - lang
7. дружелюбный - freundlich
8. интересный - interessant
9. любимый - Lieblings-
10. молодой - jung
11. приблизительно, около - etwa
12. показывать - zeigen
13. приключение - das Abenteuer
14. продавец / продавщица - der Verkäufer / die Verkäuferin
15. просить - bitten

16. пятнадцать - fünfzehn
17. рука - Hand
18. самый - meist
19. сказать - sagen
20. спросить - fragen
21. США - die USA
22. узнать - erfahren
23. уходить - weggehen
24. фильм - der Film
25. час - die Stunde
26. чашка - die Tasse
27. чем - als; Николай старше чем Люба. - Nikolai ist älter als Liuba.
28. что - dass; Я знаю, что эта книга интересная. - Ich weiß, dass dieses Buch interessant ist.
29. ящик - die Kiste

Люба хочет купить новый DVD

Паша и Аня - дети Любы. Аня - младший ребёнок. Ей пять лет. Паша на пятнадцать лет старше Ани. Ему двадцать лет. Аня намного младше Паши.

Аня, Люба и Паша на кухне. Они пьют чай. Чашка Ани большая. Чашка Любы больше. Чашка Паши самая большая.

У Любы много видеокассет и DVD с интересными фильмами. Она хочет купить более новый фильм. Она идёт в видеомагазин. Там много коробок с видеокассетами и DVD. Она просит продавца помочь ей. Продавец даёт Любе какие-то кассеты. Люба хочет узнать больше об этих фильмах, но продавец уходит. В магазине есть ещё одна продавщица, и она более дружелюбная. Она спрашивает Любу о её любимых фильмах. Любе нравятся романтические и приключенческие фильмы. Фильм «Титаник» - это её самый любимый фильм. Продавщица показывает Любе кассету с самым новым голливудским фильмом «Американский друг». Он о романтических приключениях мужчины и молодой женщины в США. Она также показывает Любе DVD с фильмом «Фирма». Продавщица говорит, что фильм «Фирма» - это один из самых интересных фильмов. И это также один из самых длинных фильмов. Он длится более трёх часов. Любе

Luba will eine neue DVD kaufen

Pascha und Ania sind Lubas Kinder. Ania ist die Jüngste. Sie ist fünf. Pascha ist fünfzehn Jahre älter als Ania. Er ist zwanzig. Ania ist viel jünger als Pascha.
Ania, Luba und Pascha sind in der Küche. Sie trinken Tee. Anias Tasse ist groß. Lubas Tasse ist größer. Paschas Tasse ist am größten.
Luba hat viele Videokassetten und DVDs mit interessanten Filmen. Sie will einen neueren Film kaufen. Sie geht in eine Videothek. Dort sind viele Kisten mit Videokassetten und DVDs. Sie bittet einen Verkäufer, ihr zu helfen. Der Verkäufer gibt Luba ein paar Filme. Luba will mehr über diese Filme wissen, aber der Verkäufer geht weg. Es gibt eine andere Verkäuferin im Laden und sie ist freundlicher. Sie fragt Luba nach ihren Lieblingsfilmen. Luba mag romantische Filme und Abenteuerfilme. Der Film "Titanic" ist ihr Lieblingsfilm. Die Verkäuferin zeigt Luba eine DVD mit dem neusten Hollywoodfilm "Der amerikanische Freund". Er handelt von den romantischen Abenteuern eines Mannes und einer jungen Frau in den USA. Sie zeigt Luba auch eine DVD mit dem Film "Die Firma". Die Verkäuferin sagt, dass der Film "Die Firma" einer der interessantesten Filme ist. Und auch einer der längsten. Er dauert mehr als drei

нравятся фильмы подлиннее. Она говорит, что «Титаник» - это самый интересный и самый длинный фильм, который у неё есть. Люба покупает DVD с фильмом «Фирма». Она благодарит продавщицу и уходит.

Stunden. Luba mag längere Filme. Sie sagt, dass "Titanic" der interessanteste und der längste Film ist, den sie hat. Luba kauft die DVD mit dem Film "Die Firma". Sie bedankt sich bei der Verkäuferin und geht.

C

Possessivpronomen

Mask. / Fem. / Neut. / Plur.
wessen? / чей? / чья? / чьё? / чьи?
mein, meine, mein, meine/ мой / моя / моё / мои
unser, unsere, unser, unsere/ наш / наша / наше / наши
dein, deine, dein, deine / твой / твоя / твоё / твои
ihr, ihre, ihr, ihre, euer, eure, euer, eure *(Plur* / ваш / ваша / ваше / ваши
sein, seine, sein, seine/ его / его / его / его
ihr, ihre, ihr, ihre/ её / её / её / её
ihr, ihre, ihr, ihre/ их / их / их / их

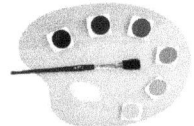

9

Кристиан слушает немецкую музыку
Kristian hört deutsche Musik

A

Слова
Vokabeln

1. Анжела - Angela
2. бежать - rennen, joggen, laufen
3. возле - in der Nähe
4. направляться / идти - gehen
5. день - der Tag
6. звонить по телефону - anrufen
7. имя - der Name; название - der Name (für Sachen); называть - nennen
8. Испания - Spanien
9. каждый - jeder, jede, jedes
10. Кэрол - Carol
11. масло - die Butter

12. минута - die Minute
13. начинать - anfangen
14. неисправен - außer Betrieb
15. общежитие - das Studentenwohnheim
16. певец (M), певица (F) - der Sänger
17. перед - vor
18. петь - singen
19. платье - Kleidung
20. потому что - weil
21. примерно - etwa
22. простой - einfach
23. прыгать - springen; прыжок - der Sprung
24. семья - die Familie
25. стыдиться - sich schämen; ему стыдно - er schämt sich
26. сумка - die Tasche
27. телефон - das Telefon; звонить - telefonieren
28. фраза - der Satz
29. хлеб - das Brot
30. шляпа - der Hut

B

Кристиан слушает немецкую музыку

Кэрол студентка. Ей двадцать лет. Кэрол из Испании. Она живёт в студенческом общежитии. Она очень милая девушка. Кэрол носит голубое платье. На её голове шляпка.
 Кэрол хочет сегодня позвонить своей семье. Она направляется на переговорный пункт, потому что её телефон неисправен. Переговорный пункт находится перед кафе. Кэрол звонит своей семье. Она разговаривает со своими мамой и папой. Телефонный звонок занимает у неё примерно пять минут. Затем она звонит своей подруге Анжеле. Этот телефонный звонок занимает у неё примерно три минуты.

 Роберт любит спорт. Он бегает каждое утро в парке возле общежития. Сегодня он тоже бегает. Он также прыгает. Его прыжки очень длинные. Кристиан и Паша бегают и прыгают с Робертом. Прыжки Паши длиннее. Прыжки Кристиана самые длинные. Он прыгает лучше всех. Потом Роберт и Кристиан бегут в общежитие, а Паша бежит домой.
 Роберт завтракает в своей комнате. Он берёт хлеб и масло. Он готовит кофе при помощи кофеварки. Потом он намазывает хлеб маслом

Kristian hört deutsche Musik

Carol ist Studentin. Sie ist zwanzig. Carol kommt aus Spanien. Sie wohnt im Studentenwohnheim. Sie ist ein sehr nettes Mädchen. Carol hat ein blaues Kleid an. Auf dem Kopf hat sie einen Hut.
 Carol will heute ihre Familie anrufen. Sie geht ins Callcenter, weil ihr Telefon außer Betrieb ist. Das Callcenter ist vor dem Café. Carol ruft ihre Familie an. Sie spricht mit ihrer Mutter und ihrem Vater. Der Anruf dauert etwa fünf Minuten. Dann ruft sie ihre Freundin Angela an. Dieser Anruf dauert etwa drei Minuten.

Robert mag Sport. Er geht jeden Morgen im Park in der Nähe des Studentenwohnheims joggen. Heute läuft er auch. Er springt auch. Er springt sehr weit. Kristian und Pascha laufen und springen mit Robert. Pascha springt weiter. Kristian springt am weitesten. Er springt am besten von allen. Dann laufen Robert und Kristian zum Studentenwohnheim und Pascha nach Hause.
 Robert frühstückt in seinem Zimmer. Er holt Brot und Butter. Er macht Kaffee mit

и ест.

Роберт живёт в общежитии в Санкт Петербурге. Его комната возле комнаты Кристиана. Комната Роберта не большая. Она чистая, потому что Роберт убирает её каждый день. В комнате стол, кровать, несколько стульев и ещё немного другой мебели. Тетради и книги Роберта на столе. Его сумка под столом. Стулья возле стола. Роберт берёт в руку несколько компакт-дисков и идёт к Кристиану, потому что Кристиан хочет послушать немецкую музыку.
Кристиан в своей комнате за столом. Его кот под столом. Перед котом лежит немного хлеба. Кот ест хлеб. Роберт даёт компакт-диски Кристиану. На этих компакт-дисках лучшая немецкая музыка. Кристиан также хочет узнать имена немецких певцов. Роберт называет своих любимых певцов. Он называет Блюмхен, Нену и Сандру. Эти имена новые для Кристиана. Он слушает компакт-диски и потом начинает напевать немецкие песни! Ему очень нравятся эти песни. Кристиан просит Роберта написать слова песен. Роберт пишет слова лучших немецких песен для Кристиана. Кристиан говорит, что он хочет выучить слова некоторых немецких песен и просит Роберта помочь. Роберт помогает Кристиану учить немецкие слова. Это занимает много времени, потому что Роберт не умеет хорошо говорить по-русски. Роберту стыдно. Он не может сказать некоторые простые фразы! Потом Роберт идёт в свою комнату и учит русский.

der Kaffeemaschine. Dann bestreicht er das Brot mit Butter und isst.
 Robert wohnt im Studentenwohnheim in St Peterburg. Sein Zimmer ist in der Nähe von Kristians Zimmer. Roberts Zimmer ist nicht groß. Es ist sauber, weil Robert es jeden Tag sauber macht. In seinem Zimmer stehen ein Tisch, ein Bett, ein paar Stühle und ein paar andere Möbel. Roberts Bücher und Notizbücher liegen auf dem Tisch. Seine Tasche ist unter dem Tisch. Die Stühle stehen am Tisch. Robert nimmt ein paar CDs in die Hand und geht zu Kristians Zimmer, weil Kristian deutsche Musik hören will.
Kristian sitzt in seinem Zimmer am Tisch. Seine Katze ist unter dem Tisch. Vor der Katze liegt etwas Brot. Die Katze isst das Brot. Robert gibt Kristian die CDs. Auf den CDs ist die beste deutsche Musik. Kristian will auch die Namen der deutschen Sänger wissen. Robert nennt seine Lieblingssänger. Er nennt Blümchen, Nena and Sandra. Diese Namen sind Kristian neu. Er hört die CDs an und beginnt dann, die deutschen Lieder zu singen! Ihm gefallen die Lieder sehr. Kristian bittet Robert, den Text der Lieder aufzuschreiben. Robert schreibt die Texte der besten deutschen Lieder für Kristian auf. Kristian sagt, dass er die Texte von ein paar Liedern lernen will, und bittet Robert um Hilfe. Robert hilft Kristian, die deutschen Texte zu lernen. Es dauert sehr lange, weil Robert nicht gut Russisch spricht. Robert schämt sich. Er kann nicht mal ein paar einfache Sätze sagen! Dann geht Robert in sein Zimmer und lernt Russisch.

 C

Infinitive

Der Infinitiv des Verbs ist die Grundform, die im Wörterbuch steht. Verben im Infinitiv enden mit -ать, -ить, -еть, -оть, -ти oder -ся (für reflexive Verben): говорить, читать, удивляться.

Reflexive Verben

Diese Verben zeigen die Handlung, die in einem Satz auf das Subjekt selbst gerichtet wird. Die Standardform dieser Verben hat die Endung -ся:

умыв<u>а</u>ться - *sich waschen*, бр<u>и</u>ться - *sich rasieren*, улыб<u>а</u>ться - *lächeln*, бо<u>я</u>ться - *Angst haben*.

Aussprache

улыб<u>а</u>ться - [улыб<u>а</u>ца] *(lächeln)*
бо<u>я</u>ться - [бо<u>я</u>ца] *(Angst haben)*
серд<u>и</u>ться - [серд<u>и</u>ца] *(sich ärgern)*
гр<u>е</u>ться - [гр<u>е</u>ца] *(sich wärmen)*
бор<u>о</u>ться - [бор<u>о</u>ца] *(kämpfen)*

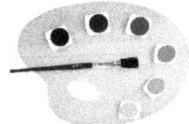

10

Кристиан покупает учебники по дизайну
Kristian kauft Fachbücher über Design

A

Слова
Vokabeln

1. ближайший - der nechste, in der Nähe
2. видеть - sehen
3. выбирать - wählen, aussuchen
4. действительно - wirklich
5. дизайн - das Design
6. его - ihn (Akkusativ), sein(e) (Possessivpronomen); Я знаю его. - Ich kenne ihn. Это его книга. - Das ist sein Buch.
7. ему - ihm
8. её - sie (Akkusativ), ihr(e) (Possessivpronomen); Я знаю её. - Ich kenne sie. Это её книга. - Das ist ihr Buch.

9. ей - ihr (Dativ); Я хочу подарить ей эти цветы. - Ich möchte ihr diese Blumen schenken.
10. (за)платить - zahlen
11. здравствуйте - hallo
12. итальянский - Italienische
13. их - sie (Akkusativ), ihr(e) (Possessivpronomen); Я знаю их. - Ich kenne sie. Это их книги. - Das sind ihre Bücher.
14. им - ihnen (Dativ)
15. картин(к)а, изображение - das Foto, das Bild
16. объяснять / объяснить - erklären; Вы можете объяснить это? - Können Sie das erklären?
17. пока - tschüss
18. получать - bekommen, kriegen, erhalten
19. прекрасный - schön
20. программа - das Programm
21. род - die Art
22. родной язык - die Muttersprache
23. рубль - Rubl (russisches Geld)
24. смотреть - schauen, betrachten
25. стоить - kosten
26. суббота - Samstag
27. только - nur
28. университет - die Universität
29. урок - die Unterrichtsstunde, die Aufgabe
30. учебник - das Fachbuch
31. учить(-ся) - studieren, lernen
32. язык - die Sprache

B

Кристиан покупает учебник по дизайну

Кристиан норвежец и норвежский его родной язык. Он изучает дизайн в университете в Санкт Петербурге.

Сегодня суббота и у Кристиана много свободного времени. Он хочет купить несколько книг. Он идёт в ближайший книжный магазин. У них могут быть учебники по дизайну. Он входит в магазин и смотрит на столы с книгами. К Кристиану подходит женщина. Она - продавщица.

«Здравствуйте. Могу я Вам помочь?» спрашивает продавщица.

«Здравствуйте,» говорит Кристиан, «Я изучаю дизайн в университете. Мне нужно несколько учебников. Есть у вас какие-либо учебники по дизайну?» спрашивает её Кристиан.

«Какого рода дизайн? У нас есть учебники по мебельному дизайну, автомобильному дизайну, спортивному дизайну, по дизайну для Интернета,» объясняет она ему.

«Не могли бы Вы показать учебники по

Kristian kauft Fachbücher über Design

Kristian ist Norwege und seine Muttersprache ist Norwegisch. Er studiert Design an der Universität in St Peterburg.

Heute ist Samstag und Kristian hat viel Freizeit. Er will ein paar Bücher über Design kaufen. Er geht zum Buchladen in der Nähe. Der könnte Fachbücher über Design haben. Er kommt in den Laden und betrachtet den Tisch mit Büchern. Eine Frau kommt zu Kristian. Sie ist eine Verkäuferin.

"Hallo, kann ich Ihnen helfen?" fragt ihn die Verkäuferin.

"Hallo", sagt Kristian. "Ich studiere Design an der Universität. Ich brauche ein paar Fachbücher. Haben Sie irgendwelche Fachbücher über Design?" fragt Kristian sie.

"Welche Art von Design? Wir haben Fachbücher über Möbeldesign, Autodesign, Sportdesign oder Internetdesign", erklärt sie ihm.

мебельному дизайну и дизайну для Интернета?» говорит ей Кристиан.

«Вы можете выбрать книги с ближайшего стола. Взгляните на них. Это книга итальянского мебельного дизайнера Палатино. Этот дизайнер объясняет дизайн итальянской мебели. Он также объясняет мебельный дизайн Европы и США. Здесь есть также красивые изображения,» объясняет продавщица.

«Я вижу, в книге есть также несколько уроков. Эта книга действительно хорошая. Сколько она стоит?» спрашивает её Кристиан.

«Она стоит 520 рублей. И Вы также получаете с книгой компакт-диск. На компакт-диске компьютерная программа для дизайна мебели,» говорит ему продавщица.

«Она мне действительно нравится,» говорит Кристиан.

«Здесь Вы можете посмотреть учебники по дизайну для Интернета,» объясняет ему женщина, «Эта книга о компьютерной программе «Майкрософт Офис». А эти книги о компьютерной программе «Флэш». Взгляните на эту красную книгу. Она о «Флэш» и тут есть несколько интересных уроков. Выбирайте пожалуйста.»

«Сколько стоит эта красная книга?» спрашивает её Кристиан.

«Эта книга с двумя компакт-дисками стоит только 430 рублей,» говорит ему продавщица.

«Я хочу купить книгу Палатино о мебельном дизайне и эту красную книгу о «Флэш». Сколько я должен заплатить за них?» спрашивает Кристиан.

«За эти две книги Вы должны заплатить 950 рублей,» говорит ему продавщица.

Кристиан платит. Затем он берёт книги и компакт-диски.

«До свидания,» говорит ему продавщица.

«До свидания,» говорит ей Кристиан и выходит на улицу.

"Können Sie mir Fachbücher über Möbeldesign und Internetdesign zeigen?" fragt Kristian sie.
"Sie können sich Bücher von den nächsten Tischen aussuchen. Schauen Sie sie sich an. Dies ist ein Buch von dem italienischen Möbeldesigner Palatino. Dieser Designer erklärt das Design italienischer Möbel. Er erklärt auch europäisches und amerikanisches Möbeldesign. In dem Buch sind einige gute Bilder", erklärt die Verkäuferin.
"Ich sehe, dass das Buch auch Aufgaben enthält. Dieses Buch ist wirklich gut. Wie viel kostet es?" fragt Kristian sie.
"Es kostet 520 Rubl. Und mit dem Buch kommt eine CD. Auf der CD ist ein Computerprogramm für Möbeldesign", sagt die Verkäuferin.
"Das gefällt mir wirklich", sagt Kristian.
"Dort können Sie sich ein paar Fachbücher über Internetdesign anschauen", erklärt ihm die Frau.
"Dieses Buch ist über das Computerprogramm Microsoft Office. Und diese Bücher sind über das Computerprogramm Flash. Schauen Sie sich dieses rote Buch an. Es ist über Flash und es enthält einige interessante Lektionen. Suchen Sie sich eins aus."
"Wie viel kostet das rote Buch?" fragt Kristian sie.
"Dieses Buch mit zwei CDs kostet nur 430 Rubl", sagt die Verkäuferin.
"Ich möchte das Buch von Palatino über Möbeldesign und das rote Buch über Flash kaufen. Wie viel muss ich dafür zahlen?" fragt Kristian.
"Sie müssen 950 Rubl für diese zwei Bücher zahlen", sagt die Verkäuferin.
Kristian zahlt. Dann nimmt er die Bücher und die CDs.
"Tschüss", sagt die Verkäuferin zu ihm.
"Tschüss", sagt Kristian und geht.

C

Frageworte

Как? - Wie?
Где? - Wo?
Куд**а**? - Wohin?
Отк**у**да - Woher?
Как**о**й? - Welcher? *(M)*
Как**а**я? - Welche? *(F)*
Как**о**е? - Welches? *(N)*

Как**и**е? - Welche? *(Pl)*
Ск**о**лько? - Wieviel?
Когд**а**? - Wann?
Кто? - Wer?
Что? - Was?
Почем**у**? - Warum?
Зач**е**м? - Wozu?

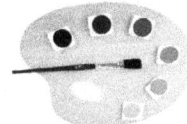

11

Роберт хочет заработать немного денег (часть 1)
Robert will ein bisschen Geld verdienen (Teil 2)

Слова
Vokabeln

1. быстро - schnell, быстрый - schnelle(r)
2. в - pro; Я зарабатываю 100 рублей в час. - Ich verdiene zehn Rubl pro Stunde.
3. грузить - beladen, грузчик - der Verlader, грузовик - der Lastwagen
4. день - der Tag
5. ещё один - noch einen
6. ежедневно - täglich, jeden Tag
7. записка - die Notiz
8. зарабатывать - verdienen
9. конец - das Ende; кончать - beenden
10. лучше - besser
11. номер - die Nummer

12. обычный - normal; обычно - normalerweise
13. ответ - die Antwort, отвечать - antworten, erwidern
14. отдел кадров - die Personalabteilung
15. понимать - verstehen
16. после - nach
17. почему - warum
18. продолжение следует - Fortsetzung folgt
19. руководитель / руководительница - der Leiter / die Leiterin
20. список - die Liste
21. так как - weil, denn, da
22. транспорт - der Transport
23. трудный - schwer
24. хорошо - gut, alles klar
25. час - die Stunde; ежечасно - stündlich; час - Uhr; Два часа. - Es ist zwei Uhr.
26. часть - der Teil
27. энергия - die Energie
28. ящик - die Kiste

B

Роберт хочет заработать немного денег (часть 1)

У Роберта есть свободное время ежедневно после университета. Он хочет заработать немного денег. Он идёт в агентство по трудоустройству. Ему дают адрес транспортной фирмы. Транспортной фирме «Рапид» нужен грузчик. Эта работа действительно тяжёлая. Но они платят 200 рублей в час. Роберт хочет получить эту работу. Поэтому он идёт в офис транспортной фирмы.
«Здравствуйте. У меня есть для Вас записка от агентства по трудоустройству,» говорит Роберт женщине в отделе кадров этой фирмы. Он даёт ей записку.
«Здравствуйте,» говорит женщина, «Меня зовут Светлана Велина. Я руководитель отдела кадров. Как Ваше имя?»
«Меня зовут Роберт Геншер,» говорит Роберт.
«Вы не русский?» спрашивает Светлана.
«Нет. Я немец,» отвечает Роберт.
«Можете ли Вы хорошо говорить и читать по-русски?» спрашивает она.
«Да,» говорит он.
«Роберт, сколько тебе лет?» спрашивает она.

Robert will ein bisschen Geld verdienen (Teil 1)

*Robert hat jeden Tag nach der Universität freie Zeit. Er will ein bisschen Geld verdienen. Er geht in eine Arbeitsvermittlung. Sie geben ihm die Adresse einer Transportfirma. Die Transportfirma Rapid braucht einen Verlader. Diese Arbeit ist wirklich schwer. Aber sie bezahlen 200 Rubl pro Stunde. Robert will den Job annehmen. Also geht er zum Büro der Transportfirma. "Hallo. Ich habe eine Notiz für Sie von einer Arbeitsvermittlung", sagt Robert zu einer Frau in der Personalabteilung der Firma. Er gibt ihr die Notiz.
"Hallo", sagt die Frau. "Ich bin Swetlana Welina. Ich bin die Leiterin der Personalabteilung. Wie heißen Sie?"
"Ich heiße Robert Genscher", sagt Robert.
"Sind Sie Russe?" fragt Swetlana.
"Nein, ich bin Deutscher", antwortet Robert.
"Können Sie gut Russisch sprechen und schreiben?" fragt sie.
"Ja", sagt er.
"Wie alt sind Sie?", fragt sie.
"Ich bin zwanzig", antwortet Robert.
"Wollen Sie in der Transportfirma als*

«Мне двадцать лет,» отвечает Роберт.

«Ты хочешь работать в транспортной фирме грузчиком. Почему грузчиком?» спрашивает его руководитель отдела кадров.

Роберту стыдно сказать, что он не может получить лучшую работу, потому что не говорит по-русски хорошо. Поэтому он говорит: «Я хочу зарабатывать 200 рублей в час.»

«Так-так,» говорит Светлана, «На нашей транспортной фирме обычно не много погрузочной работы. Однако сейчас нам действительно нужен ещё один грузчик. Можешь ли ты быстро грузить ящики с 20 килограммами груза?»

«Да. У меня много энергии,» отвечает Роберт.

«Нам нужен грузчик ежедневно на три часа. Можешь ли ты работать с четырёх до семи часов?» спрашивает она.

«Да, мои занятия заканчиваются в час,» отвечает ей студент.

«Когда ты можешь начать работу?» спрашивает его руководитель отдела кадров.

«Я могу начать сейчас,» отвечает Роберт.

«Ну что же. Посмотри на этот погрузочный список. В списке названия нескольких фирм и магазинов,» объясняет Светлана, «Каждая фирма и магазин имеют несколько номеров. Это - номера ящиков. А это номера грузовиков, куда ты должен погрузить эти ящики. Грузовики приезжают и уезжают каждый час. Поэтому тебе надо работать быстро. Понятно?»

«Понятно,» отвечает Роберт не очень хорошо понимая Светлану.

«Теперь бери этот погрузочный лист и иди к погрузочной двери номер три,» говорит Роберту руководитель отдела кадров. Роберт берёт погрузочный лист и идёт работать.

(продолжение следует)

Verlader arbeiten? Warum denn als Verlader?" fragt ihn die Leiterin der Personalabteilung.

Robert schämt sich, zu sagen, dass er keine bessere Arbeit haben kann, weil er nicht gut Russisch spricht. Deswegen sagt er: "Ich möchte 200 Rubl pro Stunde verdienen."

"Na gut", sagt Swetlana. "Normalerweise hat unsere Transportfirma nicht viel Verladearbeit. Aber gerade brauchen wir wirklich noch einen Verlader. Können Sie schnell Kisten mit 20 Kilogramm Ladung verladen?"

"Ja. Ich habe viel Energie", antwortet Robert.

"Wir brauchen einen Verlader für drei Stunden täglich. Können Sie von vier bis sieben Uhr arbeiten?" fragt sie.

"Ja, mein Unterricht endet um ein Uhr", antwortet der Student.

"Wann können Sie anfangen, zu arbeiten?" fragt ihn die Leiterin der Personalabteilung.

"Ich kann jetzt anfangen", erwidert Robert.

"Gut. Schauen Sie sich diese Ladeliste an. Dort stehen Namen von Firmen und Läden", erklärt Swetlana. "Bei jeder Firma und jedem Laden stehen ein paar Nummern. Das sind die Nummern der Kisten. Und das sind die Nummern der Lastwägen, auf die Sie die Kisten laden müssen. Die Lastwägen kommen und gehen stündlich. Sie müssen also schnell arbeiten. Alles klar?"

"Alles klar", antwortet Robert, ohne Swetlana richtig zu verstehen.

"Nehmen Sie jetzt diese Ladeliste und gehen Sie zur Ladetür Nummer drei", sagt die Leiterin der Personalabteilung zu Robert. Robert nimmt die Ladeliste und geht arbeiten.

(Fortsetzung folgt)

C

Abwesenheit von „es gibt"

Im Russischen benutzt man normalerweise nicht die Wörter есть, имеется *(es gibt)*. Aber das Wort есть wird bei Fragen benutzt und bei Betonung auf Anwesenheit oder Existenz eines Subjekts.

На столе яблоко. *Ein Apfel ist auf dem Tisch..*

В холодильнике есть овощи? *Gibt es Gemüse im Kühlschrank?*

-В Липецке есть интересные памятники? *Gibt es interessante Denkmäler in Lipezk?*

-Да, есть несколько. *Ja, es gibt einige.*

Abwesenheit wird durch нет gezeigt:

В Липецке нет порта. *Es gibt keinen Hafen in Lipezk.*

В холодильнике нет супа. *Es gibt keine Suppe im Kühlschrank.*

12

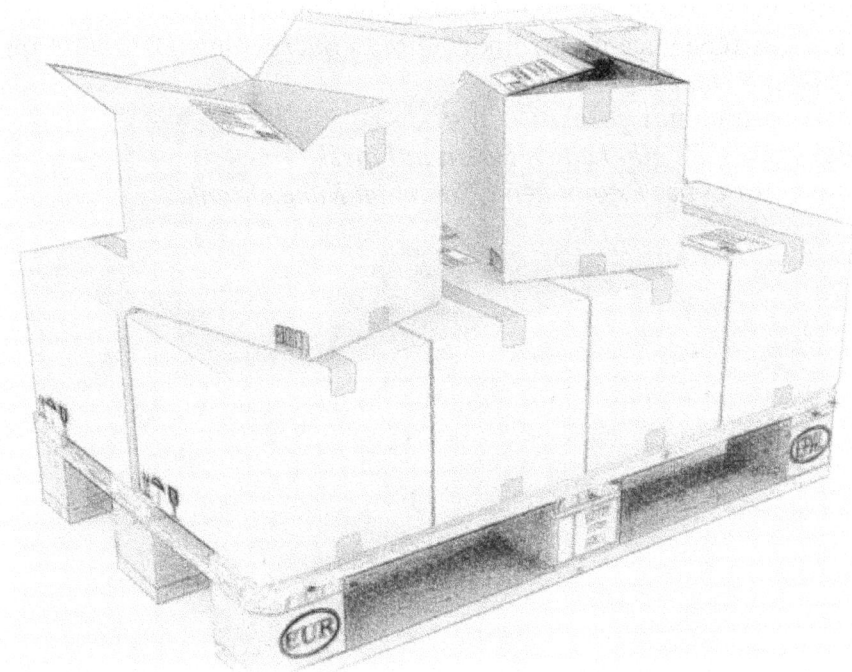

Роберт х_о_чет зараб_о_тать немн_о_го д_е_нег (часть 2)
Robert will ein bisschen Geld verdienen (Teil 2)

A

Words
Vokabeln

1. вм_е_сто - anstelle von; вм_е_сто теб_я_ - an deiner Stelle
2. вод_и_ть - fahren, вод_и_тель - der Fahrer
3. возвращ_а_ться - zurückkommen
4. встав_а_ть - aufstehen; Встав_а_й! - Steh auf!
5. встреч_а_ть(ся) - treffen, kennenlernen
6. господ_и_н - Herr; г-н Иван_о_в - Hr. Iwanow
7. дох_о_д - das Einkommen
8. жаль (+Dative) - leid tun; Мне жаль. - Es tut mir leid.
9. же - doch, ja, aber; Возьм_и_те же _э_ту кн_и_гу. - Nehmen Sie doch dieses Buch.

10. здесь - hier (Ort), сюда - hierher (Richtung), вот - hier ist / sind
11. знакомиться - kennenlernen; Рад(а) с Вами познакомиться. - Ich bin froh Sie kennenzulernen.
12. идти - gehen
13. их - ihr
14. ладно - gut, alles klar
15. мама - Mama, die Mutter
16. назад, обратно - zurück
17. ненавидеть - hassen
18. плохой - schlecht
19. понедельник - Montag
20. пора - es ist an die Zeit, es ist soweit
21. правильный - richtig(er); правильно - richtig
22. неправильно - falsch; исправлять - korrigieren
23. привозить - bringen; привозя - bringend
24. причина - der Grund
25. рад - froh
26. сожалеть - leid tun; Я сожалею. - Es tut mir leid.
27. сын - der Sohn
28. твой - dein (Possessiv), ваш - euer, Ваш - Ihr
29. учитель - der Lehrer

B

Роберт хочет заработать немного денег (часть 2)

Возле погрузочной двери номер три - много грузовиков. Они возвращаются назад, привозя обратно свои грузы. Руководитель отдела кадров и руководитель фирмы приходят туда. Они подходят к Роберту. Роберт грузит ящики в грузовик. Он работает быстро.
«Эй, Роберт! Подойди сюда, пожалуйста,» зовёт его Светлана, «Это руководитель фирмы господин Доход.»
«Рад с Вами познакомиться,» говорит Роберт подходя к ним.
«Я тоже,» отвечает господин Доход, «Где твой погрузочный список?»
«Вот он,» Роберт даёт ему погрузочный список.
«Так-так,» говорит господин Доход глядя в список, «Посмотри на эти грузовики. Они возвращаются, привозя обратно свои грузы, потому что ты грузишь ящики неправильно. Ящики с книгами едут в мебельный магазин вместо книжного магазина, ящики с видеокассетами и DVD едут в кафе вместо видеомагазина, а коробки с бутербродами

Robert will ein bisschen Geld verdienen (Teil 2)

An der Ladetür Nummer 3 stehen viele Lastwagen. Sie kommen mit ihrer Ladung zurück. Die Leiterin der Personalabteilung und der Firmenchef kommen dorthin. Sie gehen zu Robert. Robert lädt Kisten in einen Lastwagen. Er arbeitet schnell.
"Hey, Robert! Komm bitte hierher!" ruft Swetlana. "Das ist der Chef der Firma, Hr. Dochod."
"Es freut mich, Sie kennenzulernen", sagt Robert auf sie zugehend.
"Mich auch", antwortet Hr. Dochod. "Wo ist Ihre Ladeliste?"
"Hier ist sie", Robert gibt ihm die Ladeliste.
"Na gut", sagt Hr. Dochod, während er auf die Liste schaut. "Schauen Sie diese Lastwagen an. Sie bringen ihre Fracht zurück, weil Sie die Kisten falsch verladen haben. Die Kisten mit Büchern werden zu einem Möbelladen gebracht anstelle von einem Buchladen, die Kisten mit Videos und DVDs zu einem Café anstelle von einer Videothek und die Kisten mit

едут в видеомагазин вместо кафе! Это плохая работа! Мне жаль, но ты не можешь работать на нашей фирме,» говорит господин Доход и идёт обратно в офис.

Роберт не может грузить ящики правильно, потому что он может прочитать и понять очень мало русских слов. Светлана смотрит на него. Роберту стыдно.

«Роберт, ты можешь выучить русский лучше и затем прийти снова. Хорошо?» говорит Светлана.

«Хорошо,» отвечает Роберт, «До свидания Светлана.»

«До свидания Роберт,» отвечает Светлана.

Роберт идёт домой. Он хочет теперь выучить русский лучше и потом получить новую работу.

Пора идти в университет

В понедельник утром мама заходит в комнату разбудить своего сына.

«Вставай, семь часов. Пора идти в университет!»

«Но почему, мама? Я не хочу идти.»

«Назови мне две причины почему ты не хочешь идти,» говорит мама сыну.

«Студенты ненавидят меня - раз, и учителя ненавидят меня тоже!»

«Ах, это не причины не идти в университет. Вставай!»

«Ладно. Назови мне две причины почему я должен идти в университет,» говорит он своей маме.

«Ну, во-первых, тебе 55 лет. А во-вторых, ты руководитель университета! Вставай сейчас же!»

Sandwiches zu einer Videothek anstelle von einem Café! Das ist schlechte Arbeit! Es tut mir leid, aber Sie können nicht in unserer Firma arbeiten", sagt Herr Dochod und geht zurück in sein Büro. Robert kann die Kisten nicht richtig verladen, weil er nur sehr wenig Russisch lesen und verstehen kann. Swetlana schaut ihn an. Robert schämt sich.
"Robert, du kannst dein Russisch verbessern und dann wiederkommen, ok?" sagt Swetlana.
"Ok", antwortet Robert. "Tschüss Swetlana".
"Tschüss Robert", antwortet Swetlana. Robert geht nach Hause. Er will jetzt sein Russisch verbessern und sich dann eine neue Arbeit suchen.

Es ist an der Zeit, in die Uni zu gehen

An einem Montagmorgen kommt eine Mutter ins Zimmer, um ihren Sohn aufzuwecken.
"Steh auf, es ist sieben Uhr. Es ist an der Zeit, in die Uni zu gehen!"
"Aber warum, Mama? Ich will nicht gehen."
"Nenne mir zwei Gründe, warum du nicht gehen willst", sagt die Mutter zu ihrem Sohn.
"Die Studenten hassen mich und die Lehrer auch!"
"Oh, das sind keine Gründe, um nicht in die Uni zu gehen. Steh auf!"
"Ok. Nenn mir zwei Gründe, warum ich in die Uni muss", sagt er zu seiner Mutter.
"Gut, einerseits, weil du 55 Jahre alt bist. Und andererseits, weil du der Direktor der Universität bist! Steh jetzt auf!"

Reihenfolge der Worte

Die Reihenfolge der Worte im Russischen ist sehr flexibel. Die Russen beginnen den Satz normalerweise mit dem Ort und der Zeit der Handlung. Завтра я работаю. *Ich arbeite morgen.* На этой улице много банков. *Es gibt viele Banken in dieser Strasse.*

Steigende Intonation weißt auf eine Frage hin: Ты студе́нт↑? *Bist du Student?*
Wenn der Satz mit einem Fragewort beginnt, ist die Intonation normalerweise bestätigend:
Где магази́н↓? *Wo ist das Geschäft?*

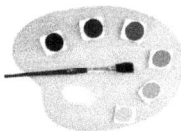

Fortgeschrittene Anfänger Stufe A2

13

Название гостиницы
Der Name des Hotels

Слова

1. вечер - der Abend
2. видеть - sehen
3. вниз - nach unten
4. вокруг - rund
5. Германия - der Deutschland
6. глупый - dumm
7. другой - ein anderer, eine andere, ein anderes
8. здание - das Gebäude
9. идти - gehen
10. из - von, aus
11. Каспер - Kasper (Name)
12. лифт - der Aufzug
13. лучший - beste
14. мимо - vorbei
15. мост - die Brücke
16. над - über
17. наружу - nach draussen
18. находить - finden
19. ночь - die Nacht
20. озеро - der See
21. останавливать(ся) - anhalten
22. открывать - öffnen
23. показывать - zeigen
24. потом - dann
25. прочь - weg
26. путь - der Weg
27. реклама - die Werbung

28. сейчас - jetzt, zurzeit, gerade
29. сердитый - wütend
30. снова, опять - wieder
31. спать - schlafen
32. стоять - stehen
33. ступня - der Fuß
34. пешком - zu Fuß
35. такси - das Taxi
36. водитель такси - der Taxifahrer

37. удивление - die Überraschung
38. удивлять - überraschen
39. удивлённый - überrascht, verwundert
40. уже - schon
41. улыбка - das Lächeln
42. улыбаться - lächeln
43. уставший - müde
44. Форд - Ford
45. через - hindurch

B

Название гостиницы

Der Name des Hotels

Это студент. Его имя Каспер. Каспер из Польши. Он не умеет говорить по-русски. Он хочет учить русский язык в университете в России. Каспер живёт сейчас в гостинице в Санкт Петербурге.
 Он сейчас в своей комнате. Он смотрит на карту. Это очень хорошая карта. Каспер видит на карте улицы, площади и магазины. Он выходит из комнаты и идёт по коридору к лифту. Лифт опускает его вниз. Каспер проходит через большой холл и выходит из гостиницы. Он останавливается возле гостиницы и записывает название гостиницы в свою записную книжку.
Возле гостиницы находится круглая площадь и озеро. Каспер идёт через площадь к озеру. Он идёт вокруг озера к мосту. Много легковых автомобилей, грузовиков и пешеходов идут через мост. Каспер проходит под мостом. Затем он идёт по улице к центру города. Он проходит мимо красивых зданий. Уже вечер. Каспер устал. Он хочет идти назад в гостиницу. Он останавливает такси, затем открывает свой блокнот и показывает название гостиницы таксисту. Таксист смотрит в блокнот, улыбается и уезжает. Каспер не может этого понять. Он стоит и смотрит в свой блокнот. Потом он останавливает другое такси и снова

*Das ist ein Student. Er heißt Kasper. Kasper kommt aus Polen. Er spricht kein Russisch. Er will an einer Universität in Russland Russisch lernen. Kasper wohnt zurzeit in einem Hotel in St Peterburg. Gerade ist er in seinem Zimmer. Er schaut auf die Karte. Diese Karte ist sehr gut. Kasper sieht Straßen, Plätze und Läden auf der Karte. Er geht aus dem Zimmer und durch den langen Gang zum Aufzug. Der Aufzug bringt ihn nach unten. Kasper geht durch die große Halle und aus dem Hotel. Er hält in der Nähe des Hotels an und schreibt den Namen des Hotels in sein Notizbuch.
Beim Hotel gibt es einen runden Platz und einen See. Kasper geht über den Platz zum See. Er geht um den See zur Brücke. Viele Autos, Lastwägen und Menschen überqueren die Brücke. Kasper geht unter der Brücke hindurch. Dann geht er eine Straße entlang zum Stadtzentrum. Er geht an vielen schönen Gebäuden vorbei.
Es ist schon Abend. Kasper ist müde und will zurück ins Hotel gehen. Er hält ein Taxi an, öffnet dann sein Notizbuch und zeigt dem Taxifahrer den Namen des Hotels. Der Taxifahrer schaut in das Notizbuch, lächelt und fährt weg. Kasper versteht nichts. Er steht da und schaut in sein Notizbuch. Dann hält er ein anderes Taxi an und zeigt dem Taxifahrer wieder*

показывает таксисту название гостиницы. Таксист смотрит в блокнот. Потом он смотрит на Каспера, улыбается и уезжает тоже. Каспер удивляется. Он останавливает другое такси. Но это такси тоже уезжает прочь. Каспер ничего не может понять. Он удивлён и рассержен. Но он не глуп. Он открывает свою карту и находит путь к гостинице. Он приходит обратно в гостиницу пешком.

Ночь. Каспер в своей кровати. Он спит. В комнату через окно смотрят звёзды. Блокнот на столе. Он открыт. «Форд - лучший автомобиль». Это не название гостиницы. Это реклама на здании гостиницы.

den Namen des Hotels. Der Fahrer schaut in das Notizbuch. Dann schaut er Kasper an, lächelt und fährt auch weg. Kasper ist verwundert. Er hält ein anderes Taxi an. Aber auch dieser Taxifahrer fährt weg. Kasper kann das nicht verstehen. Er ist verwundert und wütend. Aber er ist nicht dumm. Er öffnet seine Karte und findet den Weg zum Hotel. Er kehrt zu Fuß zum Hotel zurück.

Es ist Nacht. Kasper ist in seinem Bett. Er schläft. Die Sterne schauen durch das Fenster ins Zimmer. Das Notizbuch liegt auf dem Tisch. Es ist offen. "Ford ist das beste Auto". Das ist nicht der Name des Hotels. Das ist Werbung am Hotelgebäude.

Monate

Die Monate im Russischen sind sehr ähnlich den Monaten im Deutschen oder im Englischen. Das Geschlecht aller Monate im Russischen ist Maskulinum. Anmerkung: abgesehen vom Anfang des Satzes werden die Monate im Russischen klein geschrieben.

Зимние месяцы - декабрь, январь, февраль. *Wintermonate - Dezember, Januar, Februar.*
Весенние месяцы - март, апрель, май. *Frühlingmonate - März, April, Mai.*
Летние месяцы - июнь, июль, август. *Sommermonate - Juni, Juli, August.*
Осенние месяцы - сентябрь, октябрь, ноябрь. *Herbstmonate - September, Oktober, November.*
В мае мы были в Эрмитаже. *Wir waren im Mai in Eremitage.*
В декабре холодно, но нет снега. *Es ist kalt im Dezember, aber es gibt keinen Schnee.*
С сентября она вышила 3 новых картины. *Sie hat 3 neue Bilder seit September gestickt.*
Я нахожусь в России с мая. *Ich bin in Russland seit Mai.*

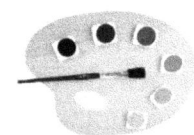

14

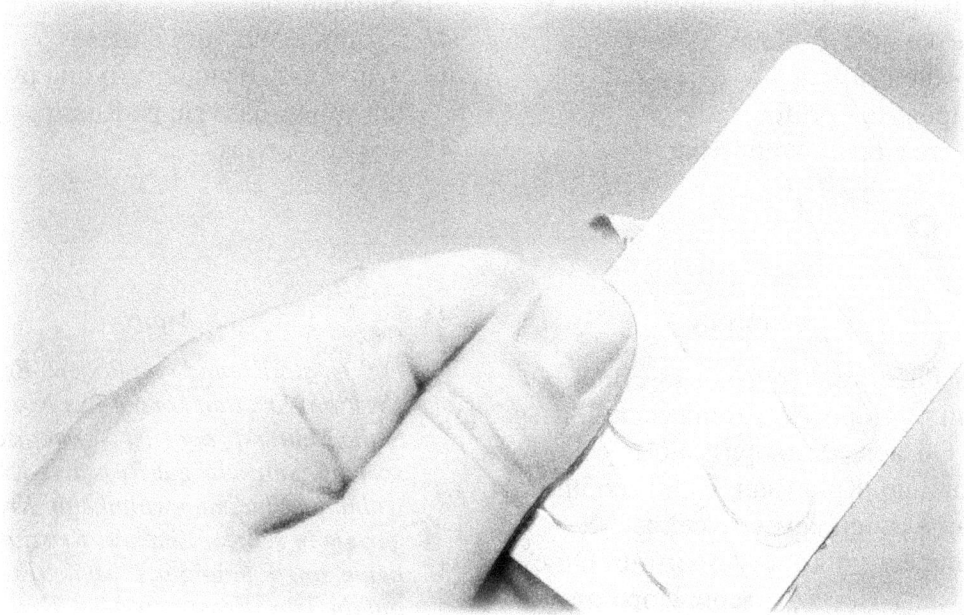

Аспирин
Aspirin

А

Слова

1. апт<u>е</u>ка - die Apotheke
2. аспир<u>ин</u> - das Aspirin
3. б<u>е</u>лый - weiß
4. бум<u>а</u>га - das Papier
5. вон<u>ю</u>чий - stinkend
6. д<u>е</u>сять - zehn
7. д<u>у</u>мать - denken
8. зад<u>а</u>ча - die Aufgabe
9. кл<u>а</u>ссная к<u>о</u>мната - das Klassenzimmer
10. кон<u>е</u>чно - natürlich
11. крист<u>а</u>лл - das Kristall
12. лист - das Blatt
13. на протяж<u>е</u>нии - im Verlauf, während
14. н<u>е</u>сколько, немн<u>о</u>го - einige
15. общеж<u>и</u>тие - das Studentenwohnheim
16. п<u>а</u>рень - der Junge
17. перер<u>ы</u>в - die Pause
18. п<u>и</u>сьменный стол - der Schreibtisch
19. пол-дев<u>я</u>того - halb neun
20. полов<u>и</u>на - halb
21. получ<u>и</u>ть - (etwas) erhalten
22. п<u>о</u>сле - nach
23. по<u>э</u>тому - deshalb
24. пр<u>о</u>бовать - versuchen
25. сдать экз<u>а</u>мен - eine Prüfung bestehen

26. прошлый - vorige, letzte
27. продолжаться - dauern
28. наконец - schließlich
29. пытаться - versuchen
30. садиться - sich hinsetzen
31. серый - grau
32. сообразительный - intelligent
33. таблетка - die Tablette
34. тест - die Prüfung
35. тестировать - prüfen
36. удивительный - wunderbar
37. химический - chemisch; химикаты - die Chemikalien
38. химия - die Chemie
39. часто - oft
40. часы - die Uhr
41. через - in; через два часа - in zwei Stunden
42. в - um, в час - um eins
43. что - dass; Я знаю, что она русская. - Ich weiss, dass sie ist Russin.
44. что-то - etwas

B

Аспирин

Это друг Роберта. Его имя Кристиан. Кристиан из Норвегии. Норвежский язык - его родной. Он может говорить по-русски тоже очень хорошо. Кристиан живёт в общежитии. Кристиан в своей комнате сейчас. У Кристиана сегодня тест по химии. Он смотрит на свои часы. Восемь часов. Пора идти. Кристиан выходит на улицу. Он идёт в университет. Университет возле общежития. Путь до университета занимает у него десять минут. Кристиан подходит к кабинету химии. Он открывает дверь и заглядывает в кабинет. Там несколько студентов и преподаватель. Кристиан заходит в кабинет.
«Здравствуйте,» говорит он.
«Здравствуйте,» отвечают студенты и преподаватель.
Кристиан идёт к своему столу и садится. Тест по химии начинается в пол-девятого. Преподаватель подходит к столу Кристиана.
«Вот твоя задача,» говорит преподаватель. Он даёт Кристиану лист бумаги с задачей, «Ты должен получить аспирин. Ты можешь работать с пол-девятого до двенадцати часов. Пожалуйста, начинай,» преподаватель говорит.
Кристиан знает эту задачу. Он берёт

Aspirin

Das ist ein Freund von Robert. Er heißt Kristian. Kristian kommt aus Norwegen. Seine Muttersprache ist Norwegisch. Er spricht auch sehr gut Russisch. Kristian wohnt im Studentenwohnheim. Kristian ist gerade in seinem Zimmer. Kristian hat heute eine Prüfung in Chemie. Er schaut auf die Uhr. Es ist acht Uhr. Es ist an der Zeit, zu gehen.
Kristian geht nach draußen. Er geht zur Universität. Die Uni ist in der Nähe des Wohnheims. Er braucht etwa zehn Minuten bis zur Uni. Kristian kommt zum Klassenzimmer. Er öffnet die Tür und schaut ins Klassenzimmer. Einige Studenten und der Lehrer sind da. Kristian betritt das Klassenzimmer.
"Hallo", sagt er.
"Hallo", antworten der Lehrer und die Studenten.
Kristian geht zu seinem Schreibtisch und setzt sich hin. Die Prüfung beginnt um halb neun. Der Lehrer kommt zu Kristians Tisch.
"Hier ist deine Aufgabe", sagt der Lehrer. Dann gibt er Kristian ein Blatt Papier mit der Aufgabe. "Du musst Aspirin herstellen. Du kannst von halb neun bis zwölf Uhr arbeiten. Fang bitte an", sagt der Lehrer.

некоторые химикаты и начинает. Он работает десять минут. Наконец он получает что-то серое и вонючее. Это не хороший аспирин. Кристиан знает, что он должен получить большие белые кристаллы аспирина. Тогда он пробует снова и снова. Кристиан работает на протяжении часа, но он снова получает что-то серое и вонючее. Кристиан рассерженный и усталый. Он не может понять этого. Он останавливается и немного думает. Кристиан сообразительный парень. Он думает одну минуту и затем находит ответ! Он встаёт.
«Можно сделать перерыв на десять минут?» спрашивает Кристиан преподавателя.
«Конечно можно,» отвечает преподаватель.
Кристиан выходит. Он находит аптеку возле университета. Он заходит и покупает несколько таблеток аспирина. Через десять минут он возвращается назад в кабинет. Студенты сидят и работают. Кристиан садится.
«Могу я закончить тест?» говорит Кристиан преподавателю через пять минут. Преподаватель подходит к столу Кристиана. Он видит большие белые кристаллы аспирина. Преподаватель останавливается в удивлении. Минуту он стоит и смотрит на аспирин.
«Это удивительно… Твой аспирин такой хороший! Я не могу этого понять! Я часто пытаюсь получить аспирин, но получаю только что-то серое и вонючее,» говорит преподаватель, «Ты прошёл тест,» говорит он. Кристиан уходит после теста. Преподаватель видит что-то белое возле стола Кристиана. Он подходит к столу и находит бумажку от таблеток аспирина.
«Сообразительный парень. Ладно, Кристиан. Теперь у тебя проблема,» говорит преподаватель.

Kristian weiß, wie diese Aufgabe geht. Er nimmt einige Chemikalien und beginnt. Er arbeitet zehn Minuten lang. Schließlich erhält er etwas Graues und Stinkendes. Das ist nicht gutes Aspirin. Kristian weiß, dass er große, weiße Aspirinkristalle erhalten muss. Dann versucht er es wieder und wieder. Kristian arbeitet eine Stunde lang, aber das Ergebnis ist wieder grau und stinkend.
Kristian ist wütend und müde. Er kann es nicht verstehen. Er macht eine Pause und denkt ein bisschen nach. Kristian ist intelligent. Er denkt ein paar Minuten nach und findet dann die Lösung! Er steht auf.
"Kann ich zehn Minuten Pause machen?" fragt er den Lehrer.
"Ja, natürlich", antwortet der Lehrer.
Kristian geht nach draußen. Er findet eine Apotheke in der Nähe der Uni. Er geht hinein und kauft ein paar Tabletten Aspirin. Nach zehn Minuten kommt er zurück ins Klassenzimmer. Die Studenten sitzen da und arbeiten. Kristian setzt sich hin.
"Kann ich die Prüfung beenden?" fragt Kristian den Lehrer nach fünf Minuten. Der Lehrer kommt zu Kristians Tisch. Er sieht große, weiße Aspirinkristalle. Der Lehrer ist überrascht. Er bleibt stehen und schaut eine Weile auf das Aspirin.
"Wunderbar! Dein Aspirin ist gut! Aber ich kann das nicht verstehen! Ich versuche oft, Aspirin herzustellen, aber alles, was ich herausbekomme, ist grau und stinkt", sagt der Lehrer. "Du hast die Prüfung bestanden".
Kristian geht nach der Prüfung weg. Der Lehrer sieht etwas Weißes auf Kristians Tisch. Er geht zum Tisch und findet das Papier der Aspirintabletten.
"Intelligenter Junge. Gut, Kristian, jetzt hast du ein Problem", sagt der Lehrer.

C

Deklination der Verben жить - leben, говорить - sprechen, работать - arbeiten

Я: Живу / Говорю / Работаю
Мы: Живём / Говор__и__м / Раб__о__таем
Ты: Живёшь / Говор__и__шь / Раб__о__таешь
Вы/вы: Живёте / Говор__и__те / Раб__о__таете
Он/он__а__/он__о__: Живёт / Говор__и__т / Раб__о__тает
Он__и__: Жив__у__т / Говор__я__т / Раб__о__тают

15

Аня и кенгуру
Anya und das Känguru

A

Слова

1. б<u>е</u>дный - arm
2. б<u>и</u>ть, уд<u>а</u>рить - schlagen
3. ведр<u>о</u> - der Eimer
4. вм<u>е</u>сте - zusammen
5. вод<u>а</u> - das Wasser
6. в<u>о</u>лосы - das Haar
7. год - das Jahr
8. дав<u>а</u>й, дав<u>а</u>йте (Pl) - lass uns
9. дост<u>а</u>ть / достав<u>а</u>ть - erreichen, langen; herausziehen
10. ег<u>о</u> - sein, ihn
11. з<u>е</u>бра - das Zebra
12. зоп<u>а</u>рк - der Zoo
13. игр<u>у</u>шка - das Spielzeug
14. Как дел<u>а</u>? - Wie geht es?
15. как<u>о</u>й - welcher/welche/welches; Как<u>о</u>й стол? - Welcher Tisch?
16. кенгур<u>у</u> - das Känguru
17. кн<u>и</u>жный шкаф - das Bücherregal
18. когд<u>а</u> - wenn
19. крич<u>а</u>ть - schreien, rufen
20. к<u>у</u>кла - die Puppe

21. лев - der Löwe
22. летать - fliegen
23. меня / мне - mich / mir
24. месяц - der Monat
25. мокрый - nass
26. мороженое - das Eis
27. нам / нас - uns (Dat.) / uns (Ak.)
28. неожиданность - Überraschung
29. О! - Oh!
30. обезьяна - der Affe
31. олимпийский - olympisch
32. падать - fallen, падение - der Fall
33. первый - der erste
34. плакать - weinen
35. план - der Plan, планировать - planen
36. (по)вести - füren, bringen j-n
37. полный - voll
38. приставать к (+Dative) - ärgern
39. сильно - stark, сильный - stark
40. соседний - der nächste
41. стекать - ablaufen
42. счастливый - glücklich
43. тигр - der Tiger
44. тихо - leise
45. тянуть - ziehen
46. ухо - das Ohr
47. учиться - studieren
48. хвост - der Schwanz
49. хорошо - okay, gut
50. что - was; Что это? - Was ist das?
51. широкий - weit; широко - weit
52. эй! - Hey!
53. я буду - Ich werde

B

Аня и кенгуру

Роберт теперь студент. Он учится в университете. Он изучает русский язык. Роберт живёт в общежитии. Он живёт в соседней с Кристианом комнате.
 Роберт сейчас в своей комнате. Он берёт телефон и звонит своему другу Паше.
«Алло,» отвечает на звонок Паша.
«Алло Паша. Это Роберт. Как дела?» говорит Роберт.
«Привет Роберт. У меня хорошо. Спасибо. А как у тебя дела?» отвечает Паша.
«У меня тоже хорошо. Спасибо. Я пойду погулять. Какие планы у тебя на сегодня?» говорит Роберт.
«Моя сестра Аня просит меня повести её в зоопарк. Я сейчас поведу её туда. Пошли вместе с нами,» говорит Паша.
«Хорошо. Я пойду с вами. Где мы встретимся?» отвечает Роберт.
«Давай встретимся на автобусной остановке Олимпик. И спроси Кристиана

Ania und das Känguru

Robert ist jetzt Student. Er studiert an der Universität. Er studiert Russisch. Robert wohnt im Studentenwohnheim. Er ist Kristians Nachbar.
Robert ist gerade in seinem Zimmer. Er nimmt sein Telefon und ruft seinen Freund Pascha an.
Pascha geht ans Telefon und sagt: "Hallo."
"Hallo Pascha. Ich bin es, Robert. Wie geht's dir?" sagt Robert.
"Hallo Robert. Mir geht's gut. Danke. Und dir?" antwortet Pascha.
"Mir geht's auch gut, danke. Ich werde einen Ausflug machen. Was hast du heute vor?" sagt Robert.
"Meine Schwester Ania will mit mir in den Zoo gehen. Ich werde jetzt mit ihr dorthin gehen. Lass uns zusammen gehen", sagt Pascha.
"Alles klar, ich komme mit. Wo treffen wir uns?" fragt Robert.
"Lass uns an der Bushaltestelle Olympic treffen. Und frag Kristian, ob er auch

хочет ли он тоже пойти с нами,» говорит Паша.
«Окей. Пока,» отвечает Роберт.
«Увидимся. Пока,» говорит Паша.
Затем Роберт идёт в комнату Кристиана. Кристиан в своей комнате.
«Привет,» говорит Роберт.
«О, привет Роберт. Входи пожалуйста,» говорит Кристиан. Роберт входит.
«Я, Паша и его сестра пойдём в зоопарк. Пошли вместе с нами,» говорит Роберт.
«Конечно, я тоже пойду!» говорит Кристиан.
Роберт и Кристиан идут на автобусную остановку Олимпик. Они видят там Пашу и его сестру Аню.
Сестре Паши только пять лет. Она маленькая девочка, и она полная энергии. Она очень любит животных. Но Аня думает, что животные - это игрушки. Животные убегают от неё, потому что она очень пристаёт к ним. Она может потянуть за хвост или ухо, ударить рукой или игрушкой. У Ани дома есть собака и кот. Когда Аня дома, собака спит под кроватью, а кот сидит на шкафу. Так она не может до них достать.
Аня, Паша, Роберт и Кристиан заходят в зоопарк. В зоопарке очень много животных. Аня очень рада. Она подбегает ко льву и тигру. Она ударяет зебру своей куклой. Она так сильно тянет одну обезьяну за хвост, что все обезьяны с криками убегают. Затем Аня видит кенгуру. Кенгуру пьёт воду из ведра. Аня улыбается и очень тихонько подходит к кенгуру. А потом…
«Эй! Кенгуру-у-у!!» кричит Аня и тянет его за хвост. Кенгуру смотрит на Аню широко открытыми глазами и так подпрыгивает от неожиданности, что ведро с водой подлетает вверх и падает на Аню. Вода стекает по её волосам, лицу, платью. Аня вся мокрая.
«Ты плохой кенгуру! Плохой!» плачет она.

mitkommen will", sagt Pascha.
"Alles klar. Tschüss", antwortet Robert.
"Bis gleich", sagt Pascha.
Dann geht Robert zu Kristians Zimmer. Kristian ist in seinem Zimmer.
"Hallo", sagt Robert.
"Oh, hallo Robert. Komm rein", sagt Kristian. Robert betritt das Zimmer.
"Pascha, seine Schwester und ich gehen in den Zoo. Willst du mitkommen?" fragt Robert.
"Natürlich komme ich mit", sagt Kristian.

Robert und Kristian fahren bis zur Bushaltestelle Olympic. Dort sehen sie Pascha und seine Schwester Ania. Paschas Schwester ist erst fünf. Sie ist ein kleines Mädchen und voller Energie. Sie mag Tiere sehr gerne. Aber Ania denkt, dass Tiere Spielzeug sind. Die Tiere rennen vor ihr weg, weil sie sie sehr ärgert. Sie zieht sie am Schwanz oder am Ohr, schlägt sie mit der Hand oder mit einem Spielzeug. Zuhause hat Ania einen Hund und eine Katze. Wenn Ania zuhause ist, sitzt der Hund unter dem Bett und die Katze auf dem Bücherregal. So kann Ania sie nicht kriegen.
Ania, Pascha, Robert und Kristian betreten den Zoo. Im Zoo gibt es sehr viele Tiere. Ania ist glücklich. Sie rennt zu den Löwen und Tigern. Sie schlägt das Zebra mit ihrer Puppe. Sie zieht so stark am Schwanz eines Affen, dass alle Affen schreiend wegrennen. Dann sieht Ania ein Känguru. Das Känguru trinkt Wasser aus einem Eimer. Ania lächelt und nähert sich dem Känguru langsam. Und dann...
"Hey!!! Kängruu-uu-uu!!" schreit Ania und zieht es am Schwanz. Das Känguru schaut Ania mit weit aufgerissenen Augen an. Vor Schreck macht es einen Satz, sodass der Wassereimer in die Luft fliegt und auf Ania fällt. Wasser läuft über ihr Haar, ihr Gesicht und ihr Kleid. Ania ist ganz nass.
"Du bist ein böses Känguru! Böse!" ruft sie.

Некоторые люди улыбаются, а некоторые говорят: «Бедная девочка.» Паша ведёт Аню домой.

«Ты не должна приставать к животным,» говорит Паша и даёт ей мороженое. Аня ест мороженое.

«Ну ладно. Я не буду играть с большими и сердитыми животными. Я буду играть только с маленькими животными,» думает Аня. Она счастлива снова.

Einige Leute lächeln und einige Leute sagen: "Armes Mädchen." Pascha bringt Ania nach Hause.

"Du darfst die Tiere nicht ärgern", sagt Pascha und gibt ihr ein Eis. Ania isst das Eis.

"Okay, ich werde nicht mehr mit sehr großen und wütenden Tieren spielen", denkt Ania. "Ich werde nur noch mit kleinen Tieren spielen." Sie ist wieder glücklich.

C

Fragen nach Name

Как тебя/Вас зовут? *Wie heißt du? Wie heißen Sie?*
Как его зовут? *Wie heißt er?*
Как её зовут? *Wie heißt sie?*
Как их зовут? *Wie heißen Sie?*

Sagen Name

Меня зовут Аня. *Ich heiße Anja.*
Его зовут Евгений. *Er heißt Eugen.*
Её зовут Настя. *Sie heißt Nastja.*
Их зовут Алина и Михаил. *Sie heißen Alina und Michael.*

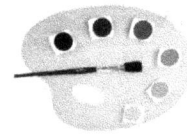

16

Парашютисты
Die Fallschirmspringer

A

Слова

1. авиашоу - die Flugschau
2. брюки - die Hose
3. будет - wird; будут - werden; буду - werde
4. великолепно - super, toll
5. внутрь - in
6. воздух - die Luft
7. восклицать - (aus)rufen
8. девять - neun
9. делать - machen
10. другой - andere
11. если - ob, wenn, falls
12. жёлтый - gelb
13. жизнь - das Leben
14. трюк по спасению жизни - der Rettungstrick
15. закрывать - schließen
16. земля - Land
17. приземляться - landen
18. зрители - das Publikum
19. клуб - der Verein
20. команда - die Mannschaft

21. красный - rot
22. кроме - außer, ausgenommen
23. крыша - das Dach
24. кстати - übrigens
25. куртка - die Jacke
26. ловить - fangen
27. зацепить(ся) - sich anhaken, hängenbleiben
28. металл, металлический - das Metall
29. молчаливый - leise
30. молчать - schweigen; молча - schweigend
31. на улицу - nach außen
32. из - aus, von
33. чучело парашютиста - die Fallschirmspringerpuppe
34. над - über
35. настоящий - wirkliche
36. нести - bringen
37. одежда - Kleidung
38. одевать / одеть - anziehen
39. одетый - gekleidet, angezogen
40. падающий - fallend
41. папочка - Papa
42. парашют - der Fallschirm; парашютист - der Fallschirmspringer
43. пилот - der Pilot
44. поймать - fangen
45. полагать - glauben
46. после - nach
47. приготовить(ся) - vorbereiten (sich)
48. резина - der Gummi
49. самолёт - das Flugzeug
50. Сергей - Sergey
51. сердито - wütend
52. сиденье - der Sitz
53. садиться - sich hinsetzen
54. собственный - eigener, eigene, eigenes
55. спасать - retten
56. сходить с - aussteigen
57. толкать - stoßen, ziehen
58. только - nur
59. тренировать - trainieren
60. тренированный - trainiert
61. трюк - der Trick
62. участник - das Mitglied
63. часть - der Teil
64. чтобы - um .. zu ..

Парашютисты

Утро. Роберт идёт в комнату Кристиана. Кристиан сидит за столом и что-то пишет. Кот Кристиана Фаворит - на кровати. Он тихонько спит.
«Можно войти?» спрашивает Роберт.
«А, Роберт. Входи, пожалуйста. Как дела?» говорит Кристиан.
«Хорошо. Спасибо. Как у тебя?» говорит Роберт.
«Прекрасно. Спасибо. Пожалуйста, садись,» отвечает Кристиан. Роберт садится на стул.
«Ты знаешь, что я участник парашютного клуба. Сегодня у нас будет авиашоу,» говорит

Die Fallschirmspringer

Es ist Morgen. Robert kommt in Kristians Zimmer. Kristian sitzt am Tisch und schreibt etwas. Kristians Katze Favorite sitzt auf Kristians Bett. Sie schläft ruhig.
"Kann ich reinkommen?" fragt Robert.
"Oh, Robert. Komm rein. Wie geht's dir?" antwortet Kristian.

"Gut, danke. Und dir?" sagt Robert.
"Danke, auch gut. Setz dich", antwortet Kristian. Robert setzt sich auf einen Stuhl.
"Du weißt doch, dass ich Mitglied in einem Fallschirmspringerverein bin. Wir haben heute eine Flugschau", sagt

Роберт, «Я делаю там несколько прыжков.»
«Это очень интересно,» отвечает Кристиан, «Я, может быть, пойду посмотреть это авиашоу.»
«Если хочешь, я могу взять тебя туда, и ты сможешь полетать на самолёте,» говорит Роберт.
«Правда? Это будет здорово!» восклицает Кристиан, «В котором часу авиашоу?»
«Оно начинается в десять часов утра,» отвечает Роберт, «Паша тоже придёт. Кстати, нам нужна помощь, чтобы вытолкнуть чучело парашютиста из самолёта. Ты поможешь?»
«Чучело парашютиста? Зачем?» говорит Кристиан удивлённо.
«Видишь ли, это часть шоу,» говорит Роберт, «Это - трюк по спасению жизни. Чучело парашютиста падает вниз. В это время настоящий парашютист подлетает к нему, хватает его и открывает свой собственный парашют. «Человек» спасён!»
«Здорово!» отвечает Кристиан, «Я помогу. Пошли!»
Кристиан и Роберт выходят на улицу. Они идут на автобусную остановку Олимпик и садятся в автобус. Дорога до авиашоу занимает только десять минут. Когда они сходят с автобуса, они видят Пашу.
«Привет Паша,» говорит Роберт, «Идём к самолёту.»
Возле самолёта они видят парашютную команду. Они подходят к руководителю команды. Руководитель команды одет в красные брюки и красную куртку.
«Привет Сергей,» говорит Роберт, «Кристиан и Паша помогут с трюком по спасению жизни.»
«Хорошо. Чучело парашютиста здесь,» говорит Сергей. Он даёт им чучело парашютиста. Чучело парашютиста одето в красные брюки и красную куртку.
«Он одет как Вы,» говорит Паша улыбаясь Сергею.

Robert. "Ich werde ein paar Sprünge machen".
"Das ist interessant", antwortet Kristian. "Ich komme vielleicht zuschauen."
"Wenn du willst, kann ich dich mitnehmen und du kannst in einem Flugzeug mitfliegen", sagt Robert.
"Echt? Das wäre super!" ruft Kristian. "Um wie viel Uhr ist die Flugschau?"
"Sie fängt um zehn Uhr morgens an", antwortet Robert. "Pascha kommt auch. Übrigens, wir brauchen Hilfe, eine Fallschirmspringerpuppe aus dem Flugzeug zu werfen. Kannst du helfen?"
"Eine Fallschirmspringerpuppe? Warum?" fragt Kristian überrascht.
"Ach, weißt du, das ist ein Teil der Schau", sagt Robert. "Es ist ein Rettungstrick. Die Puppe fällt herunter. In dem Moment fliegt ein echter Fallschirmspringer zu ihr, fängt sie und öffnet seinen eigenen Fallschirm. Der "Mann" ist gerettet!"
"Toll!", antwortet Kristian. "Ich helfe. Lass uns gehen!"
Kristian und Robert gehen nach draußen. Sie kommen zur Bushaltestelle Olympic und nehmen einen Bus. Es dauert nur zehn Minuten bis zur Flugschau. Als sie aus dem Bus steigen, sehen sie Pascha.
"Hallo Pascha", sagt Robert. "Lass uns zum Flugzeug gehen."

Beim Flugzeug sehen sie eine Fallschirmspringermannschaft. Der Führer der Mannschaft hat eine rote Hose und eine rote Jacke an.
"Hallo Sergey", sagt Robert. "Kristian und Pascha helfen beim Rettungstrick."

"Okay. Hier ist die Puppe", sagt Sergey. Er gibt ihnen die Fallschirmspringerpuppe. Die Puppe trägt eine rote Hose und eine rote Jacke.
"Sie trägt die gleiche Kleidung wie du", sagt Pascha und grinst Sergey an.

«У нас нет времени говорить об этом,» говорит Сергей, «Несите его в этот самолёт.»
Кристиан и Паша несут чучело парашютиста в самолёт. Они садятся возле пилота. Вся парашютная команда кроме её руководителя садится в самолёт. Дверь закрывают. Через пять минут самолёт уже в воздухе. Когда он пролетает над Санкт Петербургом, Паша видит свой собственный дом.
«Смотри! Там мой дом!» восклицает Паша. Кристиан смотрит через окно на улицы, площади, парки города. Летать на самолёте - это удивительно.
«Приготовиться к прыжку!» восклицает пилот. Парашютисты встают. Дверь открывают.
«Десять, девять, восемь, семь, шесть, пять, четыре, три, два, один. Пошли!» восклицает пилот.
Парашютисты начинают прыгать из самолёта. Зрители внизу на земле видят красные, зелёные, белые, синие, жёлтые парашюты. Это выглядит очень красиво! Сергей, руководитель парашютной команды тоже смотрит вверх. Парашютисты летят вниз и некоторые уже приземляются.
«Окей. Хорошая работа парни,» говорит Сергей и идёт в ближайшее кафе выпить кофе. Авиашоу продолжается.
«Приготовиться к трюку по спасению жизни!» восклицает пилот.
Паша и Кристиан несут чучело парашютиста к двери.
«Десять, девять, восемь, семь, шесть, пять, четыре, три, два, один. Пошёл!» восклицает пилот.
Кристиан и Паша толкают чучело парашютиста в дверь. Оно выходит, но затем останавливается. Его резиновая рука зацепляется за какую-то металлическую часть самолёта.
«Давайте-давайте ребята!» кричит пилот. Ребята толкают чучело парашютиста очень

"Wir haben keine Zeit, darüber zu reden", sagt Sergey. "Nehmt sie mit in dieses Flugzeug."
Kristian und Pascha bringen die Puppe ins Flugzeug. Sie setzen sich neben den Piloten. Die ganze Fallschirmspringermannschaft außer ihrem Führer besteigt das Flugzeug. Sie schließen die Tür. Nach fünf Minuten ist das Flugzeug in der Luft. Als es über St Peterburg fliegt, sieht Pascha sein Haus.
"Schau! Da ist mein Haus!" ruft Pascha. Kristian schaut aus dem Fenster auf Straßen, Plätze und Parks. Es ist toll, in einem Flugzeug zu fliegen.
"Zum Sprung bereit machen!" ruft der Pilot. Die Fallschirmspringer stehen auf. Sie öffnen die Tür.
"Zehn, neun, acht, sieben, sechs, fünf, vier, drei, zwei, eins! Los!" ruft der Pilot. Die Fallschirmspringer beginnen, aus dem Flugzeug zu springen. Das Publikum auf dem Boden sieht rote, grüne, weiße, blaue und gelbe Fallschirme. Es sieht sehr schön aus. Sergey, der Führer der Mannschaft, schaut auch nach oben. Die Fallschirmspringer fliegen nach unten und einige landen bereits.
"Okay, gute Arbeit, Jungs", sagt Sergey und geht in ein Café in der Nähe, um Kaffee zu trinken. Die Flugschau geht weiter.
"Für den Rettungstrick bereit machen!" ruft der Pilot.
Pascha und Kristian bringen die Puppe zur Tür.
"Zehn, neun, acht, sieben, sechs, fünf, vier, drei, zwei, eins! Los!" ruft der Pilot.

Kristian und Pascha stoßen die Puppe aus der Tür. Sie fällt heraus, bleibt dann aber hängen. Ihre Gummihand ist an einem Metallteil des Flugzeugs hängen geblieben.
"Los, auf, Jungs!" ruft der Pilot. Die Jungs ziehen mit aller Kraft an der Puppe, aber sie bekommen sie nicht los.

сильно, но не могут вытолкнуть его. Зрители внизу на земле видят парашютиста одетого в красное в двери самолёта. Два других человека пытаются вытолкнуть его. Люди не могут поверить своим глазам. Это продолжается примерно минуту. Затем парашютист в красном падает вниз. Другой парашютист выпрыгивает из самолёта и пытается схватить его. Но он не может этого сделать. Парашютист в красном падает вниз. Он падает сквозь крышу вовнутрь кафе. Зрители молча смотрят. Затем они видят, как человек одетый в красное выбегает из кафе. Этот человек в красном - Сергей, руководитель парашютной команды. Но зрители думают, что он - упавший парашютист. Он смотрит вверх и кричит сердито, «Если не можешь поймать человека, то и не берись!»
Зрители молчат.
«Папа, этот человек очень сильный,» маленькая девочка говорит своему папе.
«Он хорошо тренирован,» отвечает папа.
После авиашоу Кристиан и Паша подходят к Роберту.
«Ну, как наша работа?» спрашивает Паша.
«Э.. О, очень хорошо. Спасибо,» отвечает Роберт.
«Если тебе ещё нужна помощь - только скажи,» говорит Кристиан.

Das Publikum unten auf dem Boden sieht einen Mann in Rot gekleidet in der Flugzeugtür. Zwei andere Männer versuchen, ihn herauszustoßen. Die Leute trauen ihren Augen nicht. Es dauert etwa eine Minute. Dann fällt der Fallschirmspringer in Rot nach unten. Ein anderer Fallschirmspringer springt aus dem Flugzeug und versucht, ihn zu fangen. Aber er schafft es nicht. Der Fallschirmspringer in Rot fällt weiter. Er fällt durch das Dach in das Café. Das Publikum schaut schweigend zu. Dann sehen die Leute einen in rot gekleideten Mann aus dem Café rennen. Der Mann in Rot ist Sergey, der Führer der Fallschirmspingermannschaft. Aber das Publikum denkt, dass er der abgestürzte Fallschirmspringer ist. Er schaut nach oben und ruft wütend: "Wenn ihr einen Mann nicht fangen könnt, dann versucht es nicht!"
Das Publikum ist still.
"Papa, dieser Mann ist sehr stark", sagt ein kleines Mädchen zu ihrem Vater.
"Er ist gut trainiert", antwortet der Vater.
Nach der Flugschau gehen Pascha und Kristian zu Robert.
"Wie war unsere Arbeit?" fragt Pascha.
"Ähm...Oh, sehr gut. Danke", antwortet Robert.
"Wenn du Hilfe brauchst, sag es einfach", sagt Kristian.

C

Komparativ der Adjektive

Der Komparativ der Adjektive bildet sich durch die Endungen -ее (-ей), -е, -ше: длинный *(lang)* - длиннее/длинней *(länger)*, красивый *(schön)* - красивее/красивей *(schöner)*, тонкий *(dünn)* - тоньше *(dünner)*. Die Ausnahmen sind: хороший *(gut)* - лучше *(besser)*, плохой *(schlecht)* - хуже *(schlechter)*.
Man kann den Komparativ auch durch die Wörter более *(mehr)*, менее *(weniger)* bilden: умный *(klug)* - более/менее умный *(mehr/weniger klug)*, низкий *(niedrig)* - более/менее низкий *(niedriger/weniger niedrig)*, дружелюбный *(freundlich)* - более/менее дружелюбный *(mehr/weniger freundlich)*:
Евгений встаёт раньше, чем я. *Eugen steht früher auf als ich.*

Эта программа более интересная, чем та. *Dieses Programm ist interessanter als jenes.*

Superlativ der Adjektive

Der Superlativ der Adjektive bildet sich durch die Endungen -ейший, -айший: умнейший *(der klügste)*, сильнейший *(der stärkste)*: Он умнейший человек. *Er ist der klügste Mensch.*

Man kann Superlativ auch durch die Wörter самый, наиболее, наименее: умный *(klug)* - самый умный/наиболее умный *(der klügste)*, наименее умный *(der am wenigsten kluge).*

Самое хорошее кафе нашего города находится на ул. Пушкина. *Das beste Café unserer Stadt befindet sich in der Puschkinstrasse.*

Лена самая умная ученица нашего класса. *Lena ist die beste Schülerin unserer Klasse.*

17

Выключи газ!
Mach das Gas aus!

A

Слов<u>а</u>

1. бил<u>е</u>т - die Fahrkarte
2. бл<u>е</u>дный - blass
3. б<u>ы</u>стрый - schnelle; б<u>ы</u>стро - schnell
4. включ<u>а</u>ть - anmachen; выключ<u>а</u>ть - ausmachen
5. всё - alles
6. газ - das Gas
7. г<u>о</u>лос - die Stimme
8. дв<u>а</u>дцать - zwanzig
9. детс<u>а</u>д - der Kindergarten
10. жел<u>е</u>зная дор<u>о</u>га - der Bahnhof
11. жив<u>у</u>щий - wohnhaft
12. заб<u>о</u>тливый, остор<u>о</u>жный - sorgfältig
13. заб<u>ы</u>ть - vergessen
14. заст<u>ы</u>ть - erstarren
15. звон<u>и</u>ть - klingeln; звон<u>о</u>к - das Klingeln
16. килом<u>е</u>тр - der Kilometer
17. Колоб<u>о</u>ков - Kolobokov (Name)
18. к<u>о</u>шечка - die Miezekatze
19. кран - der Wasserhahn
20. кто, кот<u>о</u>рый - wer
21. мом<u>е</u>нт - der Moment
22. наполн<u>я</u>ть - füllen
23. не - nicht
24. незнак<u>о</u>мый - fremd
25. нем<u>е</u>дленно - sofort

26. неожиданно - plötzlich
27. огонь - das Feuer
28. одиннадцать - elf
29. перед тем, как - bevor
30. поезд - der Zug
31. поэтому - deswegen
32. приказывать - befehlen
33. распространять(ся) - übergreifen
34. рядом - nahe
35. секретарь - die Sekretärin
36. сорок четыре - vierundvierzig
37. ставить - stellen; ложить - liegen

38. станция - station
46. ступня - der Fuß
39. пешком - zu Fuß
40. телефонная трубка - der Telefonhörer
41. тем временем - in der Zwischenzeit
42. тёплый - warm
43. нагревать - aufwärmen
44. улица Щорса - Shchorsa street
45. хитрый - schlauer; хитро - schlau
46. чайник - der Kessel
47. чувствуя - fühlend

Выключи газ!

Mach das Gas aus!

Семь часов утра. Паша и Аня спят. Их мама на кухне. Маму зовут Люба. Маме сорок четыре года. Она - заботливая женщина. Перед тем, как идти на работу, Люба убирает на кухне. Она секретарь. Она работает в двадцати километрах от Санкт Петербурга. Люба обычно ездит на работу на поезде.

Она выходит на улицу. Железнодорожная станция недалеко, поэтому Люба идёт туда пешком. Она покупает билет и садится в поезд. Дорога до работы занимает примерно двадцать минут. Люба сидит в поезде и смотрит в окно. Вдруг она замирает. Чайник! Он стоит на плите, и она забыла выключить газ! Паша и Аня спят. Огонь может распространиться на мебель и тогда… Люба бледнеет. Но она сообразительная женщина и через минуту она знает что делать. Она просит женщину и мужчину, которые сидят рядом, позвонить ей домой, и сказать Паше о чайнике.
Тем временем Паша встаёт, умывается и идёт на кухню. Он берёт чайник со стола, наполняет его водой и ставит на плиту. Затем он берёт хлеб и масло и делает

*Es ist sieben Uhr morgens. Pascha und Ania schlafen. Ihre Mutter ist in der Küche. Die Mutter heißt Luba. Luba ist vierundvierzig. Sie ist eine sorgfältige Frau. Luba putzt die Küche, bevor sie zur Arbeit geht. Sie ist Sekretärin. Sie arbeitet zwanzig Kilometer außerhalb von St Peterburg. Luba fährt normalerweise mit dem Zug zur Arbeit.
Sie geht nach draußen. Der Bahnhof ist in der Nähe, deswegen geht Luba zu Fuß dorthin. Sie kauft eine Fahrkarte und steigt ein. Es dauert etwa zwanzig Minuten bis zu ihrer Arbeit. Luba sitzt im Zug und schaut aus dem Fenster.
Plötzlich erstarrt sie. Der Kessel! Er steht auf dem Herd und sie hat vergessen, das Gas auszumachen. Pascha und Ania schlafen. Das Feuer kann auf die Möbel übergreifen und dann... Luba wird blass. Aber sie ist eine intelligente Frau und kurz darauf weiß sie, was zu tun ist. Sie bittet eine Frau und einen Mann, die neben ihr sitzen, bei ihr zu Hause anzurufen und Pascha über den Kessel zu informieren.
In der Zwischenzeit steht Pascha auf, wäscht sich und geht in die Küche. Er nimmt den Kessel vom Tisch, füllt ihn mit Wasser und stellt ihn auf den Herd. Dann nimmt er Brot*

бутерброды. Аня входит на кухню.
«Где моя маленькая кошечка?» спрашивает она.
«Я не знаю,» отвечает Паша, «Иди в ванную и умой лицо. Мы сейчас будем пить чай и есть бутерброды. Потом я отведу тебя в детский сад.»
Аня не хочет умываться. «Я не могу открыть кран,» говорит она хитро.
«Я помогу тебе,» говорит её брат. В это время звонит телефон. Аня быстро бежит к телефону и берёт трубку.
«Алло, это зоопарк. А это кто?" говорит она. Паша берёт у неё трубку и говорит, «Алло. Это Паша.»
«Ты Паша Колобоков проживающий на улице Щорса одиннадцать?» спрашивает незнакомый женский голос.
«Да,» отвечает Паша.
«Немедленно иди на кухню и выключи газ!» восклицает женский голос.
«Кто Вы? Почему я должен выключить газ?» удивлённо говорит Паша.
«Сделай это сейчас же!» приказывает женщина.
Паша выключает газ. Паша и Аня смотрят удивлённо на чайник.
«Я не понимаю,» говорит Паша, «Как эта женщина может знать, что мы будем пить чай?»
«Когда мы будем кушать?» спрашивает его сестра, «Я хочу есть.»
«Я тоже хочу,» говорит Паша и снова включает газ. В эту минуту снова звонит телефон.
«Алло,» говорит Паша.
«Ты Паша Колобоков, который живёт на улице Щорса одиннадцать?» спрашивает незнакомый мужской голос.
«Да,» отвечает Паша.
«Выключи немедленно кухонный газ! Будь осторожен!» приказывает голос.
«Окей,» говорит Паша и снова выключает

und Butter und macht Butterbrote. Ania kommt in die Küche.
"Wo ist meine kleine Miezekatze?" fragt sie.
"Ich weiß es nicht", antworte Pascha. "Geh ins Bad und wasch dein Gesicht. Wir trinken jetzt Tee und essen Brote. Dann bring ich dich in den Kindergarten."
Ania will sich nicht waschen. "Ich kann den Wasserhahn nicht anmachen", sagt sie schlau.
"Ich helfe dir", sagt ihr Bruder. In diesem Moment klingelt das Telefon. Ania rennt schnell zum Telefon und nimmt den Hörer ab.
"Hallo, hier ist der Zoo. Und wer ist da?" sagt sie. Pascha nimmt ihr den Hörer weg und sagt: "Hallo, Pascha hier."
"Bist du Pascha Kolobokov, wohnhaft in der Schiorsa Strasse elf?" fragt die Stimme einer fremden Frau.
"Ja", antwortet Pascha.
"Geh sofort in die Küche und mach das Gas aus", ruft die Stimme der Frau.
"Wer sind Sie? Warum soll ich das Gas ausmachen?" fragt Pascha überrascht.
"Mach es jetzt!" befielt die Stimme.

Pascha macht das Gas aus. Ania und Pascha schauen verwundert auf den Kessel.
"Ich verstehe das nicht", sagt Pascha.
"Woher weiß diese Frau, dass wir Tee trinken wollten?"

"Wann essen wir?", sagt seine Schwester.
"Ich habe Hunger."
"Ich habe auch Hunger", sagt Pascha und macht das Gas wieder an. In diesem Moment klingelt das Telefon wieder.
"Hallo", sagt Pascha.
"Bist du Pascha Kolobokov, wohnhaft in der Schiorsa Strasse elf?" fragt die Stimme eines fremden Mannes.
"Ja", antwortet Pascha.
"Mach sofort das Gas aus! Sei vorsichtig!" befielt die Stimme.
"Okay", sagt Pascha und macht das Gas wieder aus.

газ.
«Пошли в детсад,» говорит Паша Ане, чувствуя, что сегодня они не будут пить чай.
«Нет. Я хочу чай и бутерброд,» сердито говорит Аня.
«Ну ладно, давай снова попробуем нагреть чайник,» говорит её брат и включает газ. Звонит телефон и на этот раз их мама приказывает выключить газ. Затем она всё объясняет. Наконец Аня и Паша пьют чай и идут в детсад.

"Lass uns in den Kindergarten gehen", sagt Pascha zu Ania in dem Gefühl, dass sie heute keinen Tee trinken werden.
"Nein. Ich will Tee und Brot mit Butter", sagt Ania wütend.
"Gut, lass uns versuchen, den Kessel wieder zu wärmen", sagt ihr Bruder und stellt das Gas an.
Das Telefon klingelt und dieses Mal befiehlt ihre Mutter, das Gas abzustellen. Dann erklärt sie alles. Endlich trinken Ania und Pascha Tee und gehen in den Kindergarten.

 C

Konjunktionen

Die Konjunktionen и *(und)*, или *(oder)*, но *(aber)* verbinden Worte oder unabhändige Sätze, die grammatisch gesehen gleichbedeutend sind. Diese Konjunktionen zeigen, dass die Teile, die sie verbinden, in Bedeutung und Struktur ähnlich sind:

Евгений разговаривает на русском и английском языках. *Eugen spricht Russisch und Englisch.*
Я родилась в Липецке, но учусь я в Симферополе. *Ich bin in Lipezk geboren, aber ich studiere in Simferopol.*
Он живёт в своём доме или квартире? *Wohnt er im eigenen Haus oder in einer Wohnung?*

Wenn Konjunktionen unabhängige Sätze verbinden, muss vor Konjunktion ein Komma gestellt werden:

Я люблю смотреть пьесы в театре, но я обычно смотрю фильмы дома. *Ich mag Theaterstücke im Theater sehen, aber Filme schaue ich normalerweise zu Hause.*

Wenn allerdings unabhängige Sätze kurz und gut ausgeglichen sind, wird ein Komma nicht wichtig:

На выходных мы с мужем ходим в кафе или в гости к друзьям. *Mein Mann und ich gehen am Wochenende in ein Café oder besuchen unsere Freunde.*

Wenn "und" das letzte Wort in der Liste ist, fehlt das Komma:

Я знаю таких художников как Пикассо, Ван Гог, Шишкин и Айвазовский. *Ich kenne solche Maler wie Picasso, Van Gogh, Schischkin und Aiwasowskij.*

Konjunktionen und Komma

Wenn eine Konjunktion unabhängige Sätze verbindet, wäre es richtig, ein Komma vor der Konjunktion zu stellen:

Я люблю смотреть пьесы в театре, но я обычно смотрю фильмы дома. *Ich mag Theaterstücke im Theater sehen, aber Filme schaue ich normalerweise zu Hause.*

Wenn allerdings unabhängige Sätze kurz und gut ausgeglichen sind, wird ein Komma nicht wichtig:

На выходны́х мы с му́жем хо́дим в кафе́ и́ли в го́сти к друзья́м. *Mein Mann und ich gehen am Wochenende in ein Café oder besuchen unsere Freunde.*
Wenn "und" das letzte Wort in der Liste ist, fehlt das Komma:
Я зна́ю таки́х худо́жников как Пика́ссо, Ван Гог, Ши́шкин и Айвазо́вский. *Ich kenne solche Maler wie Picasso, Van Gogh, Schischkin und Aiwasowskij.*

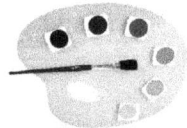

18

Агентство по трудоустройству
Eine Arbeitsvermittlung

A

Слова

1. был, была, было - war
2. в час - pro Stunde
3. внимательно, аккуратно - vorsichtig
4. волноваться - sich Sorgen machen
5. всё подряд - vielseitig, alles könnend
6. должность - die Position
7. друг друга - einander
8. здорово - toll
9. издательство - der Verlag
10. индивидуально - einzeln
11. история - die Geschichte
12. как - wie; Как я. - Wie ich.
13. так как - da
14. консультант - der Berater; консультировать - beraten
15. лежать - liegen
16. матрас - die Matratze
17. город - die Stadt

18. номер - die Nummer
19. опыт - die Erfahrung
20. очищая - putzend
21. писательская работа - Schreibarbeit
22. пол - der Boden
23. половина - halb
24. помощник - der Helfer
25. посетитель - der Gast, der Besucher
26. провод, кабель - das Kabel
27. пускать, позволить - lassen
28. пятнадцать - fünfzehn
29. рекомендовать - empfehlen
30. рука - der Arm
31. седовласый - grauhaarig
32. серьёзно - ernst
33. сильный - starke; сильно - stark
34. сконфуженный - verwirrt
35. смертельный - tödlich
36. снимать - abnehmen
37. соглашаться - einverstanden sein; согласен / согласный - einverstanden (Adj)
38. также, тоже - auch
39. ток - der Strom
40. тот же самый - der Gleiche; одновременно - gleichzeitig
41. трясти(сь) - zittern
42. уверенный - sicher
43. умственная работа - Kopfarbeit
44. физическая работа - die Handarbeit
45. шестьдесят - sechzig
46. электрический - elektrisch

B

Агентство по трудоустройству

Однажды Кристиан заходит в комнату Роберта и видит, что его друг лежит на кровати и трясётся. Кристиан видит электрические провода идущие от Роберта к электрическому чайнику. Кристиан полагает, что Роберт под смертельным электрическим током. Он быстро подходит к кровати, берёт матрац и сильно его тянет. Роберт падает на пол. Потом он встаёт и удивлённо смотрит на Кристиана.
«Что это было?» спрашивает Роберт.
«Ты был под электрическим током,» говорит Кристиан.
«Нет, я слушаю музыку,» говорит Роберт и показывает свой CD-плеер.
«Ой, извини,» говорит Кристиан. Он сконфужен.
«Всё в порядке. Не волнуйся,» спокойно отвечает Роберт отряхивая свои брюки.
«Я и Паша идём в агентство по трудоустройству. Ты хочешь пойти с нами?» спрашивает Кристиан.

Eine Arbeitsvermittlung

Eines Tages kommt Kristian in Roberts Zimmer und sieht seinen Freund zitternd auf dem Bett liegen. Kristian sieht einige Stromkabel, die von Robert zum Wasserkocher führen. Kristian glaubt, dass Robert einen tödlichen Stromschlag abbekommen hat. Er geht schnell zum Bett, nimmt die Matratze und zieht stark daran. Robert fällt auf den Boden. Dann steht er auf und sieht Kristian verwundert an.
"Was war das denn?" fragt Robert.
"Du standest unter Strom", sagt Kristian.

"Nein, ich habe Musik gehört", sagt Robert und zeigt auf seinen CD-Spieler.
"Oh, Entschuldigung", sagt Kristian. Er ist verwirrt.
"Schon gut, mach dir keinen Kopf", sagt Robert ruhig und macht seine Hose sauber.
"Pascha und ich gehen zu einer Arbeitsvermittlung. Willst du mitkommen?" fragt Kristian.

«Конечно. Давайте пойдём вместе,» говорит Роберт.

Они выходят на улицу и садятся в автобус номер семь. Дорога до агентства по трудоустройству занимает у них примерно пятнадцать минут. Паша уже там. Они входят в здание. В офис агентства по трудоустройству стоит длинная очередь. Они становятся в очередь. Через полчаса они входят в офис. В комнате стол и несколько книжных шкафов. За столом сидит седоволосый мужчина. Ему примерно шестьдесят лет.

«Входите ребята!» дружелюбно говорит он, «Садитесь пожалуйста».

Паша, Роберт и Кристиан садятся.

«Меня зовут Николай Оценкин. Я - консультант по трудоустройству. Обычно я беседую с посетителями индивидуально. Но, так как вы студенты и знаете друг друга, я могу проконсультировать вас всех вместе. Вы согласны?»

«Да,» говорит Паша, «У нас каждый день три или четыре часа свободного времени. Нам надо найти работу на это время.»

«Так. У меня есть несколько рабочих мест для студентов. А ты сними свой плеер,» господин Оценкин говорит Роберту.

«Я могу слушать одновременно музыку и Вас,» говорит Роберт.

«Если ты серьёзно хочешь получить работу, то сними свой плеер и слушай то, что я говорю,» говорит господин Оценкин, «Теперь ребята скажите, - какая работа вам нужна? Вам нужна умственная или физическая работа?»

«Я могу делать любую работу,» говорит Кристиан, «Я сильный. Хотите побороться на руках?» говорит он и ставит свою руку на стол господина Оценкина.

«Здесь не спортивный клуб, но если ты хочешь...» говорит господин Оценкин. Он ставит руку на стол и быстро ложит руку

"Klar, lass uns zusammen gehen", sagt Robert.
Sie gehen nach draußen und nehmen den Bus Nummer 7. Sie brauchen etwa fünfzehn Minuten bis zur Arbeitsvermittlung. Pascha ist schon dort. Sie betreten das Gebäude. Vor dem Büro der Arbeitsvermittlung ist eine lange Schlange. Sie stellen sich an. Nach einer halben Stunde betreten sie das Büro. Im Zimmer sind ein Stuhl und ein paar Bücherregale. Am Tisch sitzt ein grauhaariger Mann. Er ist etwa sechzig.
"Kommt rein, Jungs", sagt er freundlich.
"Setzt euch, bitte".

Pascha, Robert und Kristian setzen sich.
"Ich bin Nikolai Ozenkin. Ich bin Arbeitsberater. Normalerweise spreche ich einzeln mit Besuchern. Aber da ihr alle Studenten seid und euch kennt, kann ich euch zusammen beraten. Seid ihr einverstanden?"
"Ja", sagt Pascha. "Wir haben drei, vier Stunden frei pro Tag. Wir brauchen für diese Zeit einen Job."
"Gut, ich habe ein paar Jobs für Studenten. Und du, mach deinen CD-Spieler aus", sagt Herr Ozenkin zu Robert.
"Ich kann gleichzeitig Ihnen zuhören und Musik hören", sagt Robert.
"Wenn du ernsthaft einen Job willst, mach die Musik aus und hör mir genau zu", sagt Herr Ozenkin. "Also, was für einen Job wollt ihr denn. Wollt ihr Hand- oder Kopfarbeit?"
"Ich kann jede Arbeit machen", sagt Kristian. "Ich bin stark. Wollen Sie es testen?" fragt er und stützt seinen Arm auf Herrn Profits Tisch auf.
"Das hier ist kein Sportverein, aber wenn du willst..." sagt Herr Ozenkin. Er stützt seinen Arm auf den Tisch auf und drückt Kristians Arm schnell nach unten. "Wie du siehst, musst du nicht nur stark, sondern auch schlau sein."

Кристиана, «Как видишь, сынок, ты должен быть не только сильным, но и умным».

«Я умственно тоже могу работать,» Кристиан говорит снова. Он очень хочет получить работу. «Я могу писать истории. У меня есть несколько историй о моём родном городе».

«Это очень интересно,» говорит господин Оценкин. Он берёт лист бумаги, «Издательской фирме «Всё подряд» нужен молодой помощник для писательской работы. Они платят 150 рублей в час».

«Здорово!» говорит Кристиан, «Можно мне попробовать?»

«Конечно. Вот их телефонный номер и адрес,» говорит господин Оценкин и даёт Кристиану лист бумаги.

«А вы парни, можете выбрать работу на ферме, на компьютерной фирме, в газете или в супермаркете. Так как у вас нет опыта, то я рекомендую вам начать работать на ферме. Им нужны два работника,» говорит господин Оценкин Паше и Роберту.

«Сколько они платят?» спрашивает Паша.

«Сейчас посмотрю…» господин Оценкин смотрит в компьютере, «Им нужны рабочие на три или четыре часа в день и они платят 120 рублей в час. Суббота и воскресенье - выходные. Вы соглашаетесь?» спрашивает он.

«Я согласен,» говорит Паша.

«Я тоже согласен,» говорит Роберт.

«Ну что же. Берите номер телефона и адрес фермы,» говорит господин Оценкин и даёт им лист бумаги.

«Спасибо,» говорят ребята и выходят.

"Ich kann auch Denkarbeit machen", sagt Kristian. Er will unbedingt einen Job. "Ich kann Geschichten schreiben. Ich habe ein paar Geschichten über meine Heimatstadt."

"Das ist sehr interessant", sagt Herr Ozenkin. Er greift nach einem Blatt Papier. "Der Verlag "All-Round" braucht einen jungen Helfer als Schreiber. Sie zahlen 150 Rubl pro Stunde."

"Super", sagt Kristian. "Kann ich das versuchen?"

"Natürlich. Hier sind Telefonnummer und Adresse", sagt Herr Ozenkin und gibt Kristian ein Blatt Papier.

"Und ihr Jungs könnt zwischen einem Job auf einem Bauernhof, in einer Computerfirma, bei einer Zeitung oder im Supermarkt wählen. Da ihr keine Erfahrung habt, empfehle ich euch, mit der Arbeit auf dem Bauernhof anzufangen. Sie brauchen zwei Arbeiter", sagt Herr Ozenkin zu Pascha und Robert.

"Wie viel zahlen sie?" fragt Pascha.

"Mal schaun...", Herr Ozenkin schaut auf den Computer. "Sie brauchen Arbeiter für drei oder vier Stunden am Tag und zahlen 120 Rubl pro Stunde. Samstag und Sonntag sind frei. Seid ihr einverstanden?" fragt er.

"Ja, bin ich", sagt Pascha.

"Ich auch", sagt Robert.

"Gut, nehmt die Telefonnummer und die Adresse des Bauernhofs", sagt Herr Ozenkin und gibt ihnen eine Blatt Papier.

"Dankeschön, Herr Ozenkin", sagen die Jungs und gehen nach draußen.

C

Числительные *(Numerale)*

Grundzahlen Mask./Fem. / Ordinalzahlen Mask./Fem. / Beispiele

1 - один/одна / первый/первая / У меня один брат и одна сестра. *Ich habe einen Bruder und eine Schwester.*

2 - два/две / второй/вторая / У меня два брата и две сестры.

3 - три / третий/третья / У меня три брата и три сестры.

4 - че<u>ты</u>ре / четвёртый/четвёртая / У мен<u>я</u> че<u>ты</u>ре бр<u>а</u>та и че<u>ты</u>ре сёстр<u>ы</u>.
5 - пять / п<u>я</u>тый/п<u>я</u>тая / У мен<u>я</u> пять бр<u>а</u>тьев и пять сестёр.
6 - шесть / шест<u>ой</u>/шест<u>ая</u> / У мен<u>я</u> шесть бр<u>а</u>тьев и шесть сестёр.
7 - семь / седьм<u>ой</u>/седьм<u>ая</u> / У мен<u>я</u> семь бр<u>а</u>тьев и семь сестёр.
8 - в<u>о</u>семь / восьм<u>ой</u>/восьм<u>ая</u> / У мен<u>я</u> в<u>о</u>семь бр<u>а</u>тьев и в<u>о</u>семь сестёр.
9 - д<u>е</u>вять / дев<u>я</u>тый/дев<u>я</u>тая / У мен<u>я</u> д<u>е</u>вять бр<u>а</u>тьев и д<u>е</u>вять сестёр.
10 - д<u>е</u>сять / дес<u>я</u>тый/дес<u>я</u>тая / У мен<u>я</u> д<u>е</u>сять бр<u>а</u>тьев и д<u>е</u>сять сестёр.

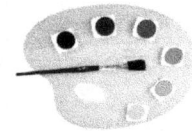

19

Паша и Роберт моют грузовик (часть 1)
Pascha und Robert waschen den Laster (Teil 1)

A

Слова

1. берег моря - die Küste
2. ближе - näher; близко - nahe
3. большая часть - grösste Teil
4. вдоль - entlang
5. владелец - der Besitzer
6. водительские права - der Führerschein
7. волна - die Welle
8. восьмой - achter
9. второй - zweiter
10. далеко - weit; дальше - weiter
11. двигатель - der Motor
12. двор - der Hof
13. девятый - neunter
14. десятый - zehnter
15. довольно (таки) - ziemlich
16. дорога - die Straße
17. ждать - warten
18. заводить - anmachen (nur ein Motor)
19. искать - suchen

20. использовать - benutzen
21. качаясь - schaukelnd
22. колесо - das Rad
23. корабль - das Schiff
24. крепкий - starker
25. машина - die Maschine
26. медленно - langsam
27. метр - der Meter
28. Михаил - Mikhail
29. много - viel
30. море - das Meer
31. мыть - waschen
32. нажимая ногой - tretend
33. начинать - anfangen
34. нести - bringen in Händen; везти - transportieren
35. передний - vorn
36. плыть - schwimmen, treiben
37. поднимать - heben
38. подходящий - passend
39. (по)мыть - waschen
40. поле - das Feld
41. прибыть - ankommen
42. проверять - kontrollieren
43. пятый - fünfter
44. работодатель - der Arbeitgeber
45. разгружать - abladen
46. седьмой - siebter
47. семена - das Saatgut
48. сила - die Stärke
49. слишком - zu; слишком дорогой - zu teuer
50. сначала - erst
51. тормоз - die Bremse, тормозить - bremsen
52. третий - dritter
53. четвёртый - vierter
54. чуть(-чуть) - ein bisschen
55. шестой - sechster
56. ящик - die Kiste

Паша и Роберт моют грузовик (часть 1)

Паша и Роберт теперь работают на ферме. Они работают три или четыре часа каждый день. Работа довольно тяжёлая. Они должны делать каждый день много работы. Они убирают на ферме через день. Они моют фермерские машины один раз в три дня. Раз в четыре дня они работают на фермерском поле. Их работодателя зовут Михаил Крепкий. Господин Крепкий владелец фермы, и он выполняет большую часть работы. Михаил Крепкий работает много. Он также даёт много работы Паше и Роберту.

«Эй парни, заканчивайте мыть машины, возьмите грузовик и езжайте на транспортную фирму «Рапид», говорит Михаил Крепкий, «У них есть для меня груз. Погрузите ящики с семенами в грузовик, привезите на ферму и

Pascha und Robert waschen den Laster (Teil 1)

Pascha und Robert arbeiten jetzt auf einem Bauernhof. Sie arbeiten drei, vier Stunden am Tag. Die Arbeit ist ziemlich schwer. Sie müssen jeden Tag viel arbeiten. Sie machen den Hof jeden zweiten Tag sauber. Sie putzen die Maschinen jeden dritten Tag. Jeden vierten Tag arbeiten sie auf den Feldern. Ihr Arbeitgeber heißt Mikhail Krepki. Herr Krepki ist der Besitzer des Bauernhofs und er macht die meiste Arbeit. Herr Krepki arbeitet sehr hart. Er gibt Pascha und Robert auch viel Arbeit. "Hey Jungs, macht die Maschinen fertig sauber und fahrt dann mit dem Laster zur Transportfirma Rapid", sagt Herr Krepki. "Sie haben eine Ladung für mich. Ladet die Kisten mit dem Saatgut auf den Laster, bringt sie zum Bauernhof

разгрузите на фермерском дворе. Сделайте это быстро, потому что мне нужно использовать семена сегодня. И не забудьте помыть грузовик».

«Хорошо,» говорит Паша. Они заканчивают мыть и садятся в грузовик. У Паши есть водительские права, поэтому он ведёт грузовик. Он заводит двигатель и едет сначала медленно через фермерский двор, затем быстро по дороге. Транспортная фирма «Рапид» находится недалеко от фермы. Они приезжают туда через пятнадцать минут. Там они ищут погрузочную дверь номер десять. Паша осторожно ведёт грузовик по погрузочному двору. Они проезжают мимо первой двери, мимо второй двери, мимо третьей, мимо четвёртой, мимо пятой, мимо шестой, мимо седьмой, мимо восьмой, затем мимо девятой погрузочной двери. Паша подъезжает к десятой погрузочной двери и тормозит.

«Сначала мы должны проверить погрузочный список,» говорит Роберт, у которого уже есть опыт с погрузочными списками в этой транспортной фирмой. Он идёт к грузчику, который работает на этой двери и даёт ему погрузочный список. Грузчик быстро загружает пять ящиков в их грузовик. Роберт внимательно проверяет ящики. Все ящики имеют номера из погрузочного списка.

«Номера правильные. Теперь мы можем ехать,» говорит Роберт.

«Порядок,» говорит Паша и заводит двигатель, «Я думаю, что теперь мы можем помыть грузовик. Недалеко отсюда есть подходящее место».

Через пять минут они приезжают на берег моря.

«Ты хочешь помыть грузовик здесь?» спрашивает Роберт удивлённо.

«Ну да! Хорошее место, правда?» говорит Паша.

«А где мы возьмём ведро?» спрашивает

und ladet sie auf dem Hof ab. Beeilt euch, denn ich brauche das Saatgut heute. Und vergesst nicht, den Laster zu waschen."

"Okay", sagt Pascha. Sie machen die Maschine fertig sauber und steigen in den Laster. Pascha hat einen Führerschein, deswegen fährt er. Er macht den Motor an, fährt erst langsam durch den Hof und dann schnell die Straße entlang. Die Transportfirma Rapid ist nicht weit vom Bauernhof. Sie kommen dort nach fünfzehn Minuten an. Dort suchen sie die Verladetür Nummer zehn.

Pascha fährt den Laster vorsichtig über den Hof. Sie fahren an der ersten Verladetür vorbei, an der zweiten, an der dritten, an der vierten, an der fünften, an der sechsten, an der siebten, an der achten und dann an der neunten. Pascha fährt zur zehnten Verladetür und hält an.

"Wir müssen erst die Ladeliste kontrollieren", sagt Robert, der schon Erfahrung mit den Ladelisten in dieser Firma hat. Er geht zum Verlader, der an der Tür arbeitet, und gibt ihm die Ladeliste. Der Verlader lädt schnell fünf Kisten in ihren Laster. Robert kontrolliert die Kisten sorgfältig. Alle Kisten haben Nummern von der Ladeliste.

"Die Nummern stimmen. Wir können jetzt gehen", sagt Robert.

"Okay", sagt Pascha und macht den Motor an. "Ich denke, wir können jetzt den Laster waschen. Nicht weit von hier ist ein passender Ort".

Nach fünf Minuten kommen sie an die Küste.

"Willst du den Laster hier waschen?" fragt Robert überrascht.

"Ja! Schöner Platz, nicht?" sagt Pascha.

"Und woher bekommen wir einen Eimer?" fragt Robert.

Роберт.

«Нам не надо ведро. Я подъеду очень близко к морю. Мы будем брать воду из моря», говорит Паша и подъезжает очень близко к воде. Передние колёса въезжают в воду и волны набегают на них.

«Давай выйдем и начнём мыть», говорит Роберт.

«Подожди минутку. Я подъеду чуть ближе», говорит Паша и проезжает один или два метра дальше, «Вот так лучше».

Затем большая волна набегает, и вода немного поднимает грузовик и медленно несёт его дальше в море.

«Стоп! Паша, останови грузовик!» кричит Роберт, «Мы уже в воде! Пожалуйста, останови его!»

«Он не останавливается!!» кричит Паша, нажимая ногой на тормоз изо всей силы, «Я не могу остановить его!!»

Грузовик медленно плывёт дальше в море, покачиваясь на волнах как маленький корабль.

(продолжение следует)

"Wir brauchen keinen Eimer. Ich fahre ganz nah ans Meer. Wir nehmen das Wasser aus dem Meer", sagt Pascha und fährt ganz nah ans Wasser. Die Vorderräder stehen im Wasser und die Wellen umspülen sie.

"Lass uns aussteigen und anfangen, zu waschen", sagt Robert.

"Warte kurz, ich fahre noch etwas näher ran", sagt Pascha und fährt ein, zwei Meter weiter. "So ist es besser".

Da kommt eine größere Welle und das Wasser hebt den Laster ein bisschen nach oben und trägt ihn langsam weiter ins Meer.

"Stopp! Pascha, halte den Laster an!" ruft Robert. "Wir sind schon im Wasser! Bitte, halt an!"

"Er hält nicht an!" ruft Pascha und tritt mit aller Kraft die Bremse. "Ich kann ihn nicht anhalten."

Der Laster treibt langsam weiter aufs Meer und schaukelt auf den Wellen wie ein kleines Schiff.

(Fortsetzung folgt)

Dativ der Pronomen

Nominativ (Именительный) / Dativ (Дательный) / Beispiel (Пример)

Я / Мне / Дайте мне банан, пожалуйста. *Geben Sie mir eine Banane, bitte.*

Мы / Нам / Дайте нам бананы, пожалуйста. *Geben Sie uns Bananen, bitte.*

Ты / Тебе / Вот тебе банан, пожалуйста. *Die Banane ist für dich, bitte.*

Вы/вы / Вам/вам / Вот Вам/вам бананы, пожалуйста. *Das sind Bananen für Sie/euch, bitte.*

Он / Ему / Дайте ему банан, пожалуйста. *Geben Sie ihm eine Banane, bitte.*

Она / Ей / Дайте ей банан, пожалуйста. *Geben Sie ihr eine Banane, bitte.*

Оно / Ему / Дайте ему банан, пожалуйста. *Geben Sie ihm eine Banane, bitte.*

Они / Им / Дайте им бананы, пожалуйста. *Geben Sie ihnen Bananen, bitte.*

Konjugation des Verbs Хотеть

Infinitiv: хотеть *(wollen)*

Я хочу *(Ich will)*

Ты хочешь *(Du willst)*

Он, она, оно хочет *(Er, sie, es will)*

Мы хотим *(wir wollen)*

Вы/вы хот__и__те *(Sie wollen, ihr wollt)*
Он__и__ хот__я__т *(Sie wollen)*
Например:
- Ты х__о__чешь пойт__и__ в библиот__е__ку? *Willst du in die Bibliothek gehen?*
- Нет, мой др__у__г и я хот__и__м пойт__и__ в кин__о__. *Nein, mein Freund und ich wollen ins Kino gehen.*

20

Паша и Роберт моют грузовик (часть 2)
Pascha und Robert waschen den Laster (Teil 2)

A

Слова

1. авария - der Unfall
2. берег - die Küste
3. были - waren
4. ветер - der Wind
5. влево / налево - links
6. восстанавливать - gesund pflegen
7. восстановление - die Genesung, Rehabilitation
8. вправо - rechts
9. господин Соколов - Hr. Sokolov
10. двадцать пять - fünfundzwanzig
11. деньги - das Geld
12. для, на - für
13. до - zuvor, bevor
14. дорогой - lieber, liebe; teuer
15. журналист - der Journalist
16. завтра - morgen
17. загрязнять - verschmutzen
18. кит - der Wal; кит-убийца - der Schwertwal
19. контроль - die Kontrolle
20. кормить - füttern

21. кот**о**рый - der, die, das *(konj.)*
22. (мне) интер**е**сно / любоп**ы**тно - ich frage mich
23. нефть - das Öl
24. никогд**а** - nie
25. отпуск**а**ть - freisetzen
26. пл**а**вать - schwimmen
27. плыв**у**щий - schwimmender, treibender
28. погруж**а**ться - sinken, eintauchen
29. посто**я**нный - beständig
30. поч**и**стил - säuberte
31. прим**е**р - das Beispiel; наприм**е**р - zum Beispiel
32. проглот**и**ть - (hinunter)schlucken
33. происход**и**ть - passieren; произошл**о** - passiert
34. пт**и**ца - der Vogel
35. речь - die Rede
36. ситу**а**ция - die Situation
37. сме**я**ться - lachen
38. сообщ**а**ть - informieren, mitteilen
39. спас**а**тельная сл**у**жба - der Rettungsdienst
40. спас**а**ть - retten
41. т**а**нкер - der Tanker
42. теч**е**ние - der Fluss
43. (том**у**) наз**а**д - vor; год (том**у**) наз**а**д - vor einem Jahr
44. т**ы**сяча - eintausend
45. уб**и**йца - der Mörder
46. ув**о**лить - feuern
47. удив**и**тельный - wunderbar
48. управл**я**ть / рул**и**ть - lenken
49. фотограф**и**ровать / сним**а**ть - fotografieren; фотогр**а**фия / сн**и**мок - die Fotografie; фот**о**граф - der Fotograf
50. хот**е**л - wollte
51. церем**о**ния - die Feier

В

Па**ша и Р**о**берт м**о**ют грузов**и**к (часть 2)

Грузов**и**к м**е**дленно плывёт д**а**льше в м**о**ре, пок**а**чиваясь на волн**а**х как м**а**ленький кор**а**бль. П**а**ша рул**и**т впр**а**во и вл**е**во, нажим**а**я на т**о**рмоз и на газ. Но он не м**о**жет контрол**и**ровать грузов**и**к. С**и**льный в**е**тер несёт ег**о** вдоль б**е**рега. П**а**ша и Р**о**берт не зн**а**ют что д**е**лать. Он**и** пр**о**сто сид**я**т и см**о**трят из окн**а**. Морск**а**я вод**а** начин**а**ет течь вовн**у**трь.
«Дав**а**й в**ы**йдем и с**я**дем на кр**ы**шу,» говор**и**т Р**о**берт.
Он**и** сад**я**тся на кр**ы**шу.
«Мне интер**е**сно, что ск**а**жет господ**и**н Кр**е**пкий?» говор**и**т Р**о**берт.
Грузов**и**к м**е**дленно плывёт м**е**трах в двадцат**и** от б**е**рега. Л**ю**ди на берег**у** остан**а**вливаются и удивлённо см**о**трят на

Pascha und Robert waschen den Laster (Teil 2)

Der Laster treibt langsam weiter aufs Meer und schaukelt auf den Wellen wie ein kleines Schiff. Pascha lenkt nach links und nach rechts, während er auf die Bremse und aufs Gas tritt. Aber er kann den Laster nicht kontrollieren. Ein starker Wind trägt ihn die Küste entlang. Pascha und Robert wissen nicht, was sie tun sollen. Sie sitzen einfach da und schauen aus dem Fenster. Das Meerwasser beginnt, in den Laster zu laufen.
"Lass uns nach draußen gehen und uns aufs Dach setzen", sagt Robert.
Sie setzen sich aufs Dach.
"Ich frage mich, was Herr Krepki sagen wird", sagt Robert.
Der Laster treibt langsam etwa zwanzig Meter von der Küste entfernt. Einige Leute an der Küste bleiben stehen und schauen

него.
«Господин Крепкий может уволить нас,» отвечает Паша.

Тем временем руководитель университета господин Соколов приходит в свой офис. Секретарь говорит ему, что сегодня будет церемония. Будут отпускать на волю двух птиц после восстановления. Работники реабилитационного центра счистили с них нефть после катастрофы с танкером «Большой Загрязнитель», которая произошла месяц назад. Господин Соколов должен сделать там речь. Церемония начинается через двадцать пять минут. Господин Соколов и его секретарь берут такси и через десять минут приезжают к месту церемонии. Эти две птицы уже там. Теперь они не такие белые, как обычно. Но теперь они снова могут летать и плавать. Здесь сейчас много людей, журналистов и фотографов. Через две минуты церемония начинается. Господин Соколов начинает речь.
«Дорогие друзья!» говорит он, «Катастрофа с танкером «Большой Загрязнитель», произошла на этом месте месяц назад. Теперь мы должны восстановить много птиц и животных. Это стоит много денег. Например, восстановление каждой из этих двух птиц стоит пять тысяч рублей! И теперь я рад сообщить вам, что после месяца восстановления эти две удивительные птицы будут отпущены.»
    Два человека берут ящик с птицами, несут его к воде и открывают. Птицы выходят из ящика и затем прыгают в воду и плывут. Фотографы делают снимки. Журналисты расспрашивают работников восстановительного центра о животных.
    Неожиданно большой кит-убийца выплывает, быстро проглатывает птиц и снова погружается. Все люди смотрят на то место, где до этого были птицы.

verwundert.
"Herr Krepki wird uns wohl feuern", antwortet Pascha.

In der Zwischenzeit kommt der Direktor der Universität, Herr Sokolov, in sein Büro. Die Sekretärin sagt ihm, dass es heute eine Feier gibt. Sie werden zwei Vögel nach deren Genesung freisetzen. Arbeiter des Rehabilitationszentrums haben sie nach dem Unfall mit dem Tanker Gran Polución von Öl gesäubert. Der Unfall passierte vor einem Monat. Herr Sokolov muss dort eine Rede halten. Die Feier beginnt in fünfundzwanzig Minuten.

Herr Sokolov und seine Sekretärin nehmen ein Taxi und kommen nach zehn Minuten am Ort der Feier an. Die zwei Vögel sind bereits da. Jetzt sind sie nicht so weiß wie normalerweise. Aber sie können wieder schwimmen und fliegen. Es sind viele Menschen, Journalisten und Fotografen da. Zwei Minuten später beginnt die Feier. Herr Sokolov beginnt seine Rede.
"Liebe Freunde", sagt er. "Vor einem Monat passierte an dieser Stelle der Unfall mit dem Tanker Gran Polución. Wir müssen jetzt viele Vögel und Tiere gesund pflegen. Das kostet viel Geld. Die Rehabilitation dieser zwei Vögel zum Beispiel kostet 5000 Rubl! Und es freut mich, Ihnen mitteilen zu können, dass diese zwei wunderbaren Vögel nach einem Monat Rehabilitation freigesetzt werden."

Zwei Männer nehmen die Kiste mit den Vögeln, bringen sie zum Wasser und öffnen sie. Die Vögel kommen aus der Kiste, springen ins Wasser und schwimmen. Die Fotografen machen Fotos. Die Journalisten befragen Arbeiter des Rehabilitationszentrums über die Tiere. Plötzlich taucht ein großer Schwertwal auf, schluckt schnell die zwei Vögel hinunter und verschwindet wieder. Alle Leute schauen auf die Stelle, an der die Vögel

Руководитель университета не верит своим глазам. Кит-убийца всплывает снова в поисках других птиц. Так как больше птиц нет, он опять уходит под воду. Господин Соколов теперь должен закончить свою речь.
«Э-э...,» он подбирает подходящие слова, «Удивительное постоянное течение жизни никогда не останавливается. Большие животные едят меньших животных и так далее.. э-э.. что это?» говорит он, глядя на воду. Все смотрят туда и видят большой грузовик, плывущий вдоль берега и покачивающийся на волнах как корабль. Два парня сидят на нём и смотрят на место церемонии.
«Здравствуйте господин Соколов,» говорит Роберт, «Зачем Вы кормите китов-убийц птицами?
«Здравствуй Роберт,» отвечает господин Соколов, «Что вы там делаете парни?»
«Мы хотели помыть грузовик,» отвечает Паша.
«Понимаю,» говорит господин Соколов. Некоторых людей эта ситуация начинает смешить. Они начинают смеяться.
«Ну что же, сейчас я вызову спасательную службу. Они достанут вас из воды. А завтра я хочу видеть вас в моём офисе,» говорит руководитель университета и звонит в спасательную службу.

zuvor gewesen waren. Der Direktor der Universität traut seinen Augen nicht. Der Schwertwal taucht wieder auf und sucht nach mehr Vögeln. Da es keine Vögel mehr gibt, verschwindet er wieder. Herr Sokolov muss seine Rede beenden.
"Ähm...", er sucht nach passenden Worten. "Der wundervolle, beständige Fluss des Lebens hört nie auf. Größere Tiere essen kleinere Tiere und so weiter...ähm..was ist das?" fragt er aufs Wasser schauend. Alle schauen aufs Wasser und sehen einen großen Laster, der die Küste entlang treibt und auf den Wellen schaukelt wie ein Schiff. Zwei Jungen sitzen auf ihm und schauen zum Platz der Feier.
"Hallo Herr Sokolov", sagt Robert. "Warum füttern Sie Schwertwale mit Vögeln?"
"Hallo Robert", antwortet Herr Sokolov. "Was macht ihr da, Jungs?"

"Wir wollten den Laster waschen", sagt Pascha.
"Alles klar", sagt Herr Sokolov. Einige Leute beginnen, an der Situation ihren Spaß zu haben. Sie fangen an, zu lachen. "Gut, ich rufe jetzt den Rettungsdienst. Der wird euch aus dem Wasser holen. Und ich möchte euch morgen in meinem Büro sehen", sagt der Direktor der Universität und ruft den Rettungsdienst.

Adverbien

Adverbien des Ortes und der Richtung haben kein spezielles Suffix. Sie ändern ihre Formen nicht nach Geschlecht, Zahl und Kasus, d. h. sie sind unveränderlich.

Adverbien des Orts Где? *Wo?*

Здесь, тут *(hier)*, там *(dort)*, дома *(zu Hause)*, далеко *(fern, weit)*, внизу *(unten)*, вверху *(oben)*, сзади *(hinten)*, слева *(links)*, справа *(rechts)*, впереди *(vorne)*.

Adverbien der Richtung Куда? *Wohin?*

Сюда *(hierher)*, туда *(dorthin)*, домой *(nach Hause)*, далеко *(fern, weit)*, вниз *(nach*

unten), вверх/наверх *(nach oben)*, назад *(nach hinten, zurück)*, налево *(nach links)*, направо *(nach rechts)*, вперёд *(nach vorne)*.

Например:

Я здесь. Иди сюда. *(Ich bin hier. Komm hierher.)*

Она там. Иди туда. *(Er ist dort. Geh dorthin.)*

Он дома. Иди домой. *(Er ist zu Hause. Geh nach Hause.)*

Они внизу. Идите вниз. *(Sie sind unten. Gehen Sie nach unten.)*

Мы наверху. Идите наверх. *(Wir sind oben. Gehen Sie nach oben.)*

Я сзади. Иди назад. *(Ich bin hinten. Geh nach hinten.)*

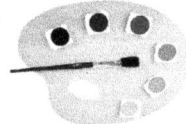

21

Урок
Eine Unterrichtsstunde

A

Слова

1. банка - der Krug
2. без - ohne
3. важный - wichtig
4. вещь, предмет - das Ding, die Sache
5. внимание - die Aufmerksamkeit
6. всё еще - noch, weiterhin
7. всегда - immer
8. действительно - wirklich
9. дети - die Kinder
10. друг - der Freund
11. ещё - noch
12. заботиться - sich kümmern um
13. здоровье - die Gesundheit
14. камень - der Stein
15. класс - die Klasse
16. лишь - nur
17. маленький - klein
18. медицинский - medizinisch
19. между - zwischen
20. меньше, менее - weniger
21. (на)сыпать - schütten, gießen
22. оставаться - bleiben

23. пес<u>о</u>к - der Sand
24. подр<u>у</u>га - die Freundin
25. пуст<u>о</u>й - leer
26. род<u>и</u>тель - die Eltern
27. слегк<u>а</u> - leicht
28. сп<u>о</u>соб - Art und Weise
29. сч<u>а</u>стье - das Glück
30. телев<u>и</u>дение - der Fernseher
31. тер<u>я</u>ть - verlieren
32. тр<u>а</u>тить - ausgeben, verwenden
33. убр<u>а</u>ть / убир<u>а</u>ть - wegnehmen
34. удел<u>я</u>ть вр<u>е</u>мя - Zeit zuteilen / finden
35. что-ниб<u>у</u>дь - etwas
36. <u>э</u>то - diese Dinge

B

Ур<u>о</u>к

Руковод<u>и</u>тель университ<u>е</u>та сто<u>и</u>т п<u>е</u>ред кл<u>а</u>ссом. На стол<u>е</u> п<u>е</u>ред ним н<u>е</u>сколько кор<u>о</u>бок и друг<u>и</u>х предм<u>е</u>тов. Когд<u>а</u> ур<u>о</u>к начин<u>а</u>ется, он берёт больш<u>у</u>ю пуст<u>у</u>ю б<u>а</u>нку и без слов наполн<u>я</u>ет её больш<u>и</u>ми камн<u>я</u>ми.
«Вы д<u>у</u>маете эта б<u>а</u>нка уж<u>е</u> п<u>о</u>лная?» спр<u>а</u>шивает господ<u>и</u>н Соколов студ<u>е</u>нтов.
«Да,» соглаш<u>а</u>ются студ<u>е</u>нты.
Тогд<u>а</u> он берёт кор<u>о</u>бку с <u>о</u>чень м<u>а</u>ленькими камн<u>я</u>ми и насып<u>а</u>ет их в б<u>а</u>нку. Он слегк<u>а</u> трясёт б<u>а</u>нку. М<u>а</u>ленькие к<u>а</u>мни, кон<u>е</u>чно, заполн<u>я</u>ют м<u>е</u>сто м<u>е</u>жду больш<u>и</u>ми камн<u>я</u>ми.
«Что вы д<u>у</u>маете теп<u>е</u>рь? Б<u>а</u>нка уж<u>е</u> п<u>о</u>лная, не так ли?» господ<u>и</u>н Соколов спр<u>а</u>шивает их сн<u>о</u>ва.
«Да. Теп<u>е</u>рь он<u>а</u> п<u>о</u>лная,» соглаш<u>а</u>ются студ<u>е</u>нты сн<u>о</u>ва. Им <u>э</u>тот ур<u>о</u>к начин<u>а</u>ет нр<u>а</u>виться. Он<u>и</u> начин<u>а</u>ют сме<u>я</u>ться.
Зат<u>е</u>м господ<u>и</u>н Соколов берёт кор<u>о</u>бку с песк<u>о</u>м и высып<u>а</u>ет ег<u>о</u> в б<u>а</u>нку. Пес<u>о</u>к, кон<u>е</u>чно, заполн<u>я</u>ет всё ост<u>а</u>льное м<u>е</u>сто.
«Теп<u>е</u>рь я хоч<u>у</u>, чтобы вы под<u>у</u>мали об <u>э</u>той б<u>а</u>нке, как о ж<u>и</u>зни челов<u>е</u>ка. Больш<u>и</u>е к<u>а</u>мни - <u>э</u>то в<u>а</u>жные в<u>е</u>щи, - в<u>а</u>ша семь<u>я</u>, ваш п<u>а</u>рень <u>и</u>ли д<u>е</u>вушка, в<u>а</u>ше здор<u>о</u>вье, в<u>а</u>ши д<u>е</u>ти, в<u>а</u>ши род<u>и</u>тели - те в<u>е</u>щи, кот<u>о</u>рые, <u>е</u>сли вы всё потер<u>я</u>ете и ост<u>а</u>нутся т<u>о</u>лько он<u>и</u>, всё равн<u>о</u> б<u>у</u>дут д<u>е</u>лать в<u>а</u>шу жизнь п<u>о</u>лной. М<u>а</u>ленькие к<u>а</u>мни - <u>э</u>то друг<u>и</u>е в<u>е</u>щи, кот<u>о</u>рые м<u>е</u>нее в<u>а</u>жны. <u>Э</u>то так<u>и</u>е в<u>е</u>щи, как ваш дом, в<u>а</u>ша раб<u>о</u>та, в<u>а</u>ша маш<u>и</u>на. Пес<u>о</u>к - <u>э</u>то всё

Eine Unterrichtsstunde

Der Direktor der Universität steht vor der Klasse. Auf dem Tisch vor ihm liegen Kisten und andere Dinge. Als der Unterricht beginnt, nimmt er einen großen, leeren Krug und füllt ihn wortlos mit großen Steinen.
"Meint ihr, dass der Krug schon voll ist?" fragt Herr Sokolov die Studenten.
"Ja, das ist er", stimmen die Studenten zu. Da nimmt er eine Kiste mit sehr kleinen Steinen und schüttet sie in den Krug. Er schüttelt den Krug leicht. Die kleinen Steine füllen natürlich den Platz zwischen den großen Steinen.
"Was meint ihr jetzt? Der Krug ist voll, oder nicht?" fragt Herr Sokolov sie wieder.
"Ja, das ist er. Er ist jetzt voll", stimmen die Studenten wieder zu. Der Unterricht beginnt, ihnen Spaß zu machen. Sie lachen. Da nimmt Herr Sokolov eine Kiste mit Sand und schüttet ihn in den Krug. Der Sand füllt natürlich den restlichen Platz.

"Jetzt möchte ich, dass ihr in diesem Krug das Leben seht. Die großen Steine sind wichtige Dinge - eure Familie, eure Freundin oder euer Freund, Gesundheit, Kinder, Eltern - Dinge, die euer Leben, wenn ihr alles verliert und nur sie bleiben, weiterhin füllen.

Kleine Steine sind andere Dinge, die weniger wichtig sind. Dinge wie euer Haus, Job, Auto. Der Sand ist alles andere - die

остально́е, - ме́лочи. Е́сли вы снача́ла помести́те песо́к в ба́нку, то не оста́нется ме́ста для ма́леньких и́ли больши́х камне́й. Так же и в жи́зни. Е́сли вы тра́тите всё своё вре́мя и эне́ргию на ме́лочи, у вас никогда́ не бу́дет ме́ста для веще́й, кото́рые важны́ для вас. Уделя́йте внима́ние веща́м, кото́рые наибо́лее важны́ для ва́шего сча́стья. Игра́йте со свои́ми детьми́ и́ли роди́телями. Уделя́йте вре́мя для прохожде́ния медици́нских прове́рок. Своди́те своего́ дру́га и́ли подру́гу в кафе́. Всегда́ бу́дет вре́мя, что́бы пойти́ на рабо́ту, убра́ть в до́ме и посмотре́ть телеви́зор,» говори́т господи́н Соколо́в, «Забо́тьтесь снача́ла о больши́х камня́х - веща́х, кото́рые действи́тельно важны́. Всё остально́е лишь песо́к,» он смо́трит на студе́нтов, «Тепе́рь Ро́берт и Па́ша, что важне́е для вас - мыть грузови́к и́ли ва́ши жи́зни? Вы пла́ваете на грузови́ке по мо́рю, как на корабле́, лишь потому́ что вы хоте́ли помы́ть э́тот грузови́к. Вы полага́ете, что нет друго́го спо́соба помы́ть его́?»
«Нет, мы так не ду́маем,» говори́т Па́ша.
«Вы мо́жете помы́ть грузови́к на мо́ечной ста́нции, не так ли?» говори́т господи́н Соколо́в.
«Да, э́то так,» говоря́т студе́нты.
«Вы всегда́ должны́ ду́мать пе́ред тем, как сде́лать что-нибу́дь. Вы всегда́ должны́ забо́титься о больши́х камня́х, пра́вильно?»
«Да,» отвеча́ют студе́нты.

kleinen Dinge. Wenn ihr zuerst Sand in den Krug füllt, bleibt kein Platz für kleine oder große Steine. Das Gleiche gilt fürs Leben. Wenn ihr eure ganze Zeit und Energie für die kleinen Dinge verwendet, werdet ihr nie Platz für die Dinge haben, die euch wichtig sind. Achtet auf Dinge, die für euer Glück am wichtigsten sind. Spielt mit euren Kindern oder Eltern. Nehmt euch die Zeit für medizinische Untersuchungen. Geht mit eurer Freundin oder eurem Freund ins Café. Es wird immer Zeit bleiben, um zu arbeiten, das Haus zu putzen oder fernzusehen", sagt Herr Sokolov.
"Kümmert euch erst um die großen Steine - um die Dinge, die wirklich wichtig sind. Alles andere ist nur Sand", er schaut die Studenten an. "Nun, Robert und Pascha, was ist euch wichtiger - einen Laster zu waschen oder euer Leben? Ihr treibt auf einem Laster im Meer wie auf einem Schiff, nur weil ihr den Laster waschen wolltet. Glaubt ihr, dass es keine andere Möglichkeit gibt, ihn zu waschen?"
"Nein, das glauben wir nicht", sagt Pascha.
"Man kann einen Laster stattdessen in einer Waschanlage waschen, nicht wahr?" sagt Herr Sokolov.
"Ja, das kann man", sagen die Studenten.
"Ihr müsst immer erst nachdenken, bevor ihr handelt. Ihr müsst euch immer um die großen Steine kümmern, okay?"
"Ja, das müssen wir", antworten die Studenten.

 C

Wochentage

Wochentage werden im Russischen, abgesehen vom Anfang des Satzes, klein geschrieben. Bemerkung: die russische Woche beginnt mit Montag und endet mit Sonntag.

Понеде́льник *(Montag)* В понеде́льник мы идём на но́вую рабо́ту. *Am Montag gehen wir zur neuen Arbeit.*
Вто́рник (Dienstag) Во вто́рник я купи́ла краси́вое пла́тье. *Am Dienstag habe ich ein schönes Kleid gekauft.*
Среда́ (Mittwoch) В сре́ду у него́ выходно́й. *Er hat am Mittwoch frei.*

Четверг (Donnerstag) В четверг она работает до шести часов. *Sie arbeitet am Donnerstag bis 6 Uhr.*
Пятница (Freitag) В пятницу мы пьём пиво. *Am Freitag trinken wir Bier.*
Суббота (Sonnabend) Каждую субботу они едут в Крым. *Jeden Sonnabend fahren sie auf Krim.*
Воскресенье (Sonntag) В воскресенье мы смотрели новый фильм. *Am Sonntag haben wir einen neuen Film gesehen.*

22

Кристиан работает в издательстве
Kristian arbeitet in einem Verlag

 A

Слова

1. автоотв<u>е</u>тчик - der Anrufbeantworter
2. б<u>у</u>дущий - zukünftig
3. вм<u>е</u>сто (+Genitive) - anstelle
4. во вр<u>е</u>мя - zu Zeiten
5. возм<u>о</u>жный - möglich
6. газ<u>е</u>та - die Zeitung
7. гот<u>о</u>вый - fertig
8. гр<u>у</u>стный - traurig
9. дождь - der Regen
10. журн<u>а</u>л - die Zeitschrift
11. заб<u>а</u>вный - lustig
12. зап<u>и</u>сывать - aufnehmen
13. звон<u>и</u>ть - anrufen
14. зн<u>а</u>чить - bedeuten
15. и так д<u>а</u>лее - usw.
16. игр<u>а</u> - das Spiel
17. ист<u>о</u>рия - die Geschichte
18. как м<u>о</u>жно ч<u>а</u>ще - so oft wie möglich
19. кли<u>е</u>нт - der Kunde
20. комп<u>а</u>ния - die Firma
21. координ<u>а</u>ция - die Koordination
22. л<u>е</u>стница - die Treppe

23. лис(а) - der Fuchs
24. минимум - wenigstens
25. мир - die Welt
26. на улице - draußen
27. никто - niemand
28. ничего / ничто - nichts
29. нос - die Nase
30. особенно - vor allem
31. отказывать(-ся) - ablehnen
32. перед - gegen, vor, bevor
33. подойти для.. - geeignet sein für..
34. получить - bekommen
35. правило - die Regel
36. привет - hallo
37. прогулка - Spaziergang
38. продавать - verkaufen
39. производить - herstellen
40. профессия - der Beruf
41. развивать - entwickeln
42. разговаривать - sich unterhalten
43. различный - verschieden
44. сигнал - der Piepton
45. сон - schlafen
46. составить / составлять - entwerfen, verfassen
47. сочинение, композиция - der Entwurf, der Text
48. так как - da, weil
49. творческий - kreativ
50. текст - der Text
51. тёмный - dunkel
52. тридцать - dreißig
53. трудный - schwer
54. убедиться - eine Überzeugung gewinnen
55. умение, навык - die Fähigkeit
56. холодный - kalt; холод - die Kälte
57. человек - der Mensch; человеческий - menschlich
58. что насчёт…? - was ist mit…?

B

Кристиан работает в издательстве

Кристиан работает молодым помощником в издательстве «Всё подряд». Он выполняет письменную работу.
«Кристиан, название нашей фирмы «Всё подряд»,» говорит руководитель фирмы господин Лис, «И это значит, что мы можем сделать любое текстовое сочинение и дизайнерскую работу для любого клиента. Мы получаем много заказов от газет, журналов и других клиентов. Все заказы разные, но мы никогда не отказываемся.»
Кристиану очень нравится эта работа потому что он может развивать свои творческие способности. Он любит творческую работу такую, как письменные композиции и дизайн. Так как он изучает дизайн в университете, то это очень подходящая работа для его будущей профессии.

Kristian arbeitet in einem Verlag

Kristian arbeitet als junger Helfer im Verlag All-Round. Er erledigt Schreibarbeiten.
"Kristian, unsere Firma heißt All-Round", sagt der Firmenchef Herr Lis. "Und das heißt, dass wir für jeden Kunden jede Art von Text und Design entwickeln können. Wir bekommen viele Aufträge von Zeitungen, Zeitschriften und anderen Kunden. Alle Aufträge sind verschieden, aber wir lehnen nie einen ab."
Kristian mag diesen Job sehr, da er kreative Fähigkeiten entwickeln kann. Kreative Arbeit wie Schreiben und Design gefällt ihm. Da er Design an der Universität studiert, ist es ein passender Job für seinen zukünftigen Beruf.

Сегодня у господина Лиса есть несколько новых заданий для него.
«У нас есть несколько заказов. Ты можешь сделать два из них,» говорит господин Лис, «Первый заказ от телефонной компании. Они производят телефоны с автоответчиками. Им нужны смешные тексты для автоответчиков. Ничто не продаётся лучше, чем смешные вещи. Пожалуйста, составь четыре или пять текстов.»
«Насколько длинными они должны быть?» спрашивает Кристиан.
«Они могут быть от пяти до тридцати слов,» отвечает господин Лис, «А второй заказ - из журнала «Зелёный мир». Этот журнал пишет про животных, птиц, рыб и так далее. Им нужен текст про любое домашнее животное. Он может быть смешным или грустным, или просто история про твоё собственное животное. У тебя есть животное?»
«Да. У меня есть кот. Его зовут Фаворит,» отвечает Кристиан, «И я думаю, что смогу написать историю про его трюки. Когда это должно быть готово?»
«Эти два заказа должны быть готовы к завтрашнему дню,» отвечает господин Лис.
«Хорошо. Можно начать сейчас?» спрашивает Кристиан.
«Да, Кристиан,» говорит господин Лис.

Кристиан приносит тексты на следующий день. У него пять текстов для автоответчиков. Господин Лис читает их:
1. «Привет. Теперь ты скажи что-нибудь.»
2. «Привет. Я автоответчик. А что ты?»
3. «Здравствуйте. Сейчас никого нет дома кроме моего автоответчика. Поэтому вы можете поговорить с ним вместо меня. Ждите сигнала.»
4. «Это не автоответчик. Это машина, записывающая мысли. После сигнала подумайте о своём имени, о причине звонка и о номере, куда я смогу позвонить

Heute hat Herr Lis neue Aufgaben für ihn.

"Wir haben einige Aufträge. Du kannst zwei davon erledigen", sagt Herr Lis. "Der erste Auftrag ist von einer Telefonfirma. Sie stellen Telefone mit Anrufbeantwortern her. Sie brauchen ein paar lustige Texte für die Anrufbeantworter. Nichts verkauft sich besser als etwas Lustiges. Entwirf bitte vier, fünf Texte."
"Wie lang sollen sie sein?" fragt Kristian.
"Sie können fünf bis dreißig Wörter haben", antwortet Herr Lis. "Der zweite Auftrag ist von der Zeitung "Grüne Welt". Diese Zeitung schreibt über Tiere, Vögel, Fische usw. Sie brauchen einen Text über irgendein Haustier. Er kann lustig oder traurig sein oder einfach eine Geschichte über dein eigenes Haustier. Hast du ein Haustier?"
"Ja, ich habe eine Katze. Sie heißt Favorite", antwortet Kristian. "Und ich denke, ich kann eine Geschichte über ihre Streiche schreiben. Wann sollen die Texte fertig sein?"
"Diese zwei Aufträge sollen bis morgen fertig sein", antwortet Herr Lis.
"Gut. Kann ich anfangen?" fragt Kristian.
"Ja", sagt Herr Lis.

Kristian bringt die Texte am nächsten Tag. Er hat fünf Texte für den Anrufbeantworter. Herr Lis liest sie:
1. "Hallo. Jetzt musst du etwas sagen".
2. "Hallo, ich bin ein Anrufbeantworter. Und was bist du?"
3. "Hallo. Außer meinem Anrufbeantworter ist gerade niemand zuhause. Du kannst dich mit ihm unterhalten. Warte auf den Piepton".
4. "Das ist kein Anrufbeantworter. Das ist ein Gedankenaufnahmegerät. Nach dem Piepton denke an deinen Namen, den Grund, aus dem du anrufst, und die Nummer, unter der ich dich zurückrufen

вам. А я подумаю о том, звонить ли вам.»
5. «Говорите после сигнала! У вас есть право молчать. Я запишу и использую всё, что вы скажете.»

«Это не плохо. А что насчёт животных?» спрашивает господин Лис. Кристиан даёт ему другой лист бумаги. Господин Лис читает:

Несколько правил для кошек
Прогулка:
Как можно чаще, быстро бегайте, как можно ближе перед людьми, особенно на лестницах, когда у них есть что-нибудь в руках, в темноте, и когда они только встали утром. Это потренирует их координацию.
В кровати:
Ночью всегда спите на человеке. Так он или она не смогут повернуться в кровати. Старайтесь лежать на его или её лице. Убедитесь, что ваш хвост на их носу.
Сон:
Чтобы иметь много энергии для игр, кошка должна много спать (минимум шестнадцать часов в день). Это не трудно найти подходящее место для сна. Подойдёт любое место, где любит сидеть человек. Также есть хорошие места на улице. Но вы не сможете использовать их во время дождя или когда холодно. Вместо этого вы можете воспользоваться открытыми окнами.
Господин Лис смеётся.
«Хорошая работа, Кристиан! Я думаю журналу «Зелёный мир» понравится твоя композиция,» говорит он.

kann. Und ich werde darüber nachdenken, ob ich dich zurückrufe."
5. "Sprechen Sie nach dem Piepton! Sie haben das Recht, Ihre Aussage zu verweigern. Ich werde alles, was Sie sagen, aufzeichnen und verwenden."
"Nicht schlecht. Und was ist mit den Tieren?" fragt Herr Lis. Kristian gibt ihm ein anderes Blatt. Herr Lis liest:

Regeln für Katzen
Laufen:
Renne so oft wie möglich schnell und nahe an einem Menschen vorbei, vor allem: auf Treppen, wenn sie etwas tragen, im Dunkeln und wenn sie morgens aufstehen. Das trainiert ihre Koordination.
Im Bett:
Schlafe nachts immer auf dem Menschen, damit er sich nicht umdrehen kann. Versuche, auf seinem Gesicht zu liegen. Vergewissere dich, dass dein Schwanz genau auf seiner Nase liegt.
Schlafen:
Um genug Energie zum Spielen zu haben, muss eine Katze viel schlafen (mindestens 16 Stunden am Tag). Es ist nicht schwer, einen passenden Schlafplatz zu finden. Jeder Platz, an dem ein Mensch gerne sitzt, ist gut. Draußen gibt es auch viele gute Plätze. Du kannst sie aber nicht verwenden, wenn es regnet oder kalt ist. Du kannst stattdessen das offene Fenster verwenden.
Herr Lis lacht.
"Gute Arbeit, Kristian! Ich denke, die Zeitung "Grüne Welt" wird deinen Entwurf mögen", sagt er.

 C

Verben der Bewegung

Идти (perfekt), ходить (imperfekt) - *gehen*
Он идёт в библиотеку. *Er geht in die Bibliothek.*
Он ходит каждые выходные в театр. *Er geht jedes Wochenende ins Theater.*
Ехать (perf.), ездить (imperf.) - *fahren*
Они едут в лес. *Sie fahren in den Wald.*

Они редко ездят в деревню к своей бабушке. *Sie fahren selten zu ihrer Großmutter ins Dorf.*
Лететь (perf.), летать (imperf.) - *fliegen*
Он сейчас летит в Москву. *Er fliegt jetzt nach Moskau.*
Он летает в Китай каждый год. *Er fliegt nach China jedes Jahr.*
Плыть (perf.), плавать (imperf.) - *schwimmen*
Она плывёт ко мне очень быстро. *Sie schwimmt sehr schnell zu mir.*
Она иногда плавает в нашем бассейне. *Sie schwimmt manchmal in unserem Schwimmbad.*
Бежать (perf.), бегать (imperf.) - *laufen*
Я бегу домой. *Ich laufe nach Hause.*
Я бегаю по утрам. *Ich laufe morgens.*
Мой ребёнок бегает с друзьями каждый день. *Mein Kind läuft mit Freunden jeden Tag.*
Нести (perf.), носить (imperf.) - *tragen, bringen*
Он несёт багаж в номер. *Er trägt Gepäck ins Zimmer.*
Вы носите ноутбук на работу? *Tragen Sie ein Notebook zur Arbeit?*
Вести (perf.), водить (imperf.) - *führen, bringen*
Мы ведём нашего ребёнка в театр. *Wir nehmen unser Kind ins Theater.*
Мы водим нашего сына в сад каждое утро. *Wir bringen unseren Sohn jeden Morgen in den Kindergarten.*
Везти (perf.), возить (imperf.) - *fahren, bringen*
Вы везёте эти картины домой? *Bringen Sie diese Bilder nach Hause?*
Вы возите картины в машине? *Fahren Sie die Bilder mit dem Auto?*

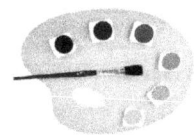

23

Правила для к<u>о</u>шек
Katzenregeln

A

Слов<u>а</u>

1. абсол<u>ю</u>тный / п<u>о</u>лный - absolut
2. вк<u>у</u>сный - lecker
3. гляд<u>е</u>ть - zuschauen
4. гость - der Gast
5. гот<u>о</u>вка ед<u>ы</u> - das Kochen
6. дом<u>а</u>шняя раб<u>о</u>та - die Hausaufgaben
7. д<u>у</u>мая - denkend
8. ед<u>а</u> - das Essen
9. заб<u>ы</u>ть - vergessen
10. заг<u>а</u>дка - das Rätsel
11. заст<u>а</u>вить / заставл<u>я</u>ть - zwingen
12. захват<u>и</u>ть - erbeuten
13. иногд<u>а</u> - manchmal, ab und zu
14. клавиат<u>у</u>ра - die Tastatur
15. ком<u>а</u>р - die Stechmücke
16. кр<u>а</u>сть / воров<u>а</u>ть - stehlen
17. кус<u>а</u>ть - beißen
18. люб<u>о</u>вь - die Liebe, люб<u>и</u>ть - lieben
19. м<u>а</u>ло - wenig
20. ног<u>а</u> - das Bein
21. паников<u>а</u>ть - in Panik versetzen

22. планета - der Planet
23. погода - das Wetter
24. притвориться / притворяться - vorgeben; so tun, als ob
25. прятать(-ся) - sich verstecken; прятки - das Versteckspiel
26. ребёнок - das Kind
27. сезон - die (Jahres)zeit
28. секрет - das Geheimnis
29. сзади - hinter
30. сразу - gleich
31. становиться - werden
32. суметь - schaffen
33. тарелка - der Teller
34. тереть(-ся) - reiben (sich)
35. туалет - die Toilette
36. убежал - lief weg
37. удовольствие - der Spaß
38. укрытие - die Abdeckung
39. хотя - obwohl
40. целовать - küssen
41. чтение - das Lesen
42. читающий - lesende
43. что-нибудь - etwas
44. шаг - der Schritt
45. наступать - treten
46. шанс - die Chance
47. школа - die Schule

Правила для кошек

«Журнал «Зелёный мир» размещает новый заказ,» говорит господин Лис Кристиану на следующий день, «И этот заказ для тебя, Кристиан. Им нравится твоё сочинение и они хотят текст побольше про «Правила для кошек».
Составление этого текста занимает у Кристиана два дня. Вот он.

Несколько секретных правил для кошек

Хотя кошки лучшие и самые удивительные животные на этой планете, иногда они делают странные вещи. Одному из людей удалось узнать несколько Кошачьих Секретов. Это - несколько правил жизни, чтобы захватить мир! Но как эти правила помогут кошкам, всё ещё остаётся полной загадкой для людей.
Ванные комнаты:
Всегда ходите с гостями в ванную и туалет. Вам не надо ничего делать. Просто сидите и смотрите и иногда тритесь об их ноги.
Двери:
Все двери должны быть открыты. Чтобы

Katzenregeln

*"Die Zeitschrift "Grüne Welt" hat uns einen neuen Auftrag erteilt", sagt Herr Lis am nächsten Tag zu Kristian. "Und dieser Auftrag ist für dich. Ihnen hat dein Entwurf gefallen und sie wollen einen längeren Text über "Katzenregeln".
Kristian braucht zwei Tage für diesen Text. Hier ist er.*

Geheime Regeln für Katzen

*Obwohl Katzen die besten und wundervollsten Tiere auf diesem Planeten sind, tun sie manchmal sehr seltsame Dinge. Einem Menschen ist es gelungen, ein paar Katzengeheimnisse zu stehlen. Es sind Lebensregeln, um die Weltherrschaft zu übernehmen! Es bleibt jedoch ein Rätsel, wie diese Regeln den Katzen helfen sollen.
Badezimmer:
Gehe immer mit Gästen ins Badezimmer und auf die Toilette. Du musst nichts tun. Sitze einfach nur da, schaue sie an und reibe dich ab und zu an ihren Beinen.
Türen:
Alle Türen müssen offen sein. Um eine Tür zu*

дверь открыли, стойте, грустно глядя на людей. Когда они открывают дверь, вам не обязательно проходить в неё. После того, как вы откроете, таким способом, дверь на улицу, станьте в дверях и подумайте о чём-нибудь. Это особенно важно во время холодной погоды, дождя или сезона комаров.

Готовка еды:
Всегда сидите сразу сзади правой ноги человека. Так чтобы он не видел вас и тогда будет выше шанс, что человек наступит на вас. Когда это происходит, они берут вас на руки и дают поесть что-нибудь вкусное.

Чтение книг:
Старайтесь подойти поближе к лицу читающего человека, между глазами и книгой. Лучше всего лечь на книгу.

Школьная домашняя работа детей:
Ложитесь на книги и тетради и притворитесь, что спите. Но иногда прыгайте на авторучку. Кусайтесь, если ребёнок попытается убрать вас со стола.

Компьютер:
Если человек работает на компьютере, прыгните на стол и пройдите по клавиатуре.

Еда:
Кошки должны есть много. Но еда - лишь половина удовольствия. Другая половина - добыть еду. Когда люди едят, положите хвост в их тарелку, когда они не смотрят. Это даст вам лучшие шансы получить полную тарелку еды. Никогда не ешьте из своей собственной тарелки, если вы можете взять еду со стола. Никогда не пейте со своей собственной тарелки с водой, если вы можете пить из чашки человека.

Прятки:
Прячьтесь в местах, где люди не смогут найти вас несколько дней. Это заставит

öffnen, stelle dich mit einem traurigen Blick vor den Menschen. Wenn er eine Tür öffnet, musst du nicht durchgehen. Wenn du auf diese Weise die Haustür geöffnet hast, bleibe in der Tür stehen und denke nach. Das ist vor allem wichtig, wenn es sehr kalt ist oder regnet oder in der Stechmückenzeit.

Kochen:
Setze dich immer genau hinter den rechten Fuß von kochenden Menschen. So können sie dich nicht sehen und die Chance ist größer, dass sie auf dich treten. Wenn das passiert, nehmen sie dich auf den Arm und geben dir etwas Leckeres zu essen.

Lesen:
Versuche, nahe an das Gesicht der lesenden Person zu kommen, zwischen Augen und Buch. Am besten ist es, sich auf das Buch zu legen.

Hausaufgaben der Kinder:
Lege dich auf Bücher und Hefte und tue so, als ob du schläfst. Springe von Zeit zu Zeit auf den Stift. Beiße, falls ein Kind versucht, dich vom Tisch zu verscheuchen.

Computer:
Wenn ein Mensch am Computer arbeitet, springe auf den Tisch und laufe über die Tastatur.

Essen:
Katzen müssen viel essen. Aber Essen ist nur der halbe Spaß. Die andere Hälfte ist, das Essen zu bekommen. Wenn Menschen essen, lege deinen Schwanz auf ihren Teller, wenn sie nicht hinschauen. Damit vergrößerst du deine Chancen, einen ganzen Teller Essen zu bekommen. Iss nie von deinem eigenen Teller, wenn du Essen vom Tisch nehmen kannst. Trink nie aus deiner eigenen Schüssel, wenn du aus der Tasse eines Menschen trinken kannst.

Verstecken:
Verstecke dich an Orten, an denen dich Menschen ein paar Tage lang nicht finden können. Das wird die Menschen in Panik

людей паниковать (они это любят), думая что вы убежали. Когда вы выйдете из укрытия, люди будут целовать вас и показывать свою любовь. И вы сможете получить что-нибудь вкусное.
Люди:
Задача людей - кормить нас, играть с нами и чистить наш ящик. Важно, чтобы они не забывали, кто хозяин в доме.

versetzen (was sie lieben), weil sie glauben, dass du weggelaufen bist. Wenn du aus deinem Versteck hervorkommst, werden sie dich küssen und dir ihre Liebe zeigen. Und du bekommst vielleicht etwas Leckeres.
Menschen:
Die Aufgabe des Menschen ist, uns zu füttern, mit uns zu spielen und unsere Kiste sauber zu machen. Es ist wichtig, dass sie nicht vergessen, wer der Chef im Haus ist.

C

Vorsilben der Verben der Bewegung

при- (zu etwas oder jemand): Мы приезжаем сегодня вечером. *Wir kommen heute am Abend.*
у- (von etwas oder jemand): Он уезжает в понедельник. *Er fährt am Montag.*
пере- (über etwas): Он переходит дорогу с ребёнком. *Er überquert die Strasse mit dem Kind.*
в-, за- (in etwas): Моя тётя въезжает/заезжает в гараж очень медленно. *Meine Tante fährt sehr langsam in die Garage.* Входите/заходите в комнату, пожалуйста. *Kommen Sie ins Zimmer, bitte.*
вы- (aus etwas): Мой дядя выезжает из гаража быстро. *Mein Onkel fährt schnell aus der Garage.*
про- (über): Мы проходим через мост. *Wir gehen über die Brücke.* Они проходят мимо автобусной остановки. *Sie gehen an der Bushaltestelle vorbei.*
под- (heran): Его сестра подходит к продуктовому магазину. *Seine Schwester kommt zu dem Lebensmittelgeschäft.*
от- (von etwas): Они отходят от офиса через пять минут. *Sie gehen in fünf Minuten vom Büro los.* до- (bis etwas): Она доедет до Киева через час. *Sie erreicht Kiew in einer Stunde.*
за- (besuchen, abholen): Ме заедем к вам, когда будем ехать домой. *Wir besuchen Sie, wenn wir nach Hause fahren.*
с- (herunter): Дети хотят съехать с горки. *Die Kinder wollen die Rodelbahn herunterfahren.*

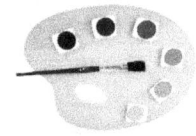

24

Работа в команде
Gruppenarbeit

A

Слова

1. Бор<u>и</u>с Пров<u>о</u>рнов - Boris Provornov
2. взять / прин<u>я</u>ть уч<u>а</u>стие - teilnehmen
3. включ<u>и</u>л - machte an
4. войн<u>а</u> - der Krieg
5. всп<u>о</u>мнил - erinnerte sich
6. дв<u>и</u>гался - bewegte sich
7. до - bis, zu
8. зак<u>о</u>нчил - machte fertig
9. земл<u>я</u> - die Erde
10. знал - wusste
11. из-за - wegen
12. им<u>е</u>л - hatte, gehabt
13. инопланет<u>я</u>нин / пришл<u>е</u>ц - der Außerirdische
14. как б<u>у</u>дто - als ob
15. капит<u>а</u>н - der Kapitän
16. колл<u>е</u>га - der Kollege
17. кор<u>о</u>ткий - kurz
18. косм<u>и</u>ческий кор<u>а</u>бль - das Raumschiff
19. к<u>о</u>смос - das Weltall
20. л<u>а</u>зер - der Laser
21. люб<u>и</u>л - liebte, geliebt
22. люб<u>о</u>й - jeder; од<u>и</u>н из вас - einer von euch
23. милли<u>а</u>рд - Billionen
24. напр<u>а</u>вил на - richtete
25. н<u>а</u>чал - begann, begonnen
26. (об)р<u>а</u>доваться - froh werden
27. останов<u>и</u>л - beendete

28. па́дать - fallen; упа́л - fiel
29. пе́ред тем, как - zuvor
30. посмотре́л - sah, schaute, geschaut
31. прекра́сный - wunderschön
32. преподава́ть - beibringen, lehren
33. пришёл - kam, gekommen
34. прово́рный - schnelle
35. продо́лжить - fortführen
36. про́тив - gegen
37. рабо́тающий - arbeitende
38. рада́р - der Radar
39. ра́дио - das Radio
40. разруша́ть - zerstören
41. сад - der Garten
42. сда́ться - aufgeben
43. сериа́л - die Serie
44. сказа́л - sagte

45. ско́ро, вско́ре - bald
46. слы́шал - hörte, gehört
47. сообщи́л - informierte, teilte mit
48. танцева́ть - tanzen; танцева́л - tanzte; танцу́я - tanzend
49. телеви́зор - der Fernseher
50. тряс(-ся) - wackelte
51. ты́сяча - tausend
52. уби́л - tötete, getötet (part.)
53. улете́л - flog weg
54. улыбну́лся - lächelte, gelächelt
55. умира́ть - sterben, у́мер - starb
56. уничто́жить - zerstören
57. ушёл - ging (weg)
58. цвето́к - die Blume
59. центра́льный - Haupt-, zentral

B

Рабо́та в кома́нде

Gruppenarbeit

Па́ша хо́чет быть журнали́стом. Он у́чится в университе́те. У него́ сего́дня уро́к по сочине́нию. Господи́н Соколо́в обуча́ет студе́нтов писа́ть компози́ции.
«Дороги́е друзья́,» говори́т он, «не́которые из вас бу́дут рабо́тать в изда́тельствах, газе́тах и́ли журна́лах, на ра́дио и́ли телеви́дении. Это зна́чит, что вы бу́дете рабо́тать в кома́нде. Рабо́та в кома́нде - де́ло не просто́е. Сейча́с я хочу́, что́бы вы попро́бовали соста́вить журнали́стское сочине́ние в кома́нде. Мне ну́жен па́рень и де́вушка.»
Мно́гие студе́нты хотя́т приня́ть уча́стие в кома́ндной рабо́те. Господи́н Соколо́в выбира́ет Па́шу и Кэ́рол. Кэ́рол из Испа́нии, но она́ владе́ет ру́сским о́чень хорошо́.
«Пожа́луйста, ся́дьте за э́тот стол. Тепе́рь вы - колле́ги,» говори́т им господи́н Соколо́в, «Вы напи́шете коро́ткую компози́цию. Любо́й из вас начнёт компози́цию и зате́м

Pascha will Journalist werden. Er studiert an der Universität. Heute hat er einen Schreibkurs. Herr Sokolov bringt den Studenten bei, Artikel zu schreiben.
"Liebe Freunde", sagt er, "ein paar von euch werden für Verlage, Zeitungen oder Zeitschriften, das Radio oder das Fernsehen arbeiten. Das bedeutet, dass ihr in einer Gruppe arbeiten werdet. Es ist nicht einfach, in einer Gruppe zu arbeiten. Ich möchte, dass ihr jetzt versucht, in einer Gruppe einen journalistischen Text zu schreiben. Ich brauche einen Jungen und ein Mädchen."

Viele Studenten wollen bei der Gruppenarbeit mitmachen. Herr Sokolov wählt Pascha und Carol. Carol kommt aus Spanien, aber sie spricht sehr gut Russisch.
"Setzt auch bitte an diesen Tisch. Ihr seid jetzt Kollegen", sagt Herr Sokolov zu ihnen.
„Ihr werdet einen kurzen Text schreiben. Einer von euch beginnt den Text und gibt ihn dann seinem Kollegen. Der Kollege liest den

передаст её коллеге. Ваш коллега прочитает сочинение и продолжит его. Затем отдаст назад и первый прочитает и продолжит его. И так далее пока ваше время не закончится. Я даю вам двадцать минут.»
Господин Соколов даёт им бумагу и Кэрол начинает. Она немного думает и пишет.

Коллективное сочинение

Кэрол: Юлия посмотрела в окно. Цветы в её саду двигались на ветру, как будто танцуя. Она вспомнила тот вечер, когда танцевала с Борисом. Это было год назад, но она помнила всё - его голубые глаза, его улыбку и его голос. Это было счастливое время для неё, но теперь оно кончилось. Почему он был не с ней?
Паша: В эту секунду космический капитан Борис Проворнов был на космическом корабле «Белая звезда». У него было важное задание и у него не было времени думать о той глупой девушке, с которой он танцевал год назад. Он быстро направил лазеры «Белой звезды» на звездолёты инопланетян. Затем он включил радио и сказал инопланетянам: «Я даю вам один час, чтобы сдаться. Если через час вы не сдадитесь, я уничтожу вас.»
Но перед тем, как он закончил, лазер пришельцев ударил в левый двигатель «Белой звезды». Лазер Бориса начал бить по инопланетным кораблям и в эту же секунду он включил центральный и правый двигатели. Лазер инопланетян разрушил работающий правый двигатель и «Белая звезда» сильно сотряслась. Борис упал на пол, думая во время падения, который из инопланетных кораблей он должен уничтожить первым.
Кэрол: Но он ударился головой об металлический пол и умер в ту же секунду. Но перед тем, как он умер, он вспомнил о бедной прекрасной девушке, которая

Text und führt ihn dann fort. Dann gibt euer Kollege ihn zurück, der Erste liest ihn und führt ihn fort. Und so weiter, bis die Zeit vorbei ist. Ihr habt zwanzig Minuten". Herr Sokolov gibt ihnen Papier und Carol fängt an. Sie denkt kurz nach und schreibt dann.

Gruppenarbeit

*Carol: Julia sah aus dem Fenster. Die Blumen in ihrem Garten bewegten sich im Wind, als ob sie tanzten. Sie erinnerte sich an den Abend, an dem sie mit Boris getanzt hatte. Das war vor einem Jahr, aber sie erinnerte sich an alles - seine blauen Augen, sein Lächeln, seine Stimme. Das war eine glückliche Zeit für sie gewesen, aber die war nun vorbei. Warum war er nicht bei ihr?
Pascha: Zu dieser Zeit war Raumschiffkapitän Boris Provornov in seinem Raumschiff White Star. Er hatte eine wichtige Mission und keine Zeit, über dieses dumme Mädchen, mit dem er vor einem Jahr getanzt hatte, nachzudenken. Schnell richtete er den Laser der White Star auf Raumschiffe Außerirdischer. Dann stellte er das Funkgerät an und sprach zu den Außerirdischen: "Ihr habt eine Stunde, um aufzugeben. Wenn ihr in einer Stunde nicht aufgebt, werde ich euch zerstören." Kurz bevor er seine Rede beendet hatte, traf jedoch ein Laser der Außerirdischen den linken Motor der White Star. Laser von Boris begann, auf die Raumschiffe der Außerirdischen zu schießen, und gleichzeitig schaltete Boris den Hauptmotor und den rechten Motor an. Der Laser der Außerirdischen zerstörte den funktionierenden rechten Motor und die White Star wackelte stark. Boris fiel auf den Boden und überlegte währenddessen, welches der Raumschiffe der Außerirdischen er zuerst zerstören müsse.
Carol: Aber er schlug mit seinem Kopf auf dem metallenen Boden auf und war sofort tot. Bevor er starb, dachte er noch an das arme schöne Mädchen, das ihn liebte, und es*

любила его и очень пожалел, что ушёл от неё. Скоро люди прекратили эту глупую войну против бедных инопланетян. Они уничтожили все свои звездолёты и лазеры и сообщили инопланетянам, что люди никогда снова не начнут войну против них. Люди сказали, что они хотят быть друзьями инопланетян. Юлия очень обрадовалась, когда услышала об этом. Затем она включила телевизор и продолжила смотреть удивительный мексиканский сериал.
Паша: Из-за того, что люди уничтожили свои собственные радары, никто не знал, что звездолёты инопланетян подошли очень близко к Земле. Тысячи инопланетных лазеров ударили в Землю и за одну секунду убили бедную глупую Юлию и пять миллиардов людей. Земля была уничтожена и её куски разлетелись в космосе.
«Как я вижу, вы подошли к концу до того, как кончилось ваше время,» улыбнулся господин Соколов, «Ну что же, урок окончен. Давайте прочитаем и поговорим об этой композиции во время следующего урока.»

*tat ihm sehr leid, dass er sie verlassen hatte. Kurz darauf beendeten die Menschen den dummen Krieg gegen die armen Außerirdischen. Sie zerstörten alle ihre eigenen Raumschiffe und Laser und informierten die Außerirdischen, dass die Menschen nie wieder einen Krieg gegen sie beginnen würden. Die Menschen sagten, sie wollten Freunde der Außerirdischen sein. Julia war sehr froh, als sie davon hörte. Dann machte sie den Fernseher an und schaute eine tolle deutsche Serie weiter.
Pascha: Da die Menschen ihre eigenen Radare und Laser zerstört hatten, wusste niemand, dass Raumschiffe der Außerirdischen der Erde sehr nahe kamen. Tausende Laser der Außerirdischen trafen die Erde und töten die arme, dumme Julia und fünf Billionen Menschen in einer Sekunde. Die Erde war zerstört und ihre Teile flogen in den Weltraum hinaus.
"Wie ich sehe, habt ihr euren Text fertig, bevor die Zeit um ist", sagte Herr Sokolov lächelnd. "Gut, der Unterricht ist vorbei. Lasst uns das nächste Mal diese Gruppenarbeit lesen und darüber sprechen."*

C

Um die Haltung zu einer Handlung mitzuteilen können Sie die Verben рад *(sich freuen)*, уверен *(sicher sein)*, должен *(sollen, müssen)*, готов *(bereit sein)*, надо / нужно *(müssen)*, мочь *(können)* benutzen. Die Wörter рад, уверен, готов sind eine kurze Form des Adjektivs und sie entsprechen dem Substantiv nach Geschlecht und Zahl.
Он рад *(Er freut sich):* Он рад тебя видеть. *Er freut sich dich zu sehen.*
Она рада *(Sie freut sich):* Она всегда рада хорошим новостям. *Sie freut sich immer über gute Nachrichten.*
Они рады *(Sie freuen sich)* Они рады получить новую работу. *Sie freuen sich über eine neue Arbeit.* .
Он должен *(Er soll, muss):* Он должен купить хлеб. *Er muss Brot kaufen.*
Она должна *(Sie soll, muss)* Она должна пойти в магазин сегодня. *Sie muss heute ins Geschäft gehen.* .
Они должны *(Sie sollen, müssen)* Они должны отправить письма. *Sie sollen heute Briefe senden.*

Он гот_о_в *(Er ist bereit):* Он гот_о_в прийт_и_ в понед_е_льник. *Er ist bereit am Montag zu kommen.*

Он_а_ гот_о_ва *(Sie ist bereit)* Он_а_ гот_о_ва раб_о_тать на выходн_ы_х. *Sie ist bereit am Wochenende zu arbeiten.*

Он_и_ гот_о_вы *(Sie sind bereit)* Он_и_ гот_о_вы чит_а_ть н_о_вую кн_и_гу. *Sie sind bereit das neue Buch zu lesen. .*

Он ув_е_рен *(Er ist sicher):* Он ув_е_рен, что зн_а_ет _э_тот г_о_род хорош_о_. *Er ist sicher, dass er diese Stadt gut kennt.*

Он_а_ ув_е_рена *(Sie ist sicher)* Он_а_ ув_е_рена, что д_е_тям нр_а_вится _э_то каф_е_. *Sie ist sicher, dass dieses Café den Kindern gefällt.*

Он_и_ ув_е_рены *(Sie sind sicher)* Он_и_ ув_е_рены, что Евг_е_ний зах_о_дит в магаз_и_н к_а_ждое _у_тро. *Sie sind sicher, dass Eugen jeden Morgen das Geschäft besucht.*

Bemerkung: Dativ + надо/нужно + Infinitiv, zum Beispiel:

Мне н_у_жно с_е_сть на авт_о_бус н_о_мер пять. *Ich muss den Bus Nummer fünf nehmen.*

Теб_е_ н_у_жно спать б_о_льше. *Du musst mehr schlafen.*

Вам н_у_жно в_ы_пить ч_а_шку гор_я_чего ч_а_я. *Sie müssen eine Tasse heißen Tee trinken.*

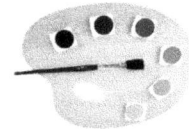

25

Р__о__берт и П__а__ша __и__щут н__о__вую раб__о__ту
Robert und Pascha suchen einen neuen Job

  A

Слов__а__

1. аккур__а__тный - fleissige
2. анк__е__та - der Fragebogen
3. ветерин__а__р - der Tierarzt
4. вид / тип - Art, Typ
5. во то вр__е__мя, как / пок__а__ - während
6. вознагражд__е__ние - die Entlohnung
7. возраж__а__ть - dagegen sein, protestieren
8. в__о__зраст - das Alter
9. врач - der Arzt
10. всл__у__х - laut
11. гр__я__зный - dreckig
12. Г__е__ншер - Genscher (Name)
13. дом__а__шнее жив__о__тное - das Haustier
14. ид__е__я - die Idee
15. инжен__е__р - der Ingenieur
16. иск__у__сство - die Kunst
17. исп__а__нский - spanische
18. ковёр - der Teppich
19. консульт__а__ция - die Beratung
20. котёнок - das Kätzchen
21. кр__ы__са - die Ratte

22. л_и_дер - der Führer
23. л_и_чный - persönlich
24. м_е_тод - die Methode
25. мечт_а_ - der Traum; мечт_а_ть - träumen
26. монот_о_нный - monoton
27. нашёл - gefunden
28. обсл_у_живать - bedienen
29. объявл_е_ние - das Inserat
30. оц_е_нивать - beurteilen
31. перев_о_дчик - der Übersetzer
32. перев_о_рачивать (стран_и_цу) - durchblättern
33. пис_а_тель - der Schriftsteller
34. пр_е_жде чем - bevor
35. прив_е_тствовать - grüssen
36. прир_о_да - die Natur
37. (про)анализ_и_ровать - analysieren
38. программ_и_ст - der Programmierer
39. разреш_и_ть / разреш_а_ть - erlauben, gestatten
40. разъезж_а_ть - reisen
41. рекомендов_а_ть - empfehlen, рекоменд_а_ция - die Empfehlung
42. р_у_брика - die Rubrik
43. сос_е_д - der Nachbar
44. спани_е_ль - der Spaniel
45. спос_о_бность / одарённость - die Begabung
46. ф_е_рмер - der Bauer
47. х_и_трый - schlau
48. худ_о_жник - der Künstler
49. щен_о_к - der Welpe

B

Р_о_берт и П_а_ша _и_щут н_о_вую раб_о_ту

Р_о_берт и П_а_ша д_о_ма у П_а_ши. П_а_ша убир_а_ет стол п_о_сле з_а_втрака, а Р_о_берт чит_а_ет рекл_а_му и объявл_е_ния в газ_е_те. Он чит_а_ет р_у_брику «Жив_о_тные». _А_ня, сестр_а_ П_а_ши, т_о_же в к_о_мнате. Он_а_ пыт_а_ется пойм_а_ть к_о_шку, кот_о_рая пр_я_чется под кров_а_тью.
«Так мн_о_го беспл_а_тных жив_о_тных в газ_е_те. Я н_а_верное в_ы_беру к_о_шку _и_ли соб_а_ку. П_а_ша, как ты д_у_маешь?» спр_а_шивает Р_о_берт П_а_шу. «_А_ня, не доним_а_й к_о_шку!», говор_и_т П_а_ша серд_и_то, «Что-же Р_о_берт, _э_то неплох_а_я ид_е_я. Твой люб_и_мец всегд_а_ б_у_дет ждать теб_я_ д_о_ма. Он б_у_дет так рад, когд_а_ ты б_у_дешь возвращ_а_ться дом_о_й и дав_а_ть ем_у_ ед_у_. И не забыв_а_й, что ты д_о_лжен б_у_дешь гул_я_ть со сво_и_м люб_и_мцем по утр_а_м и вечер_а_м _и_ли ч_и_стить его_о_ кор_о_бку. Иногд_а_ теб_е_ придётся ч_и_стить ковёр _и_ли воз_и_ть своего_о_ люб_и_мца к ветерин_а_ру. По_э_тому под_у_май хорошен_ь_ко пр_е_жде чем брать жив_о_тное.»
«Вот, здесь есть н_е_сколько объявл_е_ний.

Robert und Pascha suchen einen neuen Job

Robert und Pascha sind bei Pascha zuhause. Pascha macht den Tisch nach dem Frühstück sauber und Robert liest Anzeigen und Inserate in der Zeitung. Er liest die Rubrik "Tiere". Paschas Schwester Ania ist auch im Zimmer. Sie versucht, die Katze, die sich unterm Bett versteckt, zu fangen. "Es gibt so viele kostenlose Tiere in der Zeitung. Ich denke, ich werde mir eine Katze oder einen Hund aussuchen. Was meinst du, Pascha?" fragt Robert Pascha. "Ania, hör auf, die Katze zu ärgern", sagt Pascha wütend. "Na ja, Robert, das ist keine schlechte Idee. Dein Haustier wartet immer zuhause auf dich und ist so glücklich, wenn du nach Hause kommst und ihm Futter gibst. Und vergiss nicht, dass du morgens und abends mit deinem Tier Gassi gehen oder seine Kiste sauber machen musst. Manchmal musst du den Boden putzen oder mit dem Tier zum Tierarzt gehen. Also, denk gut darüber nach, bevor du dir ein Haustier anschaffst."

Послушай,» говорит Роберт и начинает читать вслух.
«Найдена грязная белая собака, выглядит как крыса. Наверное долго жила на улице. Отдам за вознаграждение.»
Вот ещё одно:
«Испанская овчарка, говорит на испанском. Отдам бесплатно. И бесплатные щенки наполовину спаниель и наполовину хитрая соседская собака,»
Роберт смотрит на Пашу, «Как собака может говорить на испанском?»
«Она наверное понимает испанский. Ты понимаешь по-испански?» спрашивает Паша улыбаясь.
«Я не понимаю по-испански. Послушай, вот ещё одно объявление:»
«Отдам бесплатно фермерских котят. Готовы есть. Будут есть всё.»
Роберт переворачивает страницу, «Ладно, я думаю животные могут подождать. Лучше я поищу работу,» он находит рубрику о работе и читает вслух,
«Вы ищете подходящую работу? Приходите в трудовую консультацию «Подходящий персонал» и получите профессиональную помощь. Наш консультант проанализирует Ваши личные способности и порекомендует Вам наиболее подходящую работу,»
Роберт поднимает взгляд и говорит: «Паша, что ты думаешь?»
«Подходящая работа для вас - это мыть грузовик в море и пускать его поплавать,» говорит Аня и быстро выбегает из комнаты.
«Это неплохая идея. Пошли прямо сейчас,» говорит Паша и аккуратно вынимает кошку из чайника, куда Аня посадила животное минуту назад.
Роберт и Паша приезжают в трудовую консультацию «Подходящий персонал» на своих велосипедах. Очереди нет, поэтому они входят прямо вовнутрь. Там находятся две женщины. Одна из них говорит по

"Also, hier sind ein paar Anzeigen. Hör zu", sagt Robert und beginnt, laut vorzulesen:
"Habe einen dreckigen, weißen Hund gefunden, schaut aus wie eine Ratte. Hat vielleicht lange auf der Straße gelebt. Ich gebe ihn für Geld her."
Und hier noch eine:
"Spanischer Hund, spricht Spanisch. Gebe ihn kostenlos ab. Und kostenlose Welpen, halb Spaniel, halb schlauer Nachbarshund."
Robert schaut Pascha an: "Wie kann ein Hund Spanisch sprechen?"
"Ein Hund kann Spanisch verstehen. Verstehst du Spanisch?" fragt Pascha grinsend.
"Ich verstehe kein Spanisch. Hör zu, hier ist noch eine Anzeige:
Gebe kostenlos Kätzchen vom Bauernhof her. Fertig zum Essen. Sie essen alles."
Robert blättert die Zeitung um. "Na gut, ich denke, Tiere können warten. Ich suche besser einen Job." Er findet die Stellenanzeigen und liest laut:
"Suchen Sie nach einem passenden Job? Die Arbeitsvermittlung "Passende Mitarbeiter" kann Ihnen helfen. Unsere Berater beurteilen ihre persönliche Begabung und erstellen Ihnen eine Empfehlung für den passendsten Beruf."
Robert schaut auf und sagt: "Was meinst du, Pascha?"
"Der beste Job für euch ist, einen Laster im Meer zu waschen und ihn wegschwimmen zu lassen", sagt Ania und rennt dann schnell aus dem Zimmer.
"Keine schlechte Idee. Lass uns gleich gehen", antwortet Pascha und holt vorsichtig die Katze aus dem Kessel, in den Ania sie kurz zuvor gelegt hatte.
Robert und Pascha fahren mit dem Fahrrad zur Arbeitsvermittlung "Passende Mitarbeiter". Es gibt keine Schlange und sie gehen hinein. Zwei Frauen sind da. Eine von ihnen telefoniert. Die andere schreibt etwas. Sie bittet Robert und

телефону. Другая женщина что-то пишет. Она приветствует Роберта и Пашу и просит их присесть. Её имя Дарья Аккуратнова. Она спрашивает их имена и возраст.

«Ну что же, позвольте мне объяснить метод, который мы используем. Имеется пять видов профессий.

1. Первый вид - это человек - природа. Профессии: фермер, работник зоопарка и так далее.
2. Второй вид - это человек - машина. Профессии: пилот, водитель такси, водитель грузовика и так далее.
3. Третий вид - это человек - человек. Профессии: врач, учитель, журналист и так далее.
4. Четвёртый вид - это человек - вычислительные системы. Профессии: переводчик, инженер, программист и так далее.
5. Пятый вид - это человек - искусство. Профессии: писатель, художник, певец и так далее.

Мы даём советы о подходящей профессии только тогда, когда узнаем о вас побольше. Прежде всего разрешите проанализировать ваши личные способности. Я должна знать что вам нравится и что не нравится. Тогда мы узнаем какой вид профессии вам наиболее подходит. Теперь, пожалуйста, заполните, вопросник,» говорит госпожа Аккуратнова и даёт им вопросники. Паша и Роберт заполняют вопросники.

Вопросник
Имя: Павел Вадимович Колобоков
Смотреть за машинами - Не возражаю
Разговаривать с людьми - Мне нравится
Обслуживать клиентов - Не возражаю
Водить автомобили - Мне нравится
Работать в помещении - Мне нравится
Работать на улице - Мне нравится
Много запоминать - Не возражаю
Путешествовать - Мне нравится

Pascha, Platz zu nehmen. Sie heißt Frau Daria Akkuratnova. Sie fragt sie nach ihren Namen und ihrem Alter.

"Gut, lasst mich euch die Methode, nach der wir arbeiten, erklären. Schaut, es gibt fünf Berufskategorien:

1. Die Erste ist Mensch - Natur. Berufe: Sokolov, Tierpfleger usw.

2. Die Zweite ist Mensch - Maschine. Berufe: Pilot, Taxifahrer, Lastwagenfahrer usw.

3. Die Dritte ist Mensch - Mensch. Berufe: Arzt, Lehrer, Journalist usw.

4. Die Vierte ist Mensch - Computer. Berufe: Übersetzer, Ingenieur, Programmierer usw.

5. Die Fünfte ist Mensch - Kunst. Berufe: Schriftsteller, Künstler, Sänger usw.

Wir erstellen Empfehlungen für passende Berufe erst, wenn wir euch besser kennengelernt haben. Lasst mich zuerst eure persönlichen Begabungen beurteilen. Ich muss wissen, was ihr mögt und was ihr nicht mögt. Dann wissen wir, welcher Beruf am besten zu euch passt. Füllt jetzt bitte den Fragebogen aus", sagt Frau Akkuratnova und gibt ihnen die Fragebögen. Pascha und Robert füllen die Fragebögen aus.

Fragebogen
*Name: Pavel Wadimowitsch Kolobokov
Maschinen beobachten - Habe ich nichts dagegen
Mit Menschen sprechen - Mag ich
Kunden bedienen - Habe ich nichts dagegen
Autos, Lastwagen fahren - Mag ich
Im Büro arbeiten - Mag ich
Draußen arbeiten - Mag ich
Mir viel merken - Habe ich nichts dagegen
Reisen - Mag ich*

Оценивать, проверять - Мне не нравится
Грязная работа - Не возражаю
Монотонная работа - Мне не нравится
Тяжёлая работа - Не возражаю
Быть лидером - Не возражаю
Работать в команде - Не возражаю
Мечтать во время работы - Мне нравится
Тренироваться - Не возражаю
Выполнять творческую - Мне нравится работу
Работать с текстами - Мне нравится

Вопросник
Имя: Роберт Геншер

Смотреть за машинами - Не возражаю
Разговаривать с людьми - Мне нравится
Обслуживать клиентов - Не возражаю
Водить автомобили - Не возражаю
Работать в помещении - Мне нравится
Работать на улице - Мне нравится
Много запоминать - Не возражаю
Путешествовать - Мне нравится
Оценивать, проверять - Не возражаю
Грязная работа - Не возражаю
Монотонная работа - Мне не нравится
Тяжёлая работа - Не возражаю
Быть лидером - Мне не нравится
Работать в команде - Мне нравится
Мечтать во время работы - Мне нравится
Тренироваться - Не возражаю
Выполнять творческую - Мне нравится работу
Работать с текстами - Мне нравится

Bewerten, kontrollieren - Hasse ich
Dreckige Arbeit - Habe ich nichts dagegen
Monotone Arbeit - Hasse ich
Schwere Arbeit - Habe ich nichts dagegen
Führer sein - Habe ich nichts dagegen
In der Gruppe arbeiten - Habe ich nichts dagegen
Während der Arbeit träumen - Mag ich
Trainieren - Habe ich nichts dagegen
Kreative Arbeit - Mag ich
Mit Texten arbeiten - Mag ich

Fragebogen
Name: Robert Genscher

Maschinen beobachten - Habe ich nichts dagegen
Mit Menschen sprechen - Mag ich
Kunden bedienen - Habe ich nichts dagegen
Autos, Lastwagen fahren - Habe ich nichts dagegen
Im Büro arbeiten - Mag ich
Draußen arbeiten - Mag ich
Mir viel merken - Habe ich nichts dagegen
Reisen - Mag ich
Bewerten, kontrollieren - Habe ich nichts dagegen
Dreckige Arbeit - Habe ich nichts dagegen
Monotone Arbeit - Hasse ich
Schwere Arbeit - Habe ich nichts dagegen
Führer sein - Hasse ich
In der Gruppe arbeiten - Mag ich
Während der Arbeit träumen
Trainieren - Habe ich nichts dagegen
Kreative Arbeit - Mag ich
Mit Texten arbeiten - Mag ich

C

Konjugation des Verbs Бежать

Infinitiv: бежать *(laufen)*
Я бегу *(Ich laufe)*
Ты бежишь *(Du läufst)*
Он, она, оно бежит *(Er, sie, es läuft)*
Мы бежим *(wir laufen)*
Вы/вы бежите *(Sie laufen, ihr lauft)*
Они бегут *(Sie laufen)*

Например:

Анна бежит домой, а её друзья бегут в университет. *Anna läuft nach Hause, aber ihre Freunde laufen zur Uni.*

Konjugation des Verbs Сидеть

Infinitiv: сидеть *(sitzen)*

Я сижу *(Ich sitze)*

Ты сидишь *(Du sitzest)*

Он, она, оно сидит *(Er, sie, es sitzt)*

Мы сидим *(wir sitzen)*

Вы/вы сидите *(Sie sitzen, ihr sitzt)*

Они сидят *(Sie sitzen)*

Например:

Ребёнок сидит на маленьком стуле. *Das Kind sitzt auf dem kleinen Stuhl.*

Мы иногда сидим здесь. *Wir sitzen manchmal hier.*

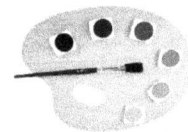

26

Устройство на работу в газету «Санкт Петербург сегодня»
Bewerbung bei der "St Peterburg segodnia"

 A

Слова

1. взял - nahm
2. дал - gab
3. двадцать один - einundzwanzig
4. до свидания - Auf Wiedersehen
5. женат(ый) - verheitatet (ein Mann); замужняя - verheitatet (eine Frau)
6. женский - weiblich
7. заполнить - ausfüllen
8. звёздочка - das Sternchen
9. информация - die Information, die Angabe
10. криминальный - kriminell, преступник - der Verbrecher
11. машина - das Auto
12. мог - könnte
13. мужской - männlich
14. навык(и) - die Fertigkeit(en)
15. национальность - die Nationalität
16. неделя - die Woche
17. Николаевич - Nikolaevich (Vatersname)
18. образование - die Ausbildung
19. одинокий - ledig
20. оставить - verlassen
21. отчество - der Vatersname, der zweite Name
22. оценил - ausgewertet
23. патруль - die Patrouille, die Streife
24. подавать заявление - sich bewerben
25. подчеркнуть - unterstreichen

26. покидать / уходить - verlassen
27. пол - das Geschlecht
28. поле, графа - das Feld
29. полиция - die Polizei
30. полная занятость - Vollzeitarbeit
31. положение - der Stand; семейное положение - der Familienstand
32. прибыл - angekommen
33. пустой / пустая - leer
34. работал - arbeitete, gearbeitet
35. редактор - der Herausgeber, der Redakteur
36. рекомендовал - empfiehl
37. свободно - fließend
38. семнадцать - siebzehn
39. сообщать - berichten
40. раньше - vorher
41. репортёр - der Reporter
42. сопровождать - begleiten
43. спросил - fragte, gefragt
44. стройный - schlank
45. узнал о.. - kennengelernt über..
46. устроить - einrichten; устройство на работу - Arbeitsbewerbung
47. финансы - die Finanzwissenschaft
48. форма, анкета - das Formular
49. частичная занятость - die Teilzeitarbeit

B

Устройство на работу в газету «Санкт Петербург сегодня»

Госпожа Аккуратнова проанализировала ответы Паши и Роберта в вопросниках. Когда она узнала их личные способности, она смогла дать им несколько советов о подходящей профессии. Она сказала, что третий вид профессии наиболее подходящий для них. Они могли бы работать докторами, учителями или журналистами и так далее. Госпожа Аккуратнова посоветовала им устроиться на работу в газету «Санкт Петербург сегодня». Они дают работу с частичной занятостью студентам, которые могли бы составлять полицейские репортажи для криминальной рубрики. Поэтому Роберт и Паша приехали в отдел персонала газеты «Санкт Петербург сегодня» и подали заявления на эту работу.

«Мы сегодня были в трудовой консультации «Подходящий персонал», сказал Паша госпоже Стройновой, которая была руководителем отдела персонала, «Нам посоветовали подать заявления на работу в вашу газету.»

Bewerbung bei der "St Peterburg segodnia"

Frau Akkuratnova wertete Paschas und Roberts Antworten im Fragebogen aus. Indem sie ihre persönlichen Begabungen kennenlernte, konnte sie ihnen Empfehlungen für passende Berufe geben. Sie sagte, dass die dritte Berufskategorie am besten zu ihnen passte. Sie könnten als Arzt, Lehrer oder Journalist arbeiten. Frau Akkuratnova empfahl ihnen, sich um einen Job bei der Zeitung „St Peterburg segodnia" zu bewerben. Die hatte einen Nebenjob für Studenten zu vergeben, die Polizeiberichte in der Rubrik über Verbrechen verfassen konnten. Also gingen Robert und Pascha in die Personalabteilung der Zeitung „St Peterburg segodnia" und bewarben sich um den Job.

„Wir waren heute bei der Arbeitsvermittlung „Passende Mitarbeiter", sagte Pascha zu Frau Stroinova, der Leiterin der Personalabteilung. „Sie haben uns empfohlen, uns bei Ihrer Zeitung zu bewerben."

«Ну что же, вы работали репортёрами раньше?» спросила госпожа Стройнова.
«Нет,» ответил Паша.
«Пожалуйста, заполните эти анкеты личных данных,» сказала госпожа Стройнова и дала им две анкеты. Паша и Роберт заполнили их.

Анкета личных данных
*Вы должны заполнить поля со звёздочкой *.*
Вы можете оставить другие поля незаполненными.

Имя* - Павел
Отчество - Вадимович
Фамилия* - Колобоков
Пол* - (подчеркнуть) Мужской Женский
Возраст* - Двадцать лет
Национальность* - Русский
Семейное положение - (подчеркнуть) Не женат Женат
Адрес* - Улица Щорса 11, Санкт Петербург, Россия
Образование - Я изучаю журналистику на третьем курсе университета
Где Вы работали прежде? - Я работал два месяца рабочим на ферме
Какой опыт и навыки у Вас есть?* - Я умею водить легковой и грузовой автомобиль и могу работать на компьютере.
Языки* (0 - нет, 10 - свободно) - русский - 10, английский - 8
Водительские права* - (подчеркнуть) Нет Да
Тип: ВС, я могу водить грузовики
Вам нужна работа* - (подчеркнуть) Полная занятость Частичная занятость: 15 часов в неделю
Вы хотите зарабатывать - 150 рублей в час

Анкета личных данных
*Вы должны заполнить поля со звёздочкой *.*
Вы можете оставить другие поля незаполненными.

Имя* - Роберт
Отчество -
Фамилия* - Геншер
Пол* - (подчеркнуть) Мужской Женский

„Habt ihr schon als Reporter gearbeitet", fragte Frau Stroinova.
„Nein", antwortete Pascha.
„Füllt bitte diese Formulare mit euren persönlichen Angaben aus", sagte Frau Stroinova und gab ihnen zwei Formulare. Robert und Pascha füllten sie aus.

Persönliche Angaben
*Alle mit einem Sternchen * markierten Felder müssen ausgefüllt werden. Die anderen Felder können leer gelassen werden.*

Vorname* - Pawel
Zweiter Name - Wadimowitsch
Nachname* - Kolobokov
Geschlecht* - (unterstreiche) männlich weiblich
Alter* - Zwanzig
Nationalität* - Russe
Familienstand - (unterstreiche) ledig verheiratet
Adresse* - ul. Schiorsa 11, St Peterburg, Russland
Ausbildung - Ich studiere Journalismus im dritten Jahr an der Universität
Wo haben Sie zuvor gearbeitet? - Ich habe zwei Monate auf einem Bauernhof gearbeitet
Welche Erfahrung und Fähigkeiten haben Sie?* - Ich kann Auto und Lastwagen fahren und mit dem Computer arbeiten.
Sprachen* (0 - nein, 10 - fließend) - Russisch - 10, Englisch - 8
Führerschein* - (unterstreiche) Nein Ja
Typ: BC Kann Lastwagen fahren.
Sie brauchen einen Job* - (unterstreiche) Vollzeit Teilzeit: 15 Stunden die Woche
Sie wollen verdienen - 150 Rubl die Stunde

Persönliche Angaben
*Alle mit einem Sternchen * markierten Felder müssen ausgefüllt werden. Die anderen Felder können leer gelassen werden.*

Vorname* - Robert
Zweiter Name -
Nachname* - Genscher
Geschlecht* - (unterstreiche) männlich

Возраст* - Двадцать один год
Национальность* - Немец
Семейное положение - (подчеркнуть) Не женат Женат
Адрес* - Комната 218, студенческое общежитие, улица Университетская 5, Санкт Петербург, Россия
Образование - Я изучаю компьютерный дизайн на втором курсе университета
Где Вы работали прежде? - Я работал два месяца рабочим на ферме
Какой опыт и навыки у Вас есть?* - Я могу работать на компьютере
Языки* (0 - нет, 10 - свободно) - Немецкий - 10, Русский - 8
Водительские права* - (подчеркнуть) Нет Да
Тип:
Вам нужна работа* - (подчеркнуть) Полная занятость Частичная занятость: 15 часов в неделю
Вы хотите зарабатывать - 150 рублей в час
Госпожа Стройнова отнесла их анкеты личных данных к редактору «Санкт Петербург сегодня».
«Редактор согласен,» сказала госпожа Стройнова, когда вернулась назад, «Вы будете сопровождать полицейский патруль, а затем составлять репортажи в криминальную рубрику. Полицейская машина приедет завтра в семнадцать часов, чтобы взять вас. Будьте здесь в это время, ладно?»
«Конечно,» ответил Роберт.
«Да, мы будем,» сказал Паша, «До свидания.»
«До свидания,» ответила госпожа Стройнова.

weiblich
Alter* - einundzwanzig
Nationalität* - Deutscher
Familienstand - (unterstreiche) ledig verheiratet
Adresse* - Zimmer 218, Studentenwohnheim, ul. Universitetskaya 5, St Peterburg, Russland
Ausbildung - Ich studiere Computerdesign im zweiten Jahr an der Universität
Wo haben Sie zuvor gearbeitet? - Ich habe zwei Monate auf einem Bauernhof gearbeitet
Welche Erfahrung und Fähigkeiten haben Sie?* - Ich kann mit dem Computer umgehen
Sprachen* (0 - nein, 10 - fließend) - Deutsch - 10, Russisch - 8
Führerschein* - (unterstreiche) Nein Ja
Typ:
Sie brauchen einen Job* - (unterstreiche) Vollzeit Teilzeit: 15 Stunden die Woche
Sie wollen verdienen - 150 Rubl die Stunde
Frau Stroinova brachte die Formulare mit ihren persönlichen Angaben zum Herausgeber der „St Peterburg segodnia".
„Der Herausgeber ist einverstanden", sagte Frau Stroinova, als sie zurückkam. „Ihr begleitet eine Polizeistreife und schreibt dann Berichte für die Kriminalrubrik. Morgen um 17 Uhr werdet ihr von einem Polizeiauto abgeholt. Seid pünktlich da, ok?"
„Klar", antwortete Robert.
„Ja, wir werden pünktlich sein", sagte Pascha. „Auf Wiedersehen".
„Auf Wiedersehen", antwortete Frau Stroinova.

 C

Konjugation des Verbs Есть

Infinitiv: есть *(essen)*
Я ем *(Ich esse)*
Ты ешь *(Du isst)*

Он, она, оно ест *(Er, sie, es isst)*
Мы едим *(wir essen)*
Вы/вы едите *(Sie essen, ihr esst)*
Они едят *(Sie essen)*
Например:
Лена ест обычно на кухне. *Lena isst üblicherweise in der Küche.*
Мы иногда едим в кафе. *Wie essen manchmal im Cafè.*

Konjugation des Verbs Пить

Infinitiv: пить *(trinken)*
Я пью *(Ich trinke)*
Ты пьёшь *(Du trinkst)*
Он, она, оно пьёт *(Er, sie, es trinkt)*
Мы пьём *(wir trinken)*
Вы/вы пьёте *(Sie trinken, ihr trinkt)*
Они пьют *(Sie trinken)*
Например:
Они пьют холодную воду, а моя сестра пьёт горячий чай.
Sie trinken kaltes Wasser, aber meine Schwester trinkt heißen Tee.

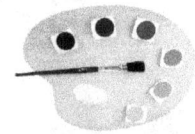

27

Полицейский патруль (часть 1)
Die Polizeistreife (Teil 1)

A

Слова

1. вёл, ехал - fuhr
2. витрина - das Schaufenster
3. вокруг - umher
4. вор - der Dieb, воры - die Diebe
5. все, каждый - alle
6. встретил - getroffen, traf, kennengelernt
7. высокий, высоко - hoch
8. грабитель - der Räber; ограбление - der Diebstahl
9. две тысячи сто двадцать - zweitausendeinhundertzwanzig
10. двести - zweihundert
11. делал - machte
12. ждал - wartete
13. завёл - machte an (den Motor); поехал - fuhr los
14. завывая - heulend
15. закрыл - schloss; закрытый - geschlossen

16. (за)лаял - bellte
17. испуганный - ängstlich
18. квитанция - die Quittung
19. ключ - der Schlüssel
20. крикнул - gerufen, rief
21. микрофон - das Mikrofon
22. полиция - die Polizei
23. полицейский - der Polizist
24. нажал ногой - trat
25. наручники - die Handschellen
26. ограничение, лимит - die Begrenzung
27. оружие - die Waffe
28. открыл - öffnete
29. офицер - der Polizist
30. погоня - die Verfolgung
31. подниматься - aufstehen
32. показал - zeigte
33. понял - verstanden, verstand
34. пристёгивать - anschnallen
35. проклятье - verdammt
36. (про)нёсся - raste
37. пытался - versuchte
38. ремни безопасности - der Sicherheitsgurt
39. сержант - der Polizeihauptmeister
40. сирена - die Sirene
41. скорость - die Geschwindigkeit; нарушитель - der Raser,
42. сопровождал - begleitet, begleitete
43. спрятался - versteckte
44. сто - hundert
45. строгий - strenge
46. сушить - trocknen; сухой - trocken
47. тревога - der Alarm
48. цена - der Preis

B

Полицейский патруль (часть 1)

Роберт и Паша приехали к зданию газеты «Санкт Петербург сегодня» на следующий день в семнадцать часов. Полицейская машина уже ждала их. Полицейский вышел из машины.
«Здравствуйте. Я сержант Игорь Строгов,» сказал он, когда Паша и Роберт подошли к машине.
«Здравствуйте. Рад познакомиться. Меня зовут Роберт. Мы должны сопровождать Вас,» ответил Роберт.
«Здравствуйте. Я Паша. Вы давно нас ждёте?» спросил Паша.
«Нет. Я только что сюда прибыл. Давайте сядем в машину. Теперь мы начинаем городское патрулирование,» сказал полицейский. Они все сели в полицейскую машину.
«Вы в первый раз сопровождаете полицейский патруль?» спросил сержант

Die Polizeistreife (Teil 1)

Am nächsten Tagen kamen Robert und Pascha um siebzehn Uhr zum Gebäude der Zeitung „St Peterburg segodnia". Das Polizeiauto wartete schon auf sie. Ein Polizist stieg aus dem Auto aus.

„Hallo. Ich bin Polizeihauptmeister Igor Strogov", sagte er, als Pascha und Robert zum Auto kamen.
"Hallo, schön, Sie kennenzulernen. Ich heiße Robert. Wir sollen Sie heute begleiten", antwortete Robert.
„Hallo, ich bin Pascha. Haben Sie schon lange auf uns gewartet?" fragte Pascha.
„Nein, ich bin gerade erst gekommen. Lasst uns einsteigen. Wir fangen jetzt mit der Streife in der Stadt an", sagte der Polizist. Sie stiegen alles ins Polizeiauto.
„Begleitet ihr zum ersten Mal eine Polizeistreife", fragte Polizeihauptmeister Strogov und machte den Motor an.

Строгов, заводя двигатель.

«Мы никогда прежде не сопровождали полицейский патруль,» ответил Паша.

В этот момент полицейское радио начало говорить: «Внимание П11 и П07! Синий автомобиль едет на высокой скорости по улице Университетская.»

«П07 принял,» сказал сержант Строгов в микрофон. Затем он сказал парням: «Номер нашего автомобиля П07.» Большой синий автомобиль проехал мимо на высокой скорости. Игорь Строгов снова взял микрофон и сказал: «Говорит П07. Вижу нарушающий синий автомобиль. Начинаю погоню,» затем он сказал парням, «Пристегните свои ремни безопасности.» Полицейская машина быстро стартовала. Сержант нажал газ до конца и включил сирену. Они поехали на высокой скорости с воющей сиреной мимо зданий, машин, автобусов. Игорь Строгов заставил синюю машину остановиться. Сержант вышел из машины и пошёл к нарушителю. Паша и Роберт пошли за ним.

«Служащий милиции Игорь Строгов. Покажите Ваши водительские права, пожалуйста,» сказал полицейский нарушителю.

«Вот мои водительские права,» водитель показал свои водительские права, «А в чём дело?» сказал он сердито.

«Вы ехали по городу на скорости сто двадцать километров в час. Ограничение скорости - шестьдесят,» сказал сержант.

«А, это. Видите, я только что помыл свою машину. Поэтому я ехал немного побыстрее, чтобы просушить её,» сказал человек с хитрой улыбкой.

«Сколько стоит помыть машину?» спросил полицейский.

«Не много. Это стоит сто двадцать рублей,» сказал нарушитель.

«Вы не знаете цен,» сказал сержант Строгов,

„Wir haben noch nie eine Polizeistreife begleitet", antwortete Pascha.

In diesem Moment meldete sich der Polizeifunk: „Achtung P11 und P07! Ein blaues Auto fährt zu schnell auf der Universitätsstraße."

"P07 ist dran", sagte Polizeihauptmeister Strogov ins Mikrofon. Dann sagte er zu den Jungs: "Die Nummer unseres Autos ist P07." Ein großes blaues Auto raste mit hoher Geschwindigkeit an ihnen vorbei. Igor Strogov nahm das Mikrofon und sagte: „Hier spricht P07. Ich sehe das rasende Auto. Nehme die Verfolgung auf". Dann sagte er zu den Jungs: „Bitte anschnallen!" Das Polizeiauto fuhr schnell los. Der Polizeihauptmeister trat das Gaspedal voll durch und machte die Sirene an. Mit heulender Sirene rasten sie an Gebäuden, Autos und Bussen vorbei. Igor Strogov brachte das blaue Auto zum Anhalten. Der Polizeihauptmeister stieg aus dem Auto aus und ging zu dem Raser. Pascha und Robert gingen ihm nach.

„Ich bin Polizeibeamter Igor Strogov. Zeigen Sie mir bitte Ihren Führerschein", sagte der Polizist zu dem Raser.

„Hier ist mein Führerschein", der Fahrer zeigte seinen Führerschein. „Was ist los?" fragte er wütend.

„Sie sind mit hundertzwanzig km/h durch die Stadt gefahren. Die Geschwindigkeitsbegrenzung ist fünfzig", sagte der Polizeihauptmeister.

„Ach so, das. Wissen Sie, ich habe gerade mein Auto gewaschen. Ich bin ein bisschen schneller gefahren, damit es trocknet", sagte der Mann mit einem schlauen Grinsen.

„Ist es teuer, Ihr Auto zu waschen?" fragte der Polizist.

„Nein. Es kostet einhundertzwanzig Rubl", sagte der Raser.

"Sie kennen die Preise nicht", sagte Polizeihauptmeister Strogov. „In Wirklichkeit kostet es Sie

«Это в действительности стоит две тысячи сто двадцать рублей. Потому что Вы заплатите две тысячи рублей за сушку машины. Вот квитанция. Приятного дня,» сказал полицейский. Он отдал штрафную квитанцию на две тысячи рублей и водительские права нарушителю и пошёл назад к полицейской машине.

«Игорь, я полагаю у Вас большой опыт с нарушителями, не так ли?» спросил Паша полицейского.

«Я много их встречаю,» сказал Игорь, заводя двигатель, «Вначале они выглядят как сердитые тигры или хитрые лисы. Но после того, как я поговорю с ними, они выглядят как испуганные котята или глупые обезьяны. Как тот в синей машине.»

Тем временем по улице недалеко от городского парка медленно ехал маленький белый легковой автомобиль. Автомобиль остановился напротив магазина. Мужчина и женщина вышли из машины и подошли к магазину. Он был закрыт. Мужчина посмотрел вокруг. Затем он быстро достал несколько ключей и попытался открыть замок. Наконец он открыл его и они вошли вовнутрь.

«Смотри! Здесь так много платьев!» сказала женщина. Она достала большую сумку и начала всё туда ложить. Когда сумка была полна, она отнесла её к автомобилю и пришла обратно.

«Бери всё быстро! О-о! Какая великолепная шляпа!» сказал мужчина. Он взял с витрины магазина большую чёрную шляпу и одел её.

«Посмотри на это красное платье! Оно мне так нравится!» сказала женщина и быстро одела красное платье. У неё больше не было сумок. Поэтому она взяла побольше вещей в руки, выбежала наружу и бросила их на автомобиль. Затем она побежала вовнутрь, чтобы принести ещё вещей.

zweitausendeinhundertzwanzig Rubl, denn Sie werden zweitausend Rubl fürs Trocknen zahlen. Hier ist der Strafzettel. Einen schönen Tag noch", sagte der Polizist. Er gab dem Raser einen Strafzettel für Geschwindigkeitsüberschreitung über 2000 Rubl und seinen Führerschein und ging zurück zum Polizeiauto.

„Igor, du hast viel Erfahrung mit Rasern, nicht wahr?" fragte Pascha den Polizisten.

„Ich habe schon viele kennengelernt", sagte Igor und machte den Motor an. „Zu erst sehen sie wie wütende Tiger oder schlaue Füchse aus. Aber nachdem ich mit ihnen gesprochen habe, sehen sie wie ängstliche Kätzchen oder dumme Affen aus. Wie der im blauen Auto."

In der Zwischenzeit fuhr ein kleines, weißes Auto nicht weit vom Stadtpark langsam die Straße entlang. Das Auto hielt in der Nähe eines Ladens. Ein Mann und eine Frau stiegen aus und gingen zu dem Laden. Er war geschlossen. Der Mann sah sich um. Dann holte er schnell einige Schlüssel hervor und versuchte, die Tür zu öffnen. Schließlich öffnete er sie und sie gingen hinein.

„Schau, so viele Kleider", sagte die Frau. Sie holte eine große Tasche hervor und begann, alles hineinzupacken. Als die Tasche voll war, brachte sie sie zum Auto und kam zurück.

„Nimm schnell alles! Oh! Was für ein schöner Hut!" sagte der Mann. Er nahm einen großen schwarzen Hut aus dem Schaufenster und zog ihn auf.

„Schau dir dieses rote Kleid an! Das finde ich toll!" sagte die Frau und zog schnell das rote Kleid an. Sie hatte keine Taschen mehr. Deswegen nahm sie mehr Sachen in die Hände, rannte nach draußen und packte sie ins Auto. Dann rannte sie nach drinnen, um noch mehr Dinge zu holen. Das Polizeiauto P07 fuhr gerade langsam

Полицейский автомобиль П07 медленно ехал вдоль городского парка, когда радио заговорило: «Внимание всем патрульным машинам. Мы получили сигнал об ограблении из магазина возле городского парка. Адрес магазина улица Парковая 72.»

«П07 принял,» сказал Игорь в микрофон, «Я нахожусь очень близко к этому месту. Направляюсь туда.» Они нашли магазин очень быстро и подъехали к белому автомобилю. Затем они вышли из машины и спрятались за ней. Женщина в новом красном платье выбежала из магазина. Она бросила несколько платьев на полицейскую машину и побежала обратно в магазин. Женщина сделала это очень быстро. Она даже не заметила, что это была полицейская машина!

«Проклятье! Я забыл свой пистолет в полицейском участке!» сказал Игорь. Роберт и Паша посмотрели на сержанта Стрикта, а затем удивлённо друг на друга. Полицейский был так сконфужен, что Роберт и Паша поняли - они должны помочь ему. Женщина снова выбежала из магазина, бросила несколько платьев на полицейскую машину и побежала обратно. Тогда Паша сказал Игорю: «Мы можем притвориться, что у нас есть оружие.»

«Давайте так и сделаем,» ответил Игорь, «Но вы не поднимайтесь. У воров может быть оружие,» сказал он и затем крикнул, «Говорит полиция! Все, кто находится внутри магазина! Поднимите руки и медленно выходите из магазина по одному!» Они подождали минуту. Никто не вышел. Затем у Роберта появилась идея.

«Если вы сейчас не выйдете, то мы спустим на вас полицейскую собаку!» крикнул он и затем залаял, как большая сердитая собака. Воры сразу выбежали с поднятыми руками. Игорь быстро одел на них наручники и отвёл к полицейской машине. Затем он сказал Роберту: «Это была отличная идея

den Stadtpark entlang, als sich der Funk meldete: „Achtung, alle Einheiten. Wir haben einen Einbruchsalarm aus einem Laden in der Nähe des Stadtparks. Die Adresse des Ladens ist Parkstraße 72."

„P07 ist dran", sagte Igor ins Mikro. „Ich bin ganz in der Nähe. Fahre dorthin." Sie hatten den Laden schnell gefunden und fuhren zu dem weißen Auto. Dann stiegen sie aus dem Auto aus und versteckten sich dahinter. Die Frau im roten Kleid kam aus dem Laden gerannt. Sie legte einige Kleider auf das Polizeiauto und rannte zurück in den Laden. Die Frau tat das sehr schnell. Sie sah nicht, dass es ein Polizeiauto war.

„Verdammt! Ich habe meine Waffe auf der Polizeiwache vergessen!" sagte Igor. Robert und Pascha sahen Polizeihauptmeister Strogov und dann einander überrascht an. Der Polizist war so verwirrt, dass Pascha und Robert verstanden, dass er Hilfe brauchte. Die Frau rannte wieder aus dem Laden, legte Kleider auf das Polizeiauto und rannte zurück. Dann sagte Pascha zu Igor: „Wir können so tun, als ob wir Waffen haben."

„Lasst uns das machen", antwortete Igor. „Aber ihr steht nicht auf. Die Diebe haben vielleicht Waffen", sagte er und rief dann: „Hier spricht die Polizei! Alle, die im Laden sind, heben ihre Hände und kommen langsam einer nach dem anderen aus dem Laden!" Sie warteten eine Minute. Niemand kam. Dann hatte Robert eine Idee.

"Wenn ihr nicht rauskommt, hetzen wir den Polizeihund auf euch!" rief er und bellte wie ein großer, wütender Hund. Die Diebe kamen sofort mit erhobenen Händen herausgerannt. Igor legte ihnen schnell Handschellen an und brachte sie ins Polizeiauto. Dann sagte er zu Robert: „Das war eine gute Idee, so zu tun, als ob

притвориться, что у нас есть собака! Видишь ли, я уже забывал свой пистолет два раза. Если узнают, что я забыл его в третий раз, меня могут уволить или заставить делать офисную работу. Вы не скажете об этом, хорошо?»

«Конечно нет!» сказал Роберт.

«Никогда,» сказал Паша.

«Большое спасибо за помощь, парни!» Игорь крепко пожал им руки.

wir einen Hund hätten. Weißt du, ich habe meine Waffe schon zweimal vergessen. Wenn sie herausfinden, dass ich sie zum dritten Mal vergessen habe, feuern sie mich vielleicht oder lassen mich Büroarbeit machen. Ihr erzählt es doch niemandem, oder?"

„Natürlich nicht!" sagte Robert.

„Nie", sagte Pascha.

„Vielen dank für eure Hilfe, Jungs!" Igor schüttelte ihnen heftig die Hand.

Die Zeit mitteilen

Es gibt einige Methoden über die Zeit zu fragen:

Сколько времени? *(Wie spät ist es?)*
Который час? *(Wie spät ist es?)*
Скажите, пожалуйста, сколько времени? *Sagen Sie, bitte, wie spät es ist?*
Извините, Вы не скажете который час? *Entschuldigen, können Sie, bitte, sagen, wie spät es ist?*
Сейчас час. *Es ist ein Uhr.*
Сейчас два часа. *Es ist zwei Uhr.*
Сейчас три часа. *Es ist drei Uhr.*
Сейчас четыре часа. *Es ist vier Uhr.*
Сейчас пять часов. *Es ist fünf Uhr.*
Сейчас шесть часов. *Es ist sechs Uhr.*
Сейчас семь часов. *Es ist sieben Uhr.*
Сейчас восемь часов. *Es ist acht Uhr.*
Сейчас девять часов. *Es ist neun Uhr.*
Сейчас десять часов. *Es ist zehn Uhr.*
Сейчас одиннадцать часов. *Es ist elf Uhr.*
Сейчас двенадцать часов. *Es ist zwölf Uhr.*
Анна придёт в семь часов. *Anna kommt um sieben Uhr.*
Евгений встаёт в четыре часа. *Eugen steht um vier Uhr auf.*
Минуты:
одна минута *(eine Minute)*
две минуты *(zwei Minuten)*
три минуты *(drei Minuten)*
четыре минуты *(vier Minuten)*
пять минут *(fünf Minuten)*
шесть минут *(sechs Minuten)*
десять минут *(zehn Minuten)*
пятнадцать минут *fünfzehn Minuten)*

двадцать минут *(zwanzig Minuten)*

Сейчас пять часов десять минут. *Es ist fünf Uhr und zehn Minuten.*

Мой рабочий день начинается в шесть часов пятнадцать минут. *Mein Arbeitstag beginnt um sechs Uhr und fünfzehn Minuten.*

Wenn bis Beginn der nächsten Stunde weniger als seine halbe Stunde bleibt, sagt man без + restliche Minuten + минуты/минут + die kommende Stunde. Sie dürfen dabei минуты/минут nicht sagen:

Сейчас без десяти (минут) восемь. *Es ist zehn (Minuten) vor acht.*

Сейчас без пятнадцати (минут) одиннадцать. *Es ist fünfzehn (Minuten) vor elf.*

In der Hälfte der Stunde sagt man die Zahl der vergangenen Minuten + минуты/минут + die nächste Stunde. Sie dürfen wieder минуты/минут nicht sagen:

Сейчас пять минут первого. *Es ist fünf (Minuten) nach zwölf.*

Сейчас двадцать три минуты пятого. *Es ist dreiundzwanzig Minuten nach vier.*

Statt тридцать минут kann man sagen половина oder пол- + часа - *halb +Stunde*. Statt пятнадцать минут kann man sagen четверть - *Viertel*:

Сейчас половина второго. *Es ist halb zwei.*

Сейчас пол-седьмого. *Es ist halb sieben.*

Сейчас без четверти десять. *Es ist Viertel vor zehn.*

Сейчас четверть пятого. *Es ist Viertel nach vier.*

28

Полицейский патруль (часть 2)
Die Polizeistreife (Teil 2)

 A

Слова

1. без сознания - bewusstlos
2. видел - sah
3. вчера - gestern
4. выстрелил, подстрелил - schoss; angeschossen
5. гражданин - der Herr
6. ещё - noch
7. засунуть / засовывать - einstecken
8. защищать - beschützen
9. звонил - klingelte
10. Иван - Ivan (Name)
11. извинять - sich entschuldigen; Извините (меня). - Entschuldigen Sie (mich).
12. искренне - offenherzig
13. карман - die Tasche
14. кнопка - der Knopf
15. кто-нибудь (кого-нибудь), кто-то - jemand (jemanden)
16. Кузьма - Kuzma (Name)
17. мадам - die Madame
18. мобильный - das Handy
19. мой - mein
20. мужчины - die Männer

21. набрать / набирать - wählen (am Telefon)
22. нажать / нажимать - drücken
23. наличные деньги - das Bargeld
24. касса - die Kasse; кассир - der Kassierer
25. обычный - gewöhnlich
26. отвернуться - sich abwenden
27. ответил - geantwortet, antwortete
28. открыл - geöffnet, öffnete
29. повернул(-ся) - drehte (sich)
30. принесены(е) - gebracht
31. пропал - weg sein
32. разбить - zerbrechen
33. редко - selten
34. рикошетом - abprallen
35. сейф - der Tresor
36. стекло - das Glas
37. тайком - heimlich
38. твой / Ваш - dein / Ihr
39. телефон - das Telefon
40. звонить - anrufen
41. товарищ - comrade
42. тоже - auch
43. торговый центр - das Einkaufszentrum
44. украденный - gestohlen
45. умный - schlau, klug
46. чей - wessen
47. Экспресс Банк - Express Bank

B

Полицейский патруль (часть 2)

На следующий день Роберт и Паша снова сопровождали Игоря. Они стояли возле большого торгового центра, когда к ним подошла женщина.
«Пожалуйста, не могли бы вы мне помочь?» спросила она.
«Конечно, мадам. Что случилось?» спросил Игорь.
«Мой мобильный телефон исчез. Я думаю, что его украли.»
«Его использовали сегодня?» спросил полицейский.
«Я использовала его перед тем, как вышла из торгового центра,» ответила она.
«Давайте зайдём вовнутрь,» сказал Игорь. Они зашли в торговый центр и осмотрелись. Там было очень много людей.
«Давайте попробуем старый трюк,» сказал Игорь, и взял свой собственный телефон, «Какой номер Вашего телефона?» спросил он женщину. Она сказала и он набрал номер её телефона. Недалеко от них зазвонил мобильный телефон. Они пошли к тому

Die Polizeistreife (Teil 2)

Am nächsten Tag begleiteten Robert und Pascha Igor wieder. Sie standen neben einem großen Einkaufszentrum, als eine Frau zu ihnen kam.
„Können Sie mir bitte helfen?" fragte sie.

„Natürlich. Was ist passiert?" fragte Igor.

"Mein Handy ist weg. Ich glaube, es wurde gestohlen."

"Haben Sie es heute schon benutzt?" fragte der Polizist.
„Ich habe es benutzt, bevor ich das Einkaufszentrum verlassen habe", antwortete die Frau.
„Lasst uns reingehen", sagte Igor. Sie gingen ins Einkaufszentrum und sahen sich um. Viele Leute waren da.
"Lasst uns einen alten Trick versuchen", sagte Igor und holte sein eigenes Handy hervor. „Wie ist Ihre Nummer?" fragte er die Frau. Sie sagte sie ihm und er wählte sie. Nicht weit von ihnen klingelte ein Handy. Sie gingen zu der Stelle, an der es klingelte.

месту, где он звонил. Там была очередь. Какой-то мужчина в очереди посмотрел на полицейского, и затем быстро отвернулся. Полицейский подошёл поближе, внимательно слушая. Телефон звонил в кармане этого мужчины.

«Извините,» сказал Игорь. Мужчина посмотрел на него.
«Извините, Ваш телефон звонит,» сказал Игорь.
«Где?» сказал мужчина.
«Здесь, в Вашем кармане,» сказал Игорь.
«Нет,» сказал человек.
«Да,» сказал Игорь.
«Это не мой,» сказал мужчина.
«Тогда чей телефон звонит в Вашем кармане?» спросил Игорь.
«Я не знаю,» ответил человек.
«Разрешите посмотреть,» сказал Игорь и достал телефон из кармана мужчины.
«О-о, это мой!» воскликнула женщина.
«Возьмите свой телефон, мадам,» сказал Игорь отдавая его ей.
«Разрешите, гражданин?» спросил Игорь и снова засунул руку в карман мужчины. Он достал другой телефон, потом ещё один.
«Они тоже не Ваши?» спросил Игорь человека.
Человек помотал головой, глядя в сторону.
«Какие странные телефоны!» воскликнул Игорь, «Они убегают от своих хозяев и прыгают в карманы этого человека! А теперь они звонят в его карманах, да?»
«Да,» сказал человек.
«Знаете, моя работа - защищать людей. И я буду защищать Вас от них. Садитесь в мою машину и я отвезу Вас в такое место, где ни один телефон не сможет прыгнуть в Ваш карман. Мы едем в полицейский участок,» сказал полицейский. Затем он взял человека под руку и отвёл его к полицейской машине.
«Люблю глупых преступников,» улыбнулся

Dort war eine Schlange. Ein Mann in der Schlange sah den Polizisten an und schaute dann schnell weg. Der Polizist ging näher hin und horchte aufmerksam. Das Handy klingelte in der Tasche des Mannes.

„Entschuldigen Sie", sagte Igor. Der Mann sah ihn an.
"Entschuldigen Sie, Ihr Handy klingelt", sagte Igor.
"Wo?" sagte der Mann.
„Hier, in ihrer Tasche", sagte Igor.
„Nein, es klingelt nicht", sagte der Mann.
„Doch, es klingelt", sagte Igor.
„Das ist nicht meins", sagte der Mann.
„Wessen Telefon klingelt dann in Ihrer Tasche?" fragte Igor.
„Ich weiß es nicht", antwortete der Mann.
„Zeigen Sie es mir bitte", sagte Igor und holte das Handy aus der Tasche des Mannes.
„Oh, das ist meins!" rief die Frau.
„Hier, nehmen Sie Ihr Telefon", sagte Igor und gab es ihr.
„Darf ich?" fragte Igor und steckte seine Hand wieder in die Tasche des Mannes. Er holte ein anderes Handy hervor und dann noch eins.
„Gehören die auch nicht Ihnen?" fragte Igor den Mann.
Der Mann schüttelte den Kopf und schaute weg.
„Was für seltsame Handys!" rief Igor. "Sie sind ihren Besitzern davongelaufen und in die Tasche dieses Mannes gesprungen! Und jetzt klingeln sie in seiner Tasche, oder nicht?"
„Ja, das tun sie", sagte der Mann.
„Wie Sie wissen, ist es mein Job, Menschen zu beschützen. Und ich werde Sie vor ihnen beschützen. Steigen Sie in mein Auto und ich bringe Sie an einen Ort, wo kein Telefon in Ihre Tasche springen kann. Wir fahren aufs Revier", sagte der Polizist. Dann nahm er den Mann am Arm und brachte ihn zum Auto.
„Ich mag dumme Verbrecher", sagte Igor

Игорь после того, как они доставили вора в полицейский участок.
«А умных Вы встречали?» спросил Паша.
«Да. Но очень редко,» ответил полицейский, «Потому что умного преступника очень трудно поймать.»

Тем временем два человека зашли в Экспресс Банк. Один из них стал в очередь. Другой подошёл к кассе и передал какую-то бумажку кассиру. Кассир взял бумажку и прочитал:
«Дорогой товарищ,
это ограбление Экспресс Банка. Отдайте мне все наличные деньги. Если вы этого не сделаете, то я использую свой пистолет. Спасибо.
Искренне ваш,
Кузьма»
«Я думаю, что смогу помочь Вам,» сказал кассир, тайком нажимая кнопку тревоги, «Но я запер деньги вчера в сейфе. Сейф ещё не открыт. Я попрошу кого-нибудь открыть сейф и принести деньги. Хорошо?»
«Ладно. Но сделайте это быстро!» ответил грабитель.
«Сделать Вам чашку кофе пока деньги ложат в сумки?»
«Нет, благодарю вас. Только деньги,» ответил грабитель.

Радио полицейской машины П07 заговорило: «Внимание всем патрулям. Мы получили тревогу из Экспресс Банка.»
«П07 принял,» ответил сержант Строгов. Он нажал газ до упора и машина быстро стартовала. Когда они подъехали к банку, там ещё не было других полицейских машин.
«Мы сделаем интересный репортаж, если зайдём вовнутрь,» сказал Паша.
«Вы парни делайте то, что вам надо. А я зайду вовнутрь через заднюю дверь,» сказал

Strogov grinsend, nachdem sie den Dieb aufs Revier gebracht hatten.
„Hast du schon schlaue getroffen?" fragte Pascha.
„Ja, das habe ich. Aber es passiert selten"; antwortete der Polizist. "Denn es ist sehr schwer, einen schlauen Verbrecher zu fangen."
In der Zwischenzeit betraten zwei Männer die Express Bank. Einer von ihnen stellte sich in der Schlange an. Ein anderer ging zur Kasse und gab dem Kassierer einen Zettel. Der Kassierer nahm den Zettel und las.
„Sehr geehrter Kamerad,
das ist ein Überfall auf die Express Bank. Geben Sie mir alles Geld. Wenn Sie es nicht tun, werde ich meine Waffe benutzen. Danke.
Hochachtungsvoll,
Kusima"
„Ich denke, ich kann Ihnen helfen", sagte der Kassierer, während er heimlich den Alarmknopf drückte. „Aber das Geld wurde gestern von mir im Tresor eingeschlossen. Der Tresor wurde noch nicht geöffnet. Ich werde jemanden bitten, den Tresor zu öffnen und das Geld zu bringen. Okay?"
„Okay. Aber schnell!" antwortete der Dieb.
"Hätten Sie gerne eine Tasse Kaffee, während das Geld in Taschen gepackt wird?" fragte der Kassierer.
„Nein, danke. Nur Geld", antwortete der Dieb.

Der Funk im Polizeiauto P07 meldete sich:
„Achtung, alle Einheiten. Überfallalarm in der Express Bank."
"P07 ist dran", antwortete Polizeihauptmeister Strogov. Er trat aufs Gas und das Auto fuhr schnell los. Als sie an der Bank ankamen, war noch kein anderes Polizeiauto da.
„Das wird ein interessanter Bericht, wenn wir reingehen", sagte Pascha.
„Ihr Jungs macht, was ihr braucht. A ich gehe durch die Hintertür rein", sagte

сержант Строгов. Он взял свой пистолет и быстро пошёл к задней двери банка. Паша и Роберт вошли в банк через центральную дверь. Они увидели человека стоящего возле кассы. Он засунул руку в карман и посмотрел вокруг. Человек, который пришёл с ним, отошёл от очереди и подошёл к нему.

«Где деньги ?» спросил он Кузьму.

«Иван, кассир сказал, что их ложат в сумки,» ответил другой грабитель.

«Я устал ждать!» сказал Иван. Он достал пистолет и направил его на кассира, «Принеси все деньги сейчас-же!» крикнул грабитель кассиру. Затем он прошёл в середину помещения и крикнул: «Слушайте все! Это ограбление! Никому не двигаться!» В этот момент кто-то возле кассы двинулся. Грабитель с пистолетом не глядя выстрелил в него. Второй грабитель упал на пол и крикнул: «Иван! Ты идиот! Проклятье! Ты подстрелил меня!»

«О-о, Кузьма! Я не видел, что это ты!» сказал Иван. В этот момент кассир быстро выбежал.

«Кассир убежал, а деньги сюда ещё не принесли!» крикнул Иван Кузьме, «Полиция может скоро приехать! Что будем делать?»

«Возьми что-нибудь тяжёлое, разбей стекло и возьми деньги. Быстро!» крикнул Кузьма. Иван взял металлический стул и ударил по стеклу кассы. Это было, конечно, не обычное стекло и оно не разбилось. Но стул вернулся рикошетом и ударил грабителя по голове! Он без сознания упал на пол. В эту секунду вбежал сержант Строгов и быстро одел наручники на грабителей. Он повернулся к Паше и Роберту.

«Я же говорил! Большинство преступников просто глупцы!» сказал он.

Polizeihauptmeister Strogov. Er holte seine Waffe raus und ging schnell zur Hintertür der Bank. Pascha und Robert betraten die Bank durch die Eingangstür. Sie sahen einen Mann in der Nähe der Kasse stehen. Er hatte eine Hand in seiner Tasche und sah sich um. Der Mann, der mit ihm gekommen war, ging aus der Schlange zu ihm.

„Wo ist das Geld?" fragte er Kusima.

„Iwan, der Kassierer hat gesagt, dass es in Taschen gepackt wird", antwortete der andere Dieb.

„Ich habe es satt, zu warten", sagte Iwan. Er holte seine Waffe hervor und richtete sie auf den Kassierer. „Bringen Sie jetzt alles Geld!" schrie er. Dann ging er in die Mitte des Raums und rief: "Alle herhören! Das ist ein Überfall! Niemand bewegt sich!" In diesem Moment bewegte sich jemand in der Nähe der Kasse. Der Dieb mit der Waffe schoss auf ihn, ohne hinzuschauen. Der andere Dieb fiel auf den Boden und rief: „Iwan! Du Vollidiot! Verdammt! Du hast mich angeschossen!"

„Oh, Kusima! Ich habe nicht gesehen, dass du das bist!" sagte Iwan. In diesem Moment rannte der Kassierer schnell nach draußen.

"Der Kassierer ist weggerannt und das Geld ist noch nicht hierher gebracht worden!" rief Iwan Kusima zu. „Die Polizei kann jeden Moment kommen! Was sollen wir machen?"

„Nimm etwas Großes, zerschlag das Glas und nimm das Geld! Schnell!" rief Kusima. Iwan nahm einen metallenen Stuhl und schlug auf das Glas der Kasse. Natürlich war es kein gewöhnliches Glas und zerbrach nicht. Doch der Stuhl prallte zurück und traf den Dieb am Kopf! Er fiel bewusstlos zu Boden. In diesem Moment kam Polizeihauptmeister Strogov hereingerannt und legte den Dieben schnell Handschellen an. Er drehte sich zu Pascha und Robert um.

„Hab ich es doch gesagt! Die meisten Verbrecher sind einfach nur dumm!" sagte er.

C

Aktive Participien (Präsence)

Adjektive benutzt man, um bestimmte Qualitäten und Eigenschaften eines Subjekts zu beschreiben: любимая вышивка *(bevorzugte Stickerei)*, свободное время *(freie Zeit)*. Wenn aber man spricht über Qualitäten, die mit einer Handlung verbunden sind, benutzt man Partizipien: читающий студент *(ein lesender Student)*, играющая девочка *(ein spielendes Mädchen)*. Das Partizip ist eine besondere Form des Verbs, die Qualitäten des Verbs und des Adjektivs kombiniert. Das Partizip hat die Eigenschaften des Verbs (Zeit, Aspekt, Genus). Also, Partizipien haben die Eigenschaften des Verbs wie Geschlecht, Zahl, Kasus. Ihre typischen Endungen sind: - ущ, -ющ, -ащ,-ящ.

Писать - пишущий человек (schreiben - ein schreibender Mensch)
Думать - думающий студент (denken - ein denkender Student)
Кричать - кричащий ребёнок (schreien - ein schreiendes Kind)
Любить - любящий муж (lieben - ein liebender Ehemann)
Я вижу играющего ребёнка. *Ich sehe ein spielendes Kind.*
Там сидят читающие студенты. *Dort sitzen lesende Studenten.*
Aktive Partizipien haben drei Formen:
Maskulinum: пишущий мальчик *(ein schreibender Junge)*
Femininum: пишущая девочка *(ein schreibendes Mädchen)*
Neutrum: играющее дитя *(ein spielendes Kind)*
Aktive Partizipien haben zwei Formen:
Singular: работающий человек *(ein arbeitender Mensch)*
Plural: работающие люди *(arbeitende Menschen)*

29

ФЛЕКС и апэр
Schule für Austauschschüler (SAS) und Au-pair

A

Слова

1. Алиса Цветкова - Alisa Tsvetkova
2. апэр - au-pair
3. ближайший - nächste
4. возможность - die Möglichkeit
5. выбрал - entschied sich für
6. Ганновер - Hannover
7. дата - das Datum
8. дважды - zweimal
9. деревня - das Dorf
10. дочь - die Tochter
11. Евразия - Eurasien
12. жил - lebte
13. конкурс - der Wettbewerb
14. курс - der Kurs
15. менять - ändern
16. изменение - die Änderung

17. над_е_жда - die Hoffnung; над_е_яться - hoffen
18. несправедл_и_вый - ungerecht
19. обуч_е_ние - lernen
20. од_и_н раз - einmal
21. пис_а_л - schrieb
22. письм_о_ - der Brief
23. пит_а_ние - das Essen
24. плат_и_л - bezahlte, gezahlt
25. позвон_и_л - rief an
26. посет_и_л - besuchte
27. посл_а_л - schickte
28. пр_а_во - das Recht
29. присоедин_я_ться - kommen in
30. пробл_е_ма - das Problem
31. прош_ё_л - abgelaufen
32. с - seit
33. так как - da, weil
34. Св_е_та - Sveta (Name)
35. слуг_а_ (M), служ_а_нка (F) - der Bedienstete
36. соглаш_е_ние, догов_о_р - die Vereinbarung
37. станд_а_ртный - der Standard, Standard-
38. ст_а_рший - älter
39. стран_а_ - das Land
40. с_е_льская м_е_стность - das Land
41. стран_и_ца Интерн_е_та - die Website
42. т_а_кже, т_о_же - auch
43. уч_а_стник - der Teilnehmer
44. ФЛЕКС - Schule für Austauschschüler (SAS)
45. хоз_я_ин - der Gastgeber
46. челов_е_к - die Person
47. электр_о_нная п_о_чта - die E-Mail

##

ФЛЕКС и _а_пэр

Сестр_а_, брат и род_и_тели Р_о_берта ж_и_ли в Герм_а_нии. Он_и_ ж_и_ли в Ганн_о_вере. Сестр_у_ зв_а_ли Г_а_би. Ей б_ы_ло двадцать лет. Он_а_ уч_и_ла р_у_сский с одинн_а_дцати лет. Когд_а_ Г_а_би б_ы_ло пятн_а_дцать лет, он_а_ захот_е_ла прин_я_ть уч_а_стие в програ_мм_е ФЛЕКС. Програ_мм_а ФЛЕКС даёт возм_о_жность н_е_которым уч_а_щимся школ из Герм_а_нии и Евр_а_зии провест_и_ год в Росс_и_и, прожив_а_я в семь_е_ и обуч_а_ясь в р_у_сской шк_о_ле. Програ_мм_а беспл_а_тна. Авиабил_е_ты, прожив_а_ние в семь_е_, пит_а_ние, обуч_е_ние в р_у_сской шк_о_ле опл_а_чиваются Росс_и_ей. Но к том_у_ вр_е_мени, когд_а_ Г_а_би получ_и_ла информ_а_цию о д_а_те к_о_нкурса со стран_и_цы Интерн_е_т, день к_о_нкурса уж_е_ прош_ё_л.
 Зат_е_м он_а_ узн_а_ла о програ_мм_е _а_пэр. Эта програ_мм_а даёт уч_а_стникам возм_о_жность провест_и_ год или два в друг_о_й стран_е_, прожив_а_я в принима_ю_щей семь_е_,

Schule für Austauschschüler (SAS) und Au-pair

Roberts Schwester, Bruder und Eltern lebten in Deutschland. Sie wohnten in Hannover. Seine Schwester hieß Gabi. Sie war zwanzig. Sie lernte Russisch, seit sie elf war. Als Gabi fünfzehn war, wollte sie an dem Programm SAS teilnehmen. SAS gibt Highschool-Schülern aus Eurasien die Möglichkeit, ein Jahr in Russland zu verbringen, in einer Gastfamilie zu leben und eine russische Schule zu besuchen. Das Programm ist kostenlos. Das Flugticket, die Unterkunft in der Familie, Essen und das Besuchen der russische Schule werden von SAS gezahlt. Aber als sie sich auf der Website über die Ausschreibung informierte, war die Frist schon abgelaufen.

Dann erfuhr sie von dem Au-pair-Programm. Dieses Programm ermöglicht es den Teilnehmern, ein oder zwei Jahre in einem anderen Land zu verbringen, bei einer

присматривая за детьми и обучаясь на языковых курсах. Так как Роберт учился в Санкт Петербурге, Габи написала ему письмо. Она попросила его найти для неё принимающую семью в России.

Роберт просмотрел несколько газет и страниц с объявлениями в Интернете. Он нашёл несколько принимающих семей из России на http://www.Aupair-World.net/.

Затем Роберт посетил агентство апэр в Санкт Петербурге. Его консультировала женщина. Её звали Алиса Цветкова.

«Моя сестра из Германии. Она хотела бы быть апэр в русской семье. Можете ли Вы помочь в этом?» спросил Роберт Алису.

«Я буду рада помочь Вам. Мы размещаем апэр в семьях по всей России. Апэр - это человек, который вливается в принимающую семью, чтобы помогать по дому и присматривать за детьми. Принимающая семья предоставляет апэр питание, комнату и карманные деньги. Карманные деньги могут быть от четырёх до шести тысяч рублей. Принимающая семья должна заплатить также за языковый курс для апэр,» сказала Алиса.

«Есть хорошие и плохие семьи?» спросил Роберт.

«Есть две проблемы при выборе семьи. Во-первых, некоторые семьи считают, что апэр - это служанка, которая должна делать всё по дому, включая готовку еды для всех членов семьи, уборку, стирку, работу в саду и так далее. Но апэр - это не служанка. Апэр - это как старшая дочь или сын в семье, который помогает родителям с младшими детьми. Чтобы защитить свои права, апэр должна разработать соглашение с принимающей семьёй. Не верьте, когда некоторые агентства апэр или принимающие семьи говорят, что они используют «стандартное» соглашение. Нет стандартных соглашений. Апэр может

Gastfamilie zu leben, sich um die Kinder zu kümmern und eine Sprachschule zu besuchen. Da Robert gerade in St Peterburg studierte, schrieb Gabi ihm eine Email. Sie bat ihn darum, eine Gastfamilie für sie in Russland zu finden.

Robert sah Zeitungen und Webseiten mit Anzeigen durch. Er fand russische Gastfamilien auf http://www.aupair-world.net/. Dann ging Robert zu einer Au-pair-Vermittlung in St Peterburg. Er wurde von einer Frau beraten. Sie hieß Alisa Tswetkowa.

„Meine Schwester ist aus Deutschland. Sie würde gerne als Au-pair bei einer russischen Familie arbeiten. Können Sie mir helfen?" fragte Robert Alisa.

„Natürlich, sehr gerne. Wir vermitteln Au-pairs an Familien in ganz Russland. Ein Au-pair kommt in eine Gastfamilie, um im Haus zu helfen und sich um die Kinder zu kümmern. Die Gastfamilie gibt dem Au-pair Essen, ein Zimmer und Taschengeld. Das Taschengeld liegt zwischen 4000 und 6000 Rubl. Die Gastfamilie muss auch einen Sprachkurs für das Au-pair bezahlen", sagte Alisa.

„Gibt es gute und schlechte Familien?" fragte Robert.

„Es gibt zwei Probleme bei der Wahl einer Familie. Zum einen denken manche Familien, dass ein Au-pair ein Bediensteter sei, der alles im Haus machen muss, einschließlich für die ganze Familie kochen, putzen, waschen, Gartenarbeit usw. Aber ein Au-pair ist kein Bediensteter. Ein Au-pair ist wie eine ältere Tochter oder ein älterer Sohn der Familie, der den Eltern mit den jüngeren Kindern hilft. Um ihre Rechte zu schützen, müssen die Au-pairs eine Vereinbarung mit der Gastfamilie ausarbeiten. Glaub bloß nicht, wenn Au-pair-Vermittlungen oder Gastfamilien sagen, dass sie eine Standardvereinbarung verwenden. Es gibt keine Standardvereinbarung. Das Au-pair kann jeden Teil der Vereinbarung ändern,

изменить любую часть соглашения, если она не справедлива. Всё, что апэр и семья будут делать, должно быть записано в соглашении.

 Вторая проблема такая - некоторые семьи живут в маленьких деревнях, где нет языковых курсов и мало мест, куда апэр может пойти в своё свободное время. В такой ситуации необходимо включать в соглашение, что принимающая семья должна оплачивать билеты до ближайшего большого города и обратно, когда апэр едет туда. Это может быть раз или два раза в неделю.»

«Понятно. Моя сестра хотела бы семью из Санкт Петербурга. Можете ли Вы найти хорошую семью в этом городе?» спросил Роберт.

«Ну что же, сейчас есть примерно двадцать семей из Санкт Петербурга,» ответила Алиса. Она позвонила нескольким из них. Принимающие семьи были рады иметь апэр из Германии. Большинство семей хотели бы получить от Габи письмо с фотографией. Некоторые из них хотели также позвонить ей, чтобы убедиться, что она может немного говорить по-русски. Поэтому Роберт дал им её номер телефона.

 Несколько принимающих семей позвонили Габи. Затем она отправила им письма. Она выбрала подходящую семью и с помощью Алисы разработала с ней соглашение. Наконец Габи полная мечтаний и надежд отправилась в Россию.

wenn sie ungerecht ist. Alles, was ein Au-pair und die Gastfamilie machen, muss schriftlich in der Vereinbarung festgehalten werden.
Das zweite Problem ist: Manche Familien leben in kleinen Dörfern, in denen es keine Sprachkurse und wenige Orte gibt, wo das Au-pair in seiner Freizeit hingehen kann. In diesem Fall muss die Vereinbarung enthalten, dass die Gastfamilie für Hin- und Rückfahrkarten in die nächste größere Stadt zahlen muss, wenn das Au-pair dorthin fährt. Das kann ein- oder zweimal die Woche sein."
„Alles klar. Meine Schwester hätte gerne eine Familie aus St Peterburg. Können Sie eine gute Familie in dieser Stadt finden?" fragte Robert.
„Na ja, im Moment haben wir etwa zwanzig Familien aus St Peterburg", antwortete Alisa. Sie rief ein paar von ihnen an. Die Gastfamilien waren froh, ein Au-pair-Mädchen aus Deutschland zu bekommen. Die meisten Familien wollten einen Brief mit einem Foto von Gabi. Manche wollten sie auch anrufen, um sicher zu gehen, dass sie ein bisschen Russisch sprach. Also gab Robert ihnen ihre Telefonnummer.
Ein paar Gastfamilien riefen Gabi an. Dann schickte sie ihnen Briefe. Schließlich entschied sie sich für eine passende Familie und arbeitete mit Fraukes Hilfe eine Vereinbarung mit ihnen aus. Die Familie bezahlte das Ticket von Deutschland nach Russland. Schließlich fuhr Gabi voller Hoffnungen und Träume nach Russland.

* * *

📎 Приложения - Anlagen

Anlage 1 Kasus der Substantive und Adjektive im Singular

Maskulinum

Kasus / Fragen
Имен_и_тельный/Nominativ / Кто? Что? / <u>Э</u>тот **челов<u>е</u>к** хор<u>о</u>ший. *Dieser Mensch ist gut.*
Род_и_тельный/Genitiv / Ког<u>о</u>? Чег<u>о</u>? Чей? / Вот п<u>а</u>спорт <u>э</u>того хор<u>о</u>шего **челов<u>е</u>ка**. *Das ist der Pass dieses guten Menschen.*
Д_а_тельный/Dativ / Ком<u>у</u>? Чем<u>у</u>? / Д<u>а</u>йте вод<u>ы</u> <u>э</u>тому хор<u>о</u>шему **челов<u>е</u>ку**. *Geben Sie diesem guten Menschen Wasser.*
Вин_и_тельный/Akkusativ / Ког<u>о</u>? Что? / Я зн<u>а</u>ю <u>э</u>того хор<u>о</u>шего **челов<u>е</u>ка**. *Ich kenne diesen guten Menschen.*
Твор_и_тельный/Instrumental / (С) кем? (С) чем? / Я знак<u>о</u>м с <u>э</u>тим хор<u>о</u>шим **челов<u>е</u>ком**. *Ich bin mit diesem guten Menschen bekannt.*
Предл<u>о</u>жный/Präpositiv / О ком? О чём? / Я сл<u>ы</u>шал об <u>э</u>том хор<u>о</u>шем **челов<u>е</u>ке**. *Ich habe von diesem guten Menschen gehört.*

Femininum

Kasus / Fragen
Имен_и_тельный/Nominativ / Кто? Что? / <u>Э</u>та **ж<u>е</u>нщина** хор<u>о</u>шая. *Diese Frau ist gut.*
Род_и_тельный/Genitiv / Ког<u>о</u>? Чег<u>о</u>? Чей? / Вот п<u>а</u>спорт <u>э</u>той хор<u>о</u>шей **ж<u>е</u>нщины**. *Das ist der Pass dieser guten Frau.*
Д_а_тельный/Dativ / Ком<u>у</u>? Чем<u>у</u>? / Д<u>а</u>йте вод<u>ы</u> <u>э</u>той хор<u>о</u>шей **ж<u>е</u>нщине**. *Geben Sie dieser guten Frau Wasser.*
Вин_и_тельный/Akkusativ / Ког<u>о</u>? Что? / Я зн<u>а</u>ю <u>э</u>ту хор<u>о</u>шую **ж<u>е</u>нщину**. *Ich kenne diese gute Frau.*
Твор_и_тельный/Instrumental / (С) кем? (С) чем? / Я знак<u>о</u>м с <u>э</u>той хор<u>о</u>шей **ж<u>е</u>нщиной**. *Ich bin mit dieser guten Frau bekannt.*
Предл<u>о</u>жный/Präpositiv / О ком? О чём? / Я сл<u>ы</u>шал об <u>э</u>той хор<u>о</u>шей **ж<u>е</u>нщине**. *Ich habe von dieser guten Frau gehört.*

Neutrum

Kasus / Fragen
Имен_и_тельный/Nominativ / Кто? Что? / <u>Э</u>то **письм<u>о</u>** в<u>а</u>жное. *Dieser Brief ist wichtig.*
Род_и_тельный/Genitiv / Ког<u>о</u>? Чег<u>о</u>? Чей? / Вот <u>а</u>дрес <u>э</u>того в<u>а</u>жного **письм<u>а</u>**. *Das ist die Adresse dieses wichtigen Briefs.*
Д_а_тельный/Dativ / Ком<u>у</u>? Чем<u>у</u>? / Удел_и_те внимание <u>э</u>тому в<u>а</u>жному **письм<u>у</u>**. *Lenken Sie ihre Aufmerksamkeit auf diesen wichtigen Brief.*
Вин_и_тельный/Akkusativ / Ког<u>о</u>? Что? / Я прочит<u>а</u>л <u>э</u>то в<u>а</u>жное **письм<u>о</u>**. *Ich habe diesen wichtigen Brief gelesen.*
Твор_и_тельный/Instrumental / (С) кем? (С) чем? / Я знак<u>о</u>м с <u>э</u>тим в<u>а</u>жным **письм<u>о</u>м**. *Ich kenne diesen wichtigen Brief.*
Предл<u>о</u>жный/Präpositiv / О ком? О чём? / Я зн<u>а</u>ю об <u>э</u>том в<u>а</u>жном **письм<u>е</u>**. *Ich habe von diesem wichtigen Brief erfahren.*

Anlage 2 Demonstrativpronomen этот - dieser

Geschlecht: Maskulinum / Femininum / Neutrum / Plural
Nominativ: Этот / Эта / Это / Эти
Akkusativ *belebt:* Этого / Эту / Это / Этих
Akkusativ *unbelebt:* Этот / Эту / Это / Эти
Genitiv: Этого / Этой / Этого / Этих
Dativ: Этому / Этой / Этому / Этим
Instrumental: Этим / Этой / Этим / Этими
Präpositiv: Этом / Этой / Этом / Этих

Anlage 3 Kasus der Substantive und Adjektive im Plural

Maskulinum

Kasus / Fragen
Именительный/Nominativ / Кто? Что? / Эти **студенты** хорошие. *Diese Studenten sind gut.*
Родительный/Genitiv / Кого? Чего? Чей? / Вот паспорта этих хороших **студентов**. *Das sind die Pässe dieser guten Studenten.*
Дательный/Dativ / Кому? Чему? / Дайте воды этим хорошим **студентам**. *Geben Sie diesen guten Studenten Wasser.*
Винительный/Akkusativ / Кого? Что? / Я знаю этих хороших **студентов**. *Ich kenne diese guten Studenten.*
Творительный/Instrumental / (С) кем? (С) чем? / Я знаком с этими хорошими **студентами**. *Ich bin mit diesen guten Studenten bekannt.*
Предложный/Präpositiv / О ком? О чём? / Я слышал об этих хороших **студентах**. *Ich habe von diesen guten Studenten gehört.*

Femininum

Kasus / Fragen
Именительный/Nominativ / Кто? Что? / Эти **женщины** хорошие. *Diese Frauen sind gut.*
Родительный/Genitiv / Кого? Чего? Чей? / Вот паспорта этих хороших **женщин**. *Das sind die Pässe dieser guten Frauen.*
Дательный/Dativ / Кому? Чему? / Дайте воды этим хорошим **женщинам**. *Geben Sie diesen guten Frauen Wasser.*
Винительный/Akkusativ / Кого? Что? / Я знаю этих хороших **женщин**. *Ich kenne diese guten Frauen.*
Творительный/Instrumental / (С) кем? (С) чем? / Я знаком с этими хорошими **женщинами**. *Ich bin mit diesen guten Frauen bekannt.*
Предложный/Präpositiv / О ком? О чём? / Я слышал об этих хороших **женщинах**. *Ich habe von diesen guten Frauen gehört.*

Neutrum

Kasus / Fragen
Именительный/Nominativ / Кто? Что? / Эти **письма** важные. *Diese Briefe sind wichtig.*

Родительный/Genitiv / Кого? Чего? Чей? / Вот адреса этих важных **писем**. *Das sind die Adressen dieser wichtigen Briefe.*

Дательный/Dativ / Кому? Чему? / Уделите внимание этим важным **письмам**. *Lenken Sie ihre Aufmerksamkeit auf diese wichtigen Briefe.*

Винительный/Akkusativ / Кого? Что? / Я прочитал эти важные **письма**. *Ich habe diese wichtigen Briefe gelesen.*

Творительный/Instrumental / (С) кем? (С) чем? / Я знаком с этими важными **письмами**. *Ich kenne diese wichtigen Briefe.*

Предложный/Präpositiv / О ком? О чём? / Я знаю об этих важных **письмах**. *Ich habe von diesen wichtigen Briefen erfahren.*

Anlage 4 Demonstrativpronomen тот - jener

Geschlecht: Maskulinum / Femininum / Neutrum / Plural
Nominativ: Тот / Та / То / Те
Akkusativ belebt: Того / Ту / То / Тех
Akkusativ unbelebt: Тот / Ту / То / Те
Genitiv: Того / Той / Того / Тех
Dativ: Тому / Той / Тому / Тем
Instrumental: Тем / Той / Тем / Теми
Präpositiv: Том / Той / Том / Тех

Anlage 5 Präteritum

Die Vergangenheit im Russischen ist ziemlich leicht zu bilden. Wenn Sie diese Form benutzen, können Sie auf Russisch etwas erzählen, was auch sehr hilfsreich ist, wenn Sie anderen Menschen von sich selbst erzählen.

Im Deutschen und im Englischen gibt es einige Formen der Vergangenheit, aber im Russischen nur eine Form - das Präteritum. Allerdings hat die russische Sprache Aspekte, die zeigen, ob die Handlung vollendet (perfekt) oder unvollendet (imperfekt) ist.

Dabei muss man das Geschlecht des Subjekts berücksichtigen. Man muss den Stamm des Verbs nehmen und eine von folgenden Endungen hinzufügen:

Maskulinum: -л : работал *(arbeitete)* Я работал вчера. *Ich arbeitete gestern.*
Femininum: -ла : работала *(arbeitete)* Она работала в пятницу. *Sie arbeitete am Freitag.*
Neutrum: -ло : работало *(arbeitete)* Кафе не работало на выходных. *Im Café arbeitete man am Wochenende nicht.*
Plural: -ли : работали *(arbeiteten)*. Мы работали в России в прошлом году. *Wir arbeiteten in Russland im vorigen Jahr.*

Anmerkung: die Endungen des Verbs entsprechen verschiedenen Formen des Pronomens он *(er)*. Das muss Ihnen helfen, die Formen des Verbs zu behalten. Wenn Sie solche Pronomen wie я *(ich)*, ты *(du)*, and Вы *(Sie)* benutzen, ist das vom Geschlecht der Person abhängig:

Он говорил *(er sagte)*
Она говорила *(sie sagte)*

Он‌о говори‌ло *(es sagte)*
Он‌и говори‌ли *(sie sagten)*
Мы говори‌ли *(wir sagten)*
Я говори‌л *(ich sagte)* - männliche Person
Я говори‌ла *(ich sagte)* - weibliche Person
Ты говори‌л *(du sagtest)* - sich wenden an männliche Person
Ты говори‌ла *(du sagtest)* - sich wenden an weibliche Person
Евг‌ений говори‌л *(Eugen sagte)*
Продав‌ец говори‌л *(Der Verkäufer sagte)*
А‌нна говори‌ла *(Anna sagte)*
Дочь говори‌ла *(Tochter sagte)*

<u>Anlage 6</u> Vorsilben des Verbs der Bewegung

Imperfekt / Perfekt
вход‌ить / войт‌и *eintreten*
выход‌ить / в‌ыйти *austreten*
всход‌ить / взойт‌и *aufsteigen*
доход‌ить / дойт‌и *erreichen*
заход‌ить / зайт‌и *vorbeikommen, abholen*
обход‌ить / обойт‌и *umgehen*
отход‌ить / отойт‌и *weggehen*
переход‌ить / перейт‌и *übergehen*
подход‌ить / подойт‌и *herankommen*
приход‌ить / прийт‌и *kommen*
проход‌ить / пройт‌и *durchgehen*
сход‌ить / сойт‌и *hinuntergehen*
уход‌ить / уйт‌и *gehen*

<u>Anlage 7</u> Konjugierte Verben

Imperfekt / Perfekt / Übersetzung
Б‌егать / Побеж‌ать / *laufen*
Брод‌ить / Побрест‌и / *wandern*
Быть / Поб‌ыть / *sein*
В‌идеть / Ув‌идеть / *sehen*
Вод‌ить / Повест‌и / *führen*
Воз‌ить / Повезт‌и / *führen*
Говор‌ить / Сказ‌ать / *sprechen, sagen*
Гон‌ять / Погн‌ать / *treiben*
Дав‌ать / Дать / *geben*
Д‌елать / Сд‌елать / *machen, tun*
Д‌умать / Под‌умать / *denken*
‌Ездить / По‌ехать / *fahren*

Есть / Съесть / *essen*
Жить / Прож_и_ть / *leben*
Знать / Узн_а_ть / *wissen, kennen*
Изуч_а_ть / Изуч_и_ть / *studieren*
Им_е_ть / *haben*
Л_а_зить / Пол_е_зть / *klettern*
Лет_а_ть / Полет_е_ть / *fliegen*
Люб_и_ть / Полюб_и_ть / *lieben*
Мочь / Смочь / *können*
Нос_и_ть / Понест_и_ / *tragen*
Пл_а_вать / Попл_ы_ть / *schwimmen*
П_о_лзать / Поползт_и_ / *kriechen*
Поним_а_ть / Пон_я_ть / *verstehen*
Раб_о_тать /Пораб_о_тать / *arbeiten*
Сид_е_ть / Посид_е_ть / *sitzen*
Сл_у_шать(-ся) / Посл_у_шать(-ся) / *hören (gehorchen)*
Смотр_е_ть(-ся) / Посмотр_е_ть(-ся) / *sehen (sich besehen), schauen*
Спр_а_шивать / Спрос_и_ть / *fragen*
Станов_и_ться / Стать / *werden*
Сто_я_ть / Посто_я_ть / *stehen*
Таск_а_ть / Потащ_и_ть / *schleppen*
Ход_и_ть / Пойт_и_ / *gehen*
Хот_е_ть(-ся) / Захот_е_ть(-ся) / *wollen, wünschen*
Чит_а_ть / Прочит_а_ть / *lesen*

Anlage 8 Personalpronomen

Singular
1. Person / 2. Person / 3. Person (Mask.) / 3. Person (Fem.) / 3. Person (Neut.)
Nominativ: Я / Ты / Он / Он_а_ / Он_о_ Ich, Du, Er, Sie, Es
Akkusativ: Мен_я_ / Теб_я_ / Ег_о_ / Её / Ег_о_ Mich, Dich, Ihn, Ihr, Es
Genitiv: Мен_я_ / Теб_я_ / Ег_о_ / Её / Ег_о_
Dativ: Мне / Теб_е_ / Ем_у_ / Ей / Ем_у_ Mir, Dir, Ihm, Ihr, Ihm
Instrumental: Мной / Тоб_о_й / Им / Ей / Им von (mit) Mir, Dir, Ihm, Ihr, Ihm
Präpositiv: Мне / Теб_е_ / Нём / Ней / Нём von Mir, Dir, Ihm, Ihr, Ihm

Plural
1. Person / 2. Person / 3. Person
Nominativ: Мы / Вы / Он_и_ Wir, Sie, Sie
Akkusativ: Нас / Вас / Их Uns, Sie, Sie
Genitiv: Нас / Вас / Их
Dativ: Нам / Вам / Им Uns, Ihnen, Ihnen
Instrumental: Н_а_ми / В_а_ми / _И_ми von (mit) Uns, Ihnen, Ihnen
Präpositiv: Нас / Вас / Них von Uns, Ihnen, Ihnen

Anlage 9 Possessivpronomen

1. Person „Mein"

Mask. / Fem. / Neut. / Plural
Nominativ: Мой / Моя / Моё / Мои
Akkusativ *belebt*: Моего / Мою / Моё
Akkusativ *unbelebt*: Мой / Мою / Моё
Genitiv: Моего / Моей / Моего / Моих
Dativ: Моему / Моей / Моему / Моим
Instrumental: Моим / Моей / Моим / Моими
Präpositiv: Моём / Моей / Моём / Моих

2. Person "Dein"

Mask. / Fem. / Neut. / Plural
Nominativ: Твой / Твоя / Твоё / Твои
Akkusativ *belebt*: Твоего / Твою / Твоё / Твоих
Akkusativ *unbelebt*: Твой / Твою / Твоё / Твои
Genitiv: Твоего / Твоей / Твоего / Твоих
Dativ: Твоему / Твоей / Твоему / Твоим
Instrumental: Твоим / Твоей / Твоим / Твоими
Präpositiv: Твоём / Твоей / Твоём / Твоих

1. Person "Unser"

Mask. / Fem. / Neut. / Plural
Nominativ: Наш / Наша / Наше / Наши
Akkusativ *belebt*: Нашего / Нашу / Наше / Наших
Akkusativ *unbelebt*: Наш / Нашу / Наше / Наши
Genitiv: Нашего / Нашей / Нашего / Наших
Dativ: Нашему / Нашей / Нашему / Нашим
Instrumental: Нашим / Нашей / Нашим / Нашими
Präpositiv: Нашем / Нашей / Нашем / Наших

2. Person Ihr

Mask. / Fem. / Neut. / Plural
Nominativ: Ваш / Ваша / Ваше / Ваши
Akkusativ *belebt*: Вашего / Вашу / Ваше / Ваших
Akkusativ *unbelebt*: Ваш / Вашу / Ваше / Ваши
Genitiv: Вашего / Вашей / Вашего / Ваших
Dativ: Вашему / Вашей / Вашему / Вашим
Instrumental: Вашим / Вашей / Вашим / Вашими
Präpositiv: Вашем / Вашей / Вашем / Ваших

Anlage 10 Possessivpronomen 3. Person

3. Person von Possessivpronomen (его - sein, её - ihr, его - sein, их - ihr) nehmen das Geschlecht und die Zahl der entsprechenden Person (Objekt):
Её книга. *Ihr Buch.*

Его книга. *Sein Buch.*
Их книги. *Ihre Bücher.*

Anlage 11 Reflexive Personalpronomen себя (sich)

Nominativ: --
Akkusativ: Себя
Genitiv: Себя
Dativ: Себе
Instrumental: Собой
Präpositiv: Себе

Anlage 12 Reflexives Possessivpronomen свой eigen

Mask. / Fem. / Neut. / Plural
Nominativ: Свой / Своя / Своё / Свои
Akkusativ *belebt*: Своего / Свою / Своё / Своих
Akkusativ *unbelebt*: Свой / Свою / Своё / Свои
Genitiv: Своего / Своей / Своего / Своих
Dativ: Своему / Своей / Своему / Своим
Instrumental: Своим / Своей / Своим / Своими
Präpositiv: Своём / Своей / Своём / Своих

Anlage 13 Pronomen сам selbst, selber

Mask. / Fem. / Neut. / Plural
Nominativ: Сам / Сама / Само / Сами
Akkusativ *belebt*: Самого / Саму / Само / Самих
Akkusativ *unbelebt*: Сам / Саму / Само / Сами
Genitiv: Самого / Самой / Самого / Самих
Dativ: Самому / Самой / Самому / Самим
Instrumental: Самим / Самой / Самим / Самими
Präpositiv: Самом / Самой / Самом / Самих

Anlage 14 Pronomen весь alles, ganz

Mask. / Fem. / Neut. / Plural
Nominativ: Весь / Вся / Всё / Все
Akkusativ *belebt*: Всего / Всю / Всё / Всех
Akkusativ *unbelebt*: Весь / Всю / Всё / Все
Genitiv: Всего / Всей / Всего / Всех
Dativ: Всему / Всей / Всему / Всем
Instrumental: Всем / Всей / Всем / Всеми
Präpositiv: Всём / Всей / Всём / Всех

Anlage 15 Adjektive

ähnlich - подобный
alt - старый
angenehm - приятный
aufmerksam - внимательный
bequem - удобный
billig - дешёвый
dicht - густой
dick - толстый
dunkel - тёмный
einfach - простой
einmalig - единственный
erst - первый
fertig - готовый
fest - крепкий
geachted - уважаемый
geliebt - любимый
gewöhnlich - обычный
glücklich - счастливый
groß - большой
groß - великий
gut - хороший
gutherzig - добрый
hart - твёрдый
Haupt- - главный
heiß - жаркий
hell - яркий
hoch - высокий
interessant - интересный
jung - молодой
kalt - холодный
klein - маленький
langsam - медленный
langweilig - скучный
laut - громкий

lebendig - живой
leer - пустой
leicht - лёгкий
letzt - последний
neu - новый
notwendig - необходимый
oft - частый
persönlich - личный
privat - частный
riesig - огромный
ruhig - спокойный
sauber - чистый
scharf - острый
schlecht - плохой
schmutzig - грязный
schnell - быстрый
schnell - быстрый
schön - красивый
schrecklich - страшный
schwer - тяжёлый
schwierig - трудный
seltsam - странный
stark - сильный
streng - строгий
süß - сладкий
teuer - дорогой
traurig - грустный
trocken - сухой
verschieden - разный
voll - полный
warm - тёплый
weich - мягкий
weit - далёкий
wichtig - важный

Русско-немецкий словарь

Аа
абсолютный / полный - absolut
авария - der Unfall
авиашоу - die Flugschau
автобус - der Bus
автоответчик - der Anrufbeantworter
авторучка - der Stift; авторучки - die Stifte
агентство - die Agentur
адрес - die Adresse
аккуратный - fleissige
Алиса Цветкова - Alisa Tsvetkova
анализировать - analysieren
Анжела - Angela
анкета - der Fragebogen
Аня - Anya (Name)
аптека - die Apotheke
апэр - au-pair
аспирин - das Aspirin
Бб
банк - die Bank
банка - der Krug
бедный - arm
бежать - rennen, joggen, laufen
без - ohne
без сознания - bewusstlos
белый - weiß
берег - die Küste
билет - die Fahrkarte
бить, ударить - schlagen
благодарить - danken; Благодарю вас. - Danke. Спасибо. - Danke.
бледный - blass
ближайший - nächste, in der Nähe
ближе - näher; близко - nahe
блокнот - das Notizbuch; блокноты - die Notizbücher
более; больше - mehr
большая часть - grösste Teil
большой - groß
Борис Проворнов - Boris Provornov
брат - der Bruder
брать, взять - nehmen
брюки - die Hose
будет - wird; будут - werden; буду - werde
будущий - zukünftig

бумага - das Papier
был, была, было - war
были - waren
быстро - schnell, быстрый - schnelle(r)
быстрый - schnelle; быстро - schnell
Вв
в - in; 2. в - pro; Я зарабатываю 100 рублей в час. - Ich verdiene zehn Rubl pro Stunde.
3. в - um; в час - um eins
важный - wichtig
ванная комната - das Bad, das Badezimmer; ванна - die Badewanne; ванный столик - der Badezimmertisch
вдоль - entlang
ведро - der Eimer
вёл, ехал - fuhr
великолепно - super, toll
велосипед - das Fahrrad
вести - füren, bringen j-n
ветер - der Wind
ветеринар - der Tierarzt
вечер - der Abend
вещь, предмет - das Ding, die Sache
взял - nahm
взять / принять участие - teilnehmen
вид / тип - Art, Typ
видел - sah
видеодиск - die DVD
видеокассета - die Videokassette
видеомагазин - die Videothek
видеть - sehen
витрина - das Schaufenster
включать - anmachen; выключать - ausmachen
включил - machte an
вкусный - lecker
владелец - der Besitzer
влево / налево - links
вместе - zusammen
вместо (+Genitive) - anstelle; вместо тебя - an deiner Stelle
вниз - nach unten
внимание - die Aufmerksamkeit
внимательно, аккуратно - vorsichtig
внутрь - hinein, in

во время - zu Zeiten
(во)внутрь - hinein, in
во то время, как / пока - während
вода - das Wasser
водитель такси - der Taxifahrer
водительские права - der Führerschein
водить - fahren, водитель - der Fahrer
возвращаться - zurückkommen
воздух - die Luft
возле - in der Nähe
возможно - wahrscheinlich; Я, возможно, пойду в банк. - Ich werde wahrscheinlich zur Bank gehen.
возможность - die Möglichkeit
возможный - möglich
вознаграждение - die Entlohnung
возражать - dagegen sein, protestieren
возраст - das Alter
война - der Krieg
вокруг - rund, umher
волна - die Welle
волноваться - sich Sorgen machen
волосы - das Haar
вонючий - stinkend
вор - der Dieb, воры - die Diebe
восемь - acht
восклицать - (aus)rufen
воскресенье - Sonntag
восстанавливать - gesund pflegen
восстановление - die Genesung, Rehabilitation
восьмой - achter
вправо - rechts
врач - der Arzt
время - die Zeit; время идёт - die Zeit läuft
всё - alles
всё еще - noch, weiterhin
всё подряд - vielseitig, alles könnend
все, каждый - alle
всегда - immer
вслух - laut
вспомнил - erinnerte sich
вставать - aufstehen; Вставай! - Steh auf!
встретил - getroffen, traf, kennengelernt
встречать(ся) - treffen, kennenlernen
второй - zweiter
вчера - gestern

Вы - Sie
выбирать - wählen, aussuchen
выбрал - entschied sich für
высокий, высоко - hoch
выстрелил, подстрелил - schoss; angeschossen
Гг
газ - das Gas
газета - die Zeitung
Ганновер - Hannover
где - wo
Геншер - Genscher (Name)
Германия - Deutschland
глаз - das Auge; глаза - die Augen
глупый - dumm
глядеть - zuschauen
говорить - sprechen
год - das Jahr
голодный - hungrig
голос - die Stimme
город - die Stadt
господин - Herr; г-н Иванов - Hr. Iwanow
гостиница - das Hotel; гостиницы - die Hotels
гость - der Gast
готовка еды - das Kochen
готовый - fertig
грабитель - der Räber; ограбление - der Diebstahl
гражданин - der Herr
грузить - beladen, грузчик - der Verlader,
грузовик - der Lastwagen
грустный - traurig
грязный - dreckig
Дд
да - ja
давай, давайте (Pl) - lass uns
давать - geben
дал - gab
далеко - weit; дальше - weiter
дата - das Datum
два - zwei
двадцать - zwanzig
двадцать один - einundzwanzig
двадцать пять - fünfundzwanzig
дважды - zweimal

две тысячи сто двадцать - zweitausendeinhundertzwanzig
дверь - die Tür
двести - zweihundert
двигался - bewegte sich
двигатель - der Motor
двор - der Hof
девочка, девушка - das Mädchen
девятый - neunter
девять - neun
действительно - wirklich
делал - machte
делать - machen
день - der Tag
деньги - das Geld
деревня - das Dorf
десятый - zehnter
десять - zehn
дети - die Kinder
детсад - der Kindergarten
дизайн - das Design
длинный - lang
для, на - für
до - bis, zu; Магазин работает до семи часов. - Der Laden arbeitet bis sieben Uhr; 2. до - zuvor, bevor; Я приеду до пятницы. - Ich komme bevor Freitag.
до свидания - Auf Wiedersehen
довольно (таки) - ziemlich
дождь - der Regen
должен - müssen; Я должен идти. - Ich muss gehen.
должность - die Position
дом - das Haus, das Zuhause
домашнее животное - das Haustier
домашняя работа - die Hausaufgaben
дорога - die Straße
дорогой - lieber, liebe; teuer
достать / доставать - erreichen, langen; herausziehen
доход - das Einkommen
дочь - die Tochter
друг - der Freund
друг друга - einander
другой - ein anderer, eine andere, ein anderes
дружелюбный - freundlich

думать - denken
думая - denkend
Ее
Евразия - Eurasien
его - ihn (Akkusativ), sein(e) (Possessivpronomen); Я знаю его. - Ich kenne ihn. Это его книга. - Das ist sein Buch.
еда - das Essen
её - sie (Akkusativ), ihr(e) (Possessivpronomen); Я знаю её. - Ich kenne sie. Это её книга. - Das ist ihr Buch.
ежедневно - täglich, jeden Tag
ездить - fahren
ей - ihr (Dativ); Я хочу подарить ей эти цветы. - Ich möchte ihr diese Blumen schenken.
ему - ihm
если - ob, wenn, falls
ехать - fahren
ехать на велосипеде - Fahrrad fahren, mit dem Fahrrad fahren
ещё - noch
ещё один - noch einen
Жж
жаль (+Dative) - leid tun; Мне жаль. - Es tut mir leid.
ждал - wartete
ждать - warten
же - doch, ja, aber; Возьмите же эту книгу. - Nehmen Sie doch dieses Buch.
железная дорога - der Bahnhof
жёлтый - gelb
женат(ый) - verheiratet (ein Mann); замужняя - verheiratet (eine Frau)
женский - weiblich
женщина - die Frau
женщины - der Frau
животное - das Tier
живущий - wohnhaft
жизнь - das Leben
жил - lebte
жить - leben, wohnen
журнал - die Zeitschrift
журналист - der Journalist
Зз
забавный - lustig

заботиться - sich kümmern um
заботливый, осторожный - sorgfältig
забыть - vergessen
завёл - machte an (den Motor); поехал - fuhr los
заводить - anmachen (nur ein Motor)
завтра - morgen
завтрак - das Frühstück; завтракать - frühstücken
завывая - heulend
загадка - das Rätsel
загрязнять - verschmutzen
задача - die Aufgabe
закончил - machte fertig
закрывать - schließen
закрыл - schloss; закрытый - geschlossen
залаял - bellte
занимать время - Zeit nehmen; Это занимает пять минут. - Es nimmt fünf Minuten.
записка - die Notiz
записывать - aufnehmen
заплатить - zahlen
заполнить - ausfüllen
зарабатывать - verdienen
заставить / заставлять - zwingen
застыть - erstarren
засунуть / засовывать - einstecken
захватить - erbeuten
зацепить(ся) - sich anhaken, hängenbleiben
защищать - beschützen
звезда - der Stern
звёздочка - das Sternchen
звонил - klingelte
звонить - anrufen (am Telefon); 2. klingeln;
звонок - das Klingeln
здание - das Gebäude
здесь - hier (Ort), сюда - hierher (Richtung), вот - hier ist / sind
Здорово! - Toll!
здоровье - die Gesundheit
здравствуйте - hallo
зебра - das Zebra
зелёный - grün
земля - die Erde, Land

знакомиться - kennenlernen; Рад(а) с Вами познакомиться. - Ich bin froh Sie kennenzulernen.
знал - wusste
знать - kennen, wissen
значить - bedeuten
зоопарк - der Zoo
зрители - das Publikum
Ии
и так далее - usw.
и; а - und
Иван - Ivan (Name)
игра - das Spiel
играть - spielen
игрушка - das Spielzeug
идея - die Idee
идти / ходить - kommen / gehen
из, с, от - aus, von
извинять - sich entschuldigen; Извините (меня). - Entschuldigen Sie (mich).
издательство - der Verlag
из-за - wegen
изменение - die Änderung
или - oder
им - ihnen (Dativ)
имеет - er/sie/es hat; Он имеет книгу. - Er hat ein Buch.
имел - hatte, gehabt
иметь - haben
имя - der Name; название - der Name (für Sachen); называть - nennen
индивидуально - einzeln
инженер - der Ingenieur
иногда - manchmal, ab und zu
инопланетянин / пришелец - der Außerirdische
интересный - interessant
информация - die Information, die Angabe
искать - suchen
искренне - offenherzig
искусство - die Kunst
Испания - Spanien
испанский - spanische
использовать - benutzen
испуганный - ängstlich
история - die Geschichte
итальянский - Italienische

их - sie (Akkusativ), ihr(e) (Possessivpronomen); Я знаю их. - Ich kenne sie. Это их книги. - Das sind ihre Bücher.

Кк

к, в, на - zu; Я иду в банк. - Ich gehe zur Bank.
каждый - jeder, jede, jedes
как - wie; Как я. - Wie ich.
как будто - als ob
Как дела? - Wie geht es?
как можно чаще - so oft wie möglich
какой - welcher/welche/welches; Какой стол? - Welcher Tisch?
какой-нибудь - irgendein
камень - der Stein
капитан - der Kapitän
карман - die Tasche
карта - die Karte; карта мужчины - der Plan des Mannes
картин(к)а, изображение - das Foto, das Bild
Каспер - Kasper (Name)
касса - die Kasse; кассир - der Kassierer
кафе - das Café
качаясь - schaukelnd
квитанция - die Quittung
кенгуру - das Känguru
километр - der Kilometer
кит - der Wal; кит-убийца - der Schwertwal
клавиатура - die Tastatur
класс - die Klasse
классная комната - das Klassenzimmer
клиент - der Kunde
клуб - der Verein
ключ - der Schlüssel
книга - das Buch
книжный шкаф - das Bücherregal
кнопка - der Knopf
ковёр - der Teppich
когда - wenn
колесо - das Rad
коллега - der Kollege
Колобоков - Kolobokov (Name)
команда - die Mannschaft
комар - die Stechmücke
комната - das Zimmer; комнаты - die Zimmer
компакт-диск - die CD
компания - die Firma
компьютер - der Computer
конец - das Ende; кончать - beenden
конечно - natürlich
конкурс - der Wettbewerb
консультант - der Berater; консультировать - beraten
консультация - die Beratung
контроль - die Kontrolle
координация - die Koordination
корабль - das Schiff
кормить - füttern
короткий - kurz
космический корабль - das Raumschiff
космос - das Weltall
котёнок - das Kätzchen
который - der, die, das (konj.)
кофе - der Kaffee
кошечка - die Miezekatze
кошка - die Katze
кран - der Wasserhahn
красивый - schön
красный - rot
красть / воровать - stehlen
крепкий - starker
крикнул - gerufen, rief
криминальный - kriminell, преступник - der Verbrecher
кристалл - das Kristall
Кристиан - Kristian (Name)
Кристиана - Kristians
кричать - schreien, rufen
кровати - die Betten; кровать - das Bett
кроме - außer, ausgenommen
крыса - die Ratte
крыша - das Dach
кстати - übrigens
кто, который - wer
кто-нибудь (кого-нибудь), кто-то - jemand (jemanden)
Кузьма - Kuzma (Name)
кукла - die Puppe
курс - der Kurs
куртка - die Jacke

кусать - beißen
кухня - die Küche
кушать, есть - essen
Кэрол - Carol
Лл
ладно - gut, alles klar
лазер - der Laser
лев - der Löwe
лежать - liegen
лестница - die Treppe
летать - fliegen
ли - ob; Может ли он помочь? - Ob er helfen kann?
лидер - der Führer
лис(а) - der Fuchs
лист - das Blatt
лифт - der Aufzug
лицо - das Gesicht
личный - persönlich
лишь - nur
ловить - fangen
ложить - legen
лучше - besser
лучший - beste
Люба - Luba (Name)
любил - liebte, geliebt
любимый - Lieblings-
любить - mögen, lieben
любовь - die Liebe, любить - lieben
любой - jeder; один из вас - einer von euch
люди - die Menschen
Мм
магазин - der Laden; магазины - die Läden
мадам - die Madame
маленький - klein
мало - wenig
мальчик - der Junge
мама - Mama, die Mutter
мамин - der Muti
масло - die Butter
матрас - die Matratze
мать - die Mutter
машина - das Auto, die Maschine
мебель - die Möbel
медицинский - medizinisch
медленно - langsam
между - zwischen

меньше, менее - weniger
меня / мне - mich / mir
менять - ändern
место - der Platz, помещать - legen
месяц - der Monat
металл, металлический - das Metall
метод - die Methode
метр - der Meter
мечта - der Traum; мечтать - träumen
микрофон - das Mikrofon
миллиард - Billionen
мимо - vorbei
минимум - wenigstens
минута - die Minute
мир - die Welt
Михаил - Mikhail
мне - mir
мне интересно / любопытно - ich frage mich
много - viel, viele
мобильный - das Handy
мог - könnte
можно - dürfen, können; Можно Вам помочь? - Kann ich Ihnen helfen?
мой (M), моя (F), моё (N), мои (Pl) - mein, meine, mein
мокрый - nass
молодой - jung
молчаливый - leise
молчать - schweigen; молча - schweigend
момент - der Moment
монотонный - monoton
море - das Meer
мороженое - das Eis
мост - die Brücke
мочь, уметь - können; Я умею / могу читать. - Ich kann lesen.
мужской - männlich
мужчина - der Mann
мужчины - die Männer
музыка - die Musik
мы - wir
мыть - waschen
Нн
на - auf, in, on, at
на протяжении - im Verlauf, während
на улице - draußen

на улицу - nach außen
набрать / набирать - wählen (am Telefon)
навык(и) - die Fertigkeit(en)
нагревать - aufwärmen
над - über
надежда - die Hoffnung; надеяться - hoffen
надо / нужно (+ Dative) - brauchen
нажал ногой - trat; нажимая ногой - tretend
нажать / нажимать - drücken
назад, обратно - zurück
наконец - schließlich
наличные деньги - das Bargeld
нам / нас - uns (Dat.) / uns (Ak.)
(на)писать - schreiben
наполнять - füllen
направил на - richtete
направляться / идти - gehen
наружу - nach draussen
наручники - die Handschellen
настоящий - wirkliche
наступать - treten
насыпать - schütten, gießen
(на)учиться - lernen
находится - ist, befindet sich; Магазин
находится рядом. - Der Laden ist nah.
находить - finden
находятся - sind, befinden sich; Магазины
находятся рядом. - Die Läden sind nah.
национальность - die Nationalität
начал - begann, begonnen
начинать - anfangen
наш - unser
нашёл - gefunden
не - nicht
неделя - die Woche
незнакомый - fremd
неисправен - außer Betrieb
нельзя (+ Dative) - nicht dürfen; Ему нельзя работать. - Er darf nicht arbeiten.
немедленно - sofort
немец - der Deutsche, немка - die Deutsche
немецкий - deutsche
ненавидеть - hassen
неожиданно - plötzlich
неожиданность - Überraschung
неправильно - falsch; исправлять - korrigieren

несколько, немного - ein paar, einige
несправедливый - ungerecht
нести - bringen in Händen; везти - transportieren
нет - nein
нефть - das Öl
никакой - kein(er)
никогда - nie
Николаевич - Nikolaevich (Vatersname)
Николай - Nikolai (Name)
никто - niemand
ничего / ничто - nichts
но - aber
новый - neu
нога - das Bein
номер - die Nummer
Норвегия - Norwegen
нос - die Nase
ночь - die Nacht
нравиться (passive form +Dative) - gefallen; Она мне нравится. - Sie gefällt mir.
Оо
О! - Oh!
обезьяна - der Affe
обрадоваться - froh werden
образование - die Ausbildung
обслуживать - bedienen
обучение - lernen
общежитие - das Studentenwohnheim
объявление - das Inserat
объяснять / объяснить - erklären; Вы можете объяснить это? - Können Sie das erklären?
обычно - normalerweise
обычный - gewöhnlich, normal
огонь - das Feuer
ограничение, лимит - die Begrenzung
одевать / одеть - anziehen
одежда - Kleidung
одетый - gekleidet, angezogen
один - ein
один за другим - einer nach dem anderen
один раз - einmal
одиннадцать - elf
одинокий - ledig
озеро - der See
окна - die Fenster; окно - das Fenster

олимпийский - olympisch
он - er
она - sie (Sing.)
они - sie (Plural)
оно - es
опыт - die Erfahrung
оружие - die Waffe
особенно - vor allem
оставаться - bleiben
оставить - verlassen
останавливать(ся) - anhalten
остановил - beendete
отвернуться - sich abwenden
ответ - die Antwort, отвечать - antworten, erwidern
ответил - geantwortet, antwortete
отдел кадров - die Personalabteilung
отказывать(-ся) - ablehnen
открывать - öffnen
открыл - geöffnet, öffnete
отпускать - freisetzen
отчество - der Vatersname, der zweite Name
офис - das Büro
офицер - der Polizist
оценивать - beurteilen
оценил - ausgewertet
очень - sehr
очередь - die Schlange
очищая - putzend
Пп
падать - fallen; упал - fiel
падающий - fallend
падение - der Fall
паниковать - in Panik versetzen
папа - der Vater, папин - Vatis
папочка - Papa
парашют - der Fallschirm
парашютист - der Fallschirmspringer
парень - der Junge
парк - der Park; парки - die Parks
патруль - die Patrouille, die Streife
Паша - Pascha (Name)
Паши - Paschas; книга Паши - Paschas Buch
певец (M), певица (F) - der Sänger
первый - der erste
переводчик - der Übersetzer

переворачивать (страницу) - durchblättern
перед - gegen, vor, bevor
перед тем, как - bevor, zuvor
передний - vorn
перерыв - die Pause
песок - der Sand
петь - singen
пешком - zu Fuß
пилот - der Pilot
писал - schrieb
писать - schreiben
писатель - der Schriftsteller
писательская работа - Schreibarbeit
письменный стол - der Schreibtisch
письмо - der Brief
питание - das Essen
пить - trinken
плавать - schwimmen
плакать - weinen
план - der Plan, планировать - planen
планета - der Planet
платил - bezahlte, gezahlt
платье - Kleidung
плита кухонная - der Herd
плохой - schlecht
площадь - der Platz
плывущий - schwimmender, treibender
плыть - schwimmen, treiben
повернул(-ся) - drehte (sich)
погода - das Wetter
погоня - die Verfolgung
погружаться - sinken, eintauchen
под - unter
подавать заявление - sich bewerben
понимать - heben
пониматься - aufstehen
подойти для.. - geeignet sein für..
подруга - die Freundin
подходящий - passend
подчеркнуть - unterstreichen
поезд - der Zug
поездка - Fahrt
пожалуйста - bitte
позвонил - rief an
поймать - fangen
пока - tschüss
показал - zeigte

показывать - zeigen
покидать / уходить - verlassen
покупать - kaufen
покупка - Einkauf
пол - das Geschlecht; der Boden
полагать - glauben
пол-девятого - halb neun
поле, графа - das Feld
полицейский - der Polizist
полиция - die Polizei
полная занятость - Vollzeitarbeit
полный - voll
половина - halb
положение - der Stand; семейное
положение - der Familienstand
(по)ложить - legen
получать / получить - bekommen, kriegen, erhalten
помощник - der Helfer
помощь - die Hilfe; помочь - helfen
(по)мыть - waschen
понедельник - Montag
понимать - verstehen
понял - verstanden, verstand
пора - es ist an die Zeit, es ist soweit
посетил - besuchte
посетитель - der Gast, der Besucher
послал - schickte
после - nach
посмотрел - sah, schaute, geschaut
постоянный - beständig
потом, тогда, затем - dann; после этого - danach
потому что - weil
почему - warum
почистил - säuberte
поэтому - deshalb, deswegen
правило - die Regel
правильно - richtig
правильный - richtig(er)
право - das Recht
прежде чем - bevor
прекрасный - schön
преподавать - beibringen, lehren
приблизительно, около - etwa
прибыл - angekommen
прибыть - ankommen

привет - hallo
приветствовать - grüssen
привозить - bringen
привозя - bringend
приготовить(ся) - vorbereiten (sich)
приземляться - landen
приказывать - befehlen
приключение - das Abenteuer
пример - das Beispiel; например - zum Beispiel
примерно - etwa
принесены(е) - gebracht
природа - die Natur
присоединяться - kommen in
приставать к (+Dative) - ärgern
пристёгивать - anschnallen
притвориться / притворяться - vorgeben; so tun, als ob
причина - der Grund
пришёл - kam, gekommen
(про)анализировать - analysieren
проблема - das Problem
пробовать - versuchen
проверять - kontrollieren
провод, кабель - das Kabel
проводить время - Zeit verbringen
проворный - schnelle
проглотить - (hinunter)schlucken
программа - das Programm
программист - der Programmierer
прогулка - Spaziergang
продавать - verkaufen
продавец / продавщица - der Verkäufer / die Verkäuferin
продолжаться - dauern
продолжение следует - Fortsetzung folgt
продолжить - fortführen
производить - herstellen
происходить - passieren; произошло - passiert
проклятье - verdammt
пронёсся - raste
пропал - weg sein
просить - bitten
простой - einfach
против - gegen
профессия - der Beruf

прочь - weg
прошёл - abgelaufen
прошлый - vorige, letzte
прыгать - springen; прыжок - der Sprung
прятать(-ся) - sich verstecken; прятки - das Versteckspiel
птица - der Vogel
пускать, позволить - lassen
пустой / пустая - leer
путь - der Weg
пытался - versuchte
пытаться - versuchen
пятнадцать - fünfzehn
пятый - fünfter
пять - fünf
Pp
работа - Arbeit; агентство по трудоустройству - die Arbeitsvermittlung
работать - arbeiten
работал - arbeitete, gearbeitet
работающий - arbeitende
работодатель - der Arbeitgeber
рабочий - der Arbeiter
рад - froh
радар - der Radar
радио - das Radio
разбить - zerbrechen
развивать - entwickeln
разговаривать - sich unterhalten
разгружать - abladen
различный - verschieden
разрешить / разрешать - erlauben, gestatten
разрушать - zerstören
разъезжать - reisen
раньше - vorher
распространять(ся) - übergreifen
ребёнок - das Kind
редактор - der Herausgeber, der Redakteur
редко - selten
резина - der Gummi
реклама - die Werbung
рекомендовал - empfiehl
рекомендовать - empfehlen, рекомендация - die Empfehlung
ремни безопасности - der Sicherheitsgurt
репортёр - der Reporter
речь - die Rede

рикошетом - abprallen
Роберт - Robert (Name)
Роберта - Roberts
род - die Art
родитель - die Eltern
родной язык - die Muttersprache
Россия - Russland
россиянин / русский (M), россиянка / русская (F) - Russe / Russin, российский / русский (M) (Adj) - russische; русский язык - russische Sprache
рубль - Rubl (russisches Geld)
рубрика - die Rubrik
рука - der Arm; рука (ладонь) - Hand
руководитель / руководительница - der Leiter / die Leiterin
русская / россиянка (F) - Russin
русский / россиянин (M) - Russe
русский, российский (Adj) - russisch
рядом - nahe
Cc
с - mit; 2. seit
сад - der Garten
садиться - sich setzen
самолёт - das Flugzeug
самый - meist
Санкт Петербург - St Peterburg (city)
Света - Sveta (Name)
свободно - fließend
свободный - frei
свой - ersetzt alle Possessivpronomen (Singular und Plural), wenn das Subjekt im Satz der Besitzer des Objektes ist: Я использую свой компьютер. - Ich benutze mein (eigener) Komputer.
сдать экзамен - eine Prüfung bestehen
сдаться - aufgeben
сегодня - heute
седовласый - grauhaarig
седьмой - siebter
сезон - die (Jahres)zeit
сейф - der Tresor
сейчас - jetzt, zurzeit, gerade
секрет - das Geheimnis
секретарь - die Sekretärin
сельская местность - das Land
семена - das Saatgut

семнадцать - siebzehn
семь - sieben
семья - die Familie
Сергей - Sergey
сердито - wütend
сердитый - wütend
сержант - der Polizeihauptmeister
сериал - die Serie
серый - grau
серьёзно - ernst
сестра - die Schwester
сзади - hinter
сигнал - der Piepton
сиденье - der Sitz
сидеть - sitzen
сидиплеер - der CD-Spieler
сила - die Stärke
сильно - stark, сильный - stark
синий - blau
сирена - die Sirene
ситуация - die Situation
сказал - sagte
сказать - sagen
сколько - wieviel
сконфуженный - verwirrt
скоро, вскоре - bald
скорость - die Geschwindigkeit;
нарушитель - der Raser
слегка - leicht
слишком - zu; слишком дорогой - zu teuer
слова - die Wörter, die Vokabeln; слово - das Wort, die Vokabel
слуга (M), служанка (F) - der Bedienstete
слушать - hören; Я слушаю музыку. - Ich höre Musik.
способ - Art und Weise
способность / одарённость - die Begabung
спросил - fragte, gefragt
спросить - fragen
спрятался - versteckte
сразу - gleich
ставить - stellen; ложить - legen
стандартный - der Standard, Standard-
становиться - werden
станция - station
старший - älter
старый - alt

слышал - hörte, gehört
смертельный - tödlich
смеяться - lachen
смотреть - schauen, betrachten
сначала - erst
снимать - abnehmen
снова, опять - wieder
собака - der Hund
собственный - eigener, eigene, eigenes
соглашаться - einverstanden sein; согласен / согласный - einverstanden (Adj)
соглашение, договор - die Vereinbarung
сожалеть - leid tun; Я сожалею. - Es tut mir leid.
сон - der Schlaf
сообразительный - intelligent
сообщать - informieren, mitteilen
сообщил - informierte, teilte mit
сопровождал - begleitet, begleitete
сопровождать - begleiten
сорок четыре - vierundvierzig
сосед - der Nachbar
соседний - der nächste
составить / составлять - entwerfen, verfassen
сочинение, композиция - der Entwurf, der Text
спаниель - der Spaniel
спасательная служба - der Rettungsdienst
спасать - retten
спать - schlafen
список - die Liste
спорт - der Sport; спортивный магазин - das Sportgeschäft, спортивный велосипед - das Sportfahrrad
стекать - ablaufen
стекло - das Glas
стиральная машина - die Waschmaschine
сто - hundert
стоить - kosten
стол - der Tisch; столы - die Tische
стоять - stehen
страна - das Land
страница Интернета - die Website
строгий - strenge
стройный - schlank

студент - der Student; студенты - die Studenten
стул - der Stuhl
ступня - der Fuß
стыдиться - sich schämen; ему стыдно - er schämt sich
суббота - Samstag
суметь - schaffen
сумка - die Tasche
супермаркет - der Supermarkt
сушить - trocknen; сухой - trocken
сходить с - aussteigen
счастливый - glücklich
счастье - das Glück
США - die USA
сын - der Sohn
сэндвич - das Sandwich
Тт
таблетка - die Tablette
тайком - heimlich
так как - weil, denn, da
также, тоже - auch
такси - das Taxi
там - dort (Platz)
танкер - der Tanker
танцевал - tanzte
танцевать - tanzen
танцуя - tanzend
тарелка - der Teller
твой - dein (Possessiv), ваш - euer, Ваш - Ihr
творческий - kreativ
те - jene (pl.)
текст - der Text
телевидение - der Fernseher
телевизор - der Fernseher
телефон - das Telefon; звонить - telefonieren
телефонная трубка - der Telefonhörer
тем временем - in der Zwischenzeit
тёмный - dunkel
тёплый - warm
тереть(-ся) - reiben (sich)
терять - verlieren
тест - die Prüfung
тестировать - prüfen
течение - der Fluss

тигр - der Tiger
тихо - leise
товарищ - comrade
тоже, также - auch
ток - der Strom
толкать - stoßen, ziehen
только - nur
(тому) назад - vor; год (тому) назад - vor einem Jahr
торговый центр - das Einkaufszentrum
тормоз - die Bremse, тормозить - bremsen
тормозок - der Imbiss
тот - jener, jene, jenes
тот же самый - der Gleiche; одновременно - gleichzeitig
транспорт - der Transport
тратить - ausgeben, verwenden
тревога - der Alarm
тренированный - trainiert
тренировать - trainieren
третий - dritter
три - drei
тридцать - dreißig
трудный - schwer
трюк - der Trick
трюк по спасению жизни - der Rettungstrick
тряс(-ся) - wackelte
трясти(сь) - zittern
туалет - die Toilette
туда - dorthin (Richtung)
ты, Вы, вы - du, Sie, ihr
тысяча - eintausend
тянуть - ziehen
Уу
у меня - ich habe, у нас - wir haben, у тебя / у вас - du hast / ihr habt, у Вас - Sie haben, у него - er / es hat, у неё - sie hat, у них - sie haben
у, около, в - am, beim
убедиться - eine Überzeugung gewinnen
убежал - lief weg
убийца - der Mörder
убил - tötete, getötet (part.)
убрать / убирать - wegnehmen
уверенный - sicher
уволить - feuern

уделять время - Zeit zuteilen / finden
удивительный - wunderbar
удивление - die Überraschung
удивлённый - überrascht, verwundert
удивлять - überraschen
удовольствие - der Spaß
уже - schon
узнал о.. - kennengelernt über..
узнать - erfahren
украденный - gestohlen
укрытие - die Abdeckung
улетел - flog weg
улица - die Straße; улицы - die Straßen
улица Щорса - Shchorsa street
улыбаться - lächeln
улыбка - das Lächeln
улыбнулся - lächelte, gelächelt
умение, навык - die Fähigkeit
умирать - sterben, умер - starb
умный - schlau, klug
умственная работа - Kopfarbeit
умываться - waschen
университет - die Universität
уничтожить - zerstören
управлять / рулить - lenken
урок - die Unterrichtsstunde, die Aufgabe
уставший - müde
устроить - einrichten; устройство на работу - Arbeitsbewerbung
утро - der Morgen
ухо - das Ohr
уходить - weggehen
участник - der Teilnehmer
учебник - das Fachbuch
учитель - der Lehrer
учить(-ся) / изучать - studieren, lernen
ушёл - ging (weg)
Фф
ферма - der Bauernhof
фермер - der Bauer
физическая работа - die Handarbeit
фильм - der Film
финансы - die Finanzwissenschaft
фирма - die Firma
ФЛЕКС - Schule für Austauschschüler (SAS)
Форд - Ford

форма, анкета - das Formular
фотографировать / снимать - fotografieren;
фотография / снимок - die Fotografie;
фотограф - der Fotograf
фраза - der Satz
Хх
хвост - der Schwanz
химический - chemisch; химикаты - die Chemikalien
химия - die Chemie
хитрый - schlauer; хитро - schlau
хлеб - das Brot
хозяин - der Gastgeber
холодный - kalt; холод - die Kälte
хороший / хорошо - gut
хорошо - gut, alles klar
хотел - wollte
хотеть - wollen
хотя - obwohl
художник - der Künstler
Цц
цветок - die Blume
целовать - küssen
цена - der Preis
центр - das Zentrum; центр города - das Stadtzentrum
центральный - Haupt-, zentral
церемония - die Feier
Чч
чеварка - Teemaschine
чай - der Tee
чайник - der Kessel
час - die Stunde; ежечасно - stündlich; час - Uhr; Два часа. - Es ist zwei Uhr.
частичная занятость - die Teilzeitarbeit
часто - oft
часть - der Teil
часы - die Uhr
чашка - die Tasse
чей - wessen
человек - der Mensch; человеческий - menschlich
чем - als; Николай старше чем Люба. - Nikolai ist älter als Liuba.
через - hindurch; 2. in; через два часа - in zwei Stunden
чёрный - schwarz

четвёртый - vierter
четыре - vier
чистый - sauber; чистить - putzen
читать - lesen
читающий - lesende
чтение - das Lesen
что - dass; Я знаю, что она русская. - Ich weiss, dass sie ist Russin.
что - was; Что это? - Was ist das?
что насчёт…? - was ist mit…?
чтобы - um .. zu ..
что-нибудь - etwas
что-то - etwas
чувствуя - fühlend
чуть(-чуть) - ein bisschen
чучело парашютиста - die Fallschirmspringerpuppe
Шш
шаг - der Schritt
шанс - die Chance
шестой - sechster
шесть - sechs

шестьдесят - sechzig
широкий - weit; широко - weit
школа - die Schule
шляпа - der Hut
Щщ
щенок - der Welpe
Ээ
эй! - Hey!
Экспресс Банк - Express Bank
электрический - elektrisch
электронная почта - die E-Mail
энергия - die Energie
эти - diese
это - diese Dinge
этот (M), эта (F), это (N) - dieser, diese, dieses; эта книга - dieses Buch
Яя
я - ich
я буду - Ich werde
язык - die Sprache
ящик - die Kiste

Немецко-русский словарь

Aa
Abdeckung die - укрытие
Abend der - вечер
Abenteuer das - приключение
aber - но
abgelaufen - прошёл
abladen - разгружать
ablaufen - стекать
ablehnen - отказывать(-ся)
abnehmen - снимать
abprallen - рикошетом
absolut - абсолютный / полный
acht - восемь
achter - восьмой
Adresse die - адрес
Affe der - обезьяна
Agentur die - агентство
Alarm der - тревога
Alisa Tsvetkova - Алиса Цветкова
alle - все, каждый
alles - всё
alles klar - ладно, хорошо
als - чем; Николай старше чем Люба. - Nikolai ist älter als Liuba.
als ob - как будто
alt - старый
älter - старший
Alter das - возраст
am, beim - у, около, в
analysieren - (про)анализировать
anderer, eine andere, ein anderes - другой
ändern - менять
Änderung die - изменение
anfangen - начинать
angekommen - прибыл
Angela - Анжела
ängstlich - испуганный
anhalten - останавливать(ся)
ankommen - прибыть
anmachen (nur ein Motor) - заводить, включать
Anrufbeantworter der - автоответчик
anrufen (am Telefon) - звонить
anschnallen - пристёгивать

anstelle - вместо (+Genitive); вместо тебя - an deiner Stelle
Antwort die - ответ
antworten, erwidern - отвечать
Anya (Name) - Аня
anziehen - одевать / одеть
Apotheke die - аптека
Arbeit - работа
arbeiten - работать
arbeitende - работающий
Arbeiter der - рабочий
arbeitete, gearbeitet - работал
Arbeitgeber der - работодатель
Arbeitsbewerbung - устройство на работу
Arbeitsvermittlung die - агентство по трудоустройству
ärgern - приставать к (+Dative)
arm - бедный
Arm der - рука
Art, Typ - способ, вид / тип
Arzt der - врач
Aspirin das - аспирин
auch - также, тоже
Auf Wiedersehen - до свидания
auf, in, on, at - на
Aufgabe die - задача
aufgeben - сдаться
Aufmerksamkeit die - внимание
aufnehmen - записывать
aufstehen - вставать, подниматься
aufwärmen - нагревать
Aufzug der - лифт
Auge das - глаз
Augen die - глаза
au-pair - апэр
aus, von - из, с, от
Ausbildung die - образование
ausfüllen - заполнить
ausgeben, verwenden - тратить
ausgewertet - оценил
ausmachen - выключать
(aus)rufen - восклицать
außer Betrieb - неисправен
außer, ausgenommen - кроме

Außerirdische der - инопланетянин / пришелец
aussteigen - сходить с
Auto das, die Maschine - машина
Bb
Bad das, das Badezimmer - ванная комната
Badewanne die - ванна
Badezimmertisch der - ванный столик
Bahnhof der - железная дорога
bald - скоро, вскоре
Bank die - банк
Bargeld das - наличные деньги
Bauer der - фермер
Bauernhof der - ферма
bedeuten - значить
bedienen - обслуживать
Bedienstete der - слуга (M), служанка (F)
beenden - кончать
beendete - остановил
befehlen - приказывать
Begabung die - способность / одарённость
begann, begonnen - начал
begleiten - сопровождать
begleitet, begleitete - сопровождал
Begrenzung die - ограничение, лимит
beibringen, lehren - преподавать
Bein das - нога
Beispiel das - пример; например - zum Beispiel
beißen - кусать
bekommen, kriegen, erhalten - получать / получить
beladen - грузить
bellte - залаял
benutzen - использовать
beraten - консультировать
Berater der - консультант
Beratung die - консультация
Beruf der - профессия
beschützen - защищать
Besitzer der - владелец
besser - лучше
beständig - постоянный
beste - лучший
besuchte - посетил
Bett das - кровать
Betten die - кровати

beurteilen - оценивать
bevor, zuvor - перед тем, как; прежде чем
bewegte sich - двигался
bewusstlos - без сознания
bezahlte, gezahlt - платил
Billionen - миллиард
bis, zu - до; Магазин работает до семи часов. - Der Laden arbeitet bis sieben Uhr
bisschen - чуть(-чуть)
bitte - пожалуйста
bitten - просить
blass - бледный
Blatt das - лист
blau - синий
bleiben - оставаться
Blume die - цветок
Boris Provornov - Борис Проворнов
brauchen - надо / нужно (+ Dative)
Bremse die - тормоз
bremsen - тормозить
Brief der - письмо
bringen (mit Transport) - (при)везти;
bringen (in Händen) - (при)нести
bringend - привозя
Brot das - хлеб
Brücke die - мост
Bruder der - брат
Buch das - книга
Bücherregal das - книжный шкаф
Büro das - офис
Bus der - автобус
Butter die - масло
Cc
Café das - кафе
Carol - Кэрол
CD die - компакт-диск
CD-Spieler der - сидиплеер
Chance die - шанс
Chemie die - химия
Chemikalien die - химикаты
chemisch - химический
Computer der - компьютер
comrade - товарищ
Dd
Dach das - крыша
dagegen sein, protestieren - возражать
danach - после этого

Danke. - Благодарю вас; Спасибо.
danken - благодарить
dann - потом, тогда, затем
dass - что; Я знаю, что она русская. - Ich weiss, dass sie ist Russin.
Datum das - дата
dauern - продолжаться
dein (Possessiv) - твой
denken - думать
denkend - думая
der, die, das, die (Pl.) (Konj.) - который, которая, которое, которые
deshalb, deswegen - поэтому
Design das - дизайн
deutsche - немецкий
Deutsche der - немец
Deutsche die - немка
Deutschland - Германия
Dieb der - вор
Diebe die - воры
Diebstahl der - ограбление
diese - эти
diese Dinge - это
dieser, diese, dieses - этот (M), эта (F), это (N); эта книга - dieses Buch
Ding das, die Sache - вещь, предмет
doch, ja, aber - же; Возьмите же эту книгу. - Nehmen Sie doch dieses Buch.
Dorf das - деревня
dort (Platz) - там
dorthin (Richtung) - туда
draußen - на улице
dreckig - грязный
drehte (sich) - повернул(-ся)
drei - три
dreißig - тридцать
dritter - третий
drücken - нажать / нажимать
du hast / ihr habt - у тебя / у вас
du, Sie, ihr - ты, Вы, вы
dumm - глупый
dunkel - тёмный
durchblättern - переворачивать (страницу)
dürfen, können - можно; Можно Вам помочь? - Kann ich Ihnen helfen?
DVD die - видеодиск

Ee
eigener, eigene, eigenes - собственный
Eimer der - ведро
ein - один
ein paar, einige - несколько, немного
einander - друг друга
einer nach dem anderen - один за другим
einfach - простой
Einkauf - покупка
Einkaufszentrum das - торговый центр
Einkommen das - доход
einmal - один раз
einrichten - устроить
einstecken - засунуть / засовывать
eintausend - тысяча
einundzwanzig - двадцать один
einverstanden (Adj) - согласен / согласный
einverstanden sein - соглашаться
einzeln - индивидуально
Eis das - мороженое
elektrisch - электрический
elf - одиннадцать
Eltern die - родитель
E-Mail die - электронная почта
empfehlen - рекомендовать
Empfehlung die - рекомендация
empfiehl - рекомендовал
Ende das - конец
Energie die - энергия
entlang - вдоль
Entlohnung die - вознаграждение
entschied sich für - выбрал
entwerfen, verfassen - составить / составлять
entwickeln - развивать
Entwurf der, der Text - сочинение, композиция
er - он
er / sie / es hat - у него / у неё / у него, имеет; У него есть книга. = Он имеет книгу. - Er hat ein Buch.
erbeuten - захватить
Erde die, Land - земля
erfahren - узнать
Erfahrung die - опыт
erinnerte sich - вспомнил

erklären - объяснять / объяснить; Вы можете объяснить это? - Können Sie das erklären?
erlauben, gestatten - разрешить / разрешать
ernst - серьёзно
erreichen, langen; herausziehen - достать / доставать
erst - сначала
erstarren - застыть
erste - первый
es - оно
es ist an die Zeit, es ist soweit - пора
essen - кушать, есть
Essen das - еда, питание
etwa - приблизительно, около, примерно
etwas - что-нибудь, что-то
euer - ваш
Eurasien - Евразия
Express Bank - Экспресс Банк
Ff
Fachbuch das - учебник
Fähigkeit die - умение, навык
fahren - водить, ездить, ехать
Fahrer der - водитель
Fahrkarte die - билет
Fahrrad das - велосипед; Fahrrad fahren, mit dem Fahrrad fahren - ехать на велосипеде
Fahrt - поездка
Fall der - падение
fallen - падать
fallend - падающий
Fallschirm der - парашют
Fallschirmspringer der - парашютист
Fallschirmspringerpuppe die - чучело парашютиста
falsch - неправильно
Familie die - семья
fangen - ловить, поймать
Feier die - церемония
Feld das - поле, графа
Fenster das - окно
Fenster die - окна
Fernseher der - телевизор
fertig - готовый
Fertigkeit(en) die - навык(и)
Feuer das - огонь
feuern - уволить

fiel - упал
Film der - фильм
Finanzwissenschaft die - финансы
finden - находить
Firma die - компания, фирма
fleissige - аккуратный
fliegen - летать
fließend - свободно
flog weg - улетел
Flugschau die - авиашоу
Flugzeug das - самолёт
Fluss der - течение
Ford - Форд
Formular das - форма, анкета
fortführen - продолжить
Fortsetzung folgt - продолжение следует
Foto das, das Bild - картин(к)а, изображение
Fotograf der - фотограф
Fotografie die - фотография / снимок
fotografieren - фотографировать / снимать
Fragebogen der - анкета
fragen - спросить
fragte, gefragt - спросил
Frau der - женщины
Frau die - женщина
frei - свободный
freisetzen - отпускать
fremd - незнакомый
Freund der - друг
Freundin die - подруга
freundlich - дружелюбный
froh - рад
froh werden - обрадоваться
Frühstück das - завтрак
frühstücken - завтракать
Fuchs der - лис(а)
fühlend - чувствуя
fuhr - вёл, ехал
fuhr los - поехал
Führer der - лидер
Führerschein der - водительские права
füllen - наполнять
fünf - пять
fünfter - пятый
fünfundzwanzig - двадцать пять
fünfzehn - пятнадцать

für - для, на
füren, bringen j-n - вести
Fuß der - ступня
füttern - кормить
Gg
gab - дал
Garten der - сад
Gas das - газ
Gast der, der Besucher - посетитель, гость
Gastgeber der - хозяин
geantwortet, antwortete - ответил
Gebäude das - здание
geben - давать
gebracht - принесены(е)
geeignet sein für.. - подойти для..
gefallen - нравиться (passive form +Dative);
Она мне нравится. - Sie gefällt mir.
gefunden - нашёл
gegen etwas - против чего-то
gegen, vor, bevor - перед, напротив
Geheimnis das - секрет
gehen - направляться / идти
gekleidet, angezogen - одетый
gelb - жёлтый
Geld das - деньги
Genesung die, Rehabilitation - восстановление
Genscher (Name) - Геншер
geöffnet, öffnete - открыл
gerufen, rief - крикнул
Geschichte die - история
Geschlecht das; der Boden - пол
geschlossen - закрытый
Geschwindigkeit die - скорость
Gesicht das - лицо
gestern - вчера
gestohlen - украденный
gesund pflegen - восстанавливать
Gesundheit die - здоровье
getroffen, traf, kennengelernt - встретил
gewöhnlich, normal - обычный
ging (weg) - ушёл
Glas das - стекло
glauben - полагать
gleich - сразу
Gleiche der - тот же самый
gleichzeitig - одновременно

Glück das - счастье
glücklich - счастливый
grau - серый
grauhaarig - седовласый
groß - большой
grösste Teil - большая часть
grün - зелёный
Grund der - причина
grüssen - приветствовать
Gummi der - резина
gut - хороший / хорошо
Hh
Haar das - волосы
haben - иметь
halb - половина
halb neun - пол-девятого
hallo - здравствуйте, привет
Hand - рука (ладонь)
Handarbeit die - физическая работа
Handschellen die - наручники
Handy das - мобильный
Hannover - Ганновер
hassen - ненавидеть
hatte, gehabt - имел
Haupt-, zentral - центральный
Haus das, das Zuhause - дом
Hausaufgaben die - домашняя работа
Haustier das - домашнее животное
heben - поднимать
heimlich - тайком
helfen - помочь
Helfer der - помощник
Herausgeber der, der Redakteur - редактор
Herd der - плита кухонная
Herr der - гражданин, господин; г-н
Иванов - Hr. Iwanow
herstellen - производить
heulend - завывая
heute - сегодня
Hey! - эй!
hier (Ort) - здесь
hier ist / sind - вот
hierher (Richtung) - сюда
Hilfe die - помощь
hindurch - через
hinein, in - (во)внутрь
hinter - сзади

(hinunter)schlucken - проглот__и__ть
hoch - в__ы__сокий, высок__о__
Hof der - двор
hoffen - над__е__яться
Hoffnung die - над__е__жда
hören - сл__у__шать; Я сл__у__шаю м__у__зыку. - Ich höre Musik.
hörte, gehört - сл__ы__шал
Hose die - бр__ю__ки
Hotel das - гост__и__ница
Hotels die - гост__и__ницы
Hund der - соб__а__ка
hundert - сто
hungrig - гол__о__дный
Hut der - шл__я__па
Ii
ich - я
ich frage mich - мне интер__е__сно / люб__о__пытно
ich habe - у меня
Ich werde - я б__у__ду
Idee die - ид__е__я
ihm - ем__у__
ihn (Akkusativ) - ег__о__; Я зн__а__ю ег__о__. - Ich kenne ihn.
ihnen (Dativ) - им
Ihr - Ваш
ihr - ей (Dativ); Я хоч__у__ подар__и__ть ей __э__ти цвет__ы__. - Ich möchte ihr diese Blumen schenken.
ihr(e) - её (Possessivpronomcn); __Э__то её кн__и__га. - Das ist ihr Buch. 2. их; __Э__то их кн__и__ги. - Das sind ihre Bücher.
im Verlauf, während - на протяж__е__нии
Imbiss der - тормоз__о__к
immer - всегд__а__
in - в; Он в гост__и__нице. - Er ist im Hotel. Я зараб__а__тываю 100 рубл__ей__ в час. - Ich verdiene zehn Rubl pro Stunde. 2. через; через два час__а__ - in zwei Stunden
in der Nähe - в__о__зле
in der Zwischenzeit - тем вр__е__менем
in Panik versetzen - паников__а__ть
Information die, die Angabe - информ__а__ция
informieren, mitteilen - сообщ__а__ть
informierte, teilte mit - сообщ__и__л
Ingenieur der - инжен__е__р

Inserat das - объявл__е__ние
intelligent - сообраз__и__тельный
interessant - интер__е__сный
irgendein - как__о__й-нибудь
ist, befindet sich - нах__о__дится; Магаз__и__н нах__о__дится р__я__дом. - Der Laden ist nah.
Italienische - итал__ья__нский
Ivan (Name) - Ив__а__н
Jj
ja - да
Jacke die - к__у__ртка
Jahr das - год
(Jahres)zeit die - сез__о__н
jeder, jede, jedes - к__а__ждый, люб__о__й; к__а__ждый из вас - jeder von euch
jemand - кто-ниб__у__дь, кто-то
jemanden - ког__о__-нибудь
jene (pl.) - те
jener, jene, jenes - тот
jetzt, zurzeit, gerade - сейч__а__с
Journalist der - журнал__и__ст
jung - молод__о__й
Junge der - м__а__льчик, п__а__рень
Kk
Kabel das - пр__о__вод, к__а__бель
Kaffee der - к__о__фе
kalt - хол__о__дный
Kälte die - х__о__лод
kam, gekommen - пришёл
Känguru das - кенгур__у__
Kapitän der - капит__а__н
Karte die - к__а__рта
Kasper (Name) - К__а__спер
Kasse die - к__а__сса
Kassierer der - касс__и__р
Kätzchen das - котёнок
Katze die - к__о__шка
kaufen - покуп__а__ть
kein(er) - никак__о__й
kennen, wissen - знать
kennengelernt über.. - узн__а__л о..
kennenlernen - знак__о__миться; Рад(а) с В__а__ми познак__о__миться. - Ich bin froh Sie kennenzulernen.
Kessel der - ч__а__йник
Kilometer der - килом__е__тр
Kind das - ребёнок

Kinder die - дети
Kindergarten der - детсад
Kiste die - ящик
Klasse die - класс
Klassenzimmer das - классная комната
Kleidung - одежда, платье
klein - маленький
klingeln - звонить
Klingeln das - звонок
klingelte - звонил
klug - умный
Knopf der - кнопка
Kochen das - готовка еды
Kollege der - коллега
Kolobokov (Name) - Колобоков
kommen / gehen - идти / ходить
kommen in - присоединяться
können - мочь, уметь; Я умею / могу читать. - Ich kann lesen.
könnte - мог
Kontrolle die - контроль
kontrollieren - проверять
Koordination die - координация
Kopfarbeit - умственная работа
korrigieren - исправлять
kosten - стоить
kreativ - творческий
Krieg der - война
kriminell - криминальный
Kristall das - кристалл
Kristian (Name) - Кристиан
Kristians - Кристиана
Krug der - банка
Küche die - кухня
Kunde der - клиент
Kunst die - искусство
Künstler der - художник
Kurs der - курс
kurz - короткий
küssen - целовать
Küste die - берег
Kuzma (Name) - Кузьма
Ll
lächeln - улыбаться
Lächeln das - улыбка
lächelte, gelächelt - улыбнулся
lachen - смеяться

Laden der - магазин
Läden die - магазины
Land das - сельская местность, страна
landen - приземляться
lang - длинный
langsam - медленно
Laser der - лазер
lass uns - давай, давайте (Pl)
lassen - пускать, позволить
Lastwagen der - грузовик
laut - вслух
Leben das - жизнь
leben, wohnen - жить
lebte - жил
lecker - вкусный
ledig - одинокий
leer - пустой / пустая
legen - (по)ложить, класть
legen - помещать
Lehrer der - учитель
leicht - слегка
leid tun - сожалеть; Я сожалею. - Es tut mir leid.
leise - молчаливый, тихо
Leiter der / die Leiterin - руководитель / руководительница
lenken - управлять / рулить
lernen - (на)учиться
Lernen das - обучение
Lesen das - чтение
lesen - читать
lesende - читающий
Liebe die - любовь
lieben - любить
lieber, liebe; teuer - дорогой
Lieblings- - любимый
liebte, geliebt - любил
lief weg - убежал
liegen - лежать
legen - ложить, класть
links - влево / налево
Liste die - список
Löwe der - лев
Luba (Name) - Люба
Luft die - воздух
lustig - забавный

Mm
machen - делать
machte - делал
machte an (den Motor) - завёл, включил
machte fertig - закончил
Madame die - мадам
Mädchen das - девочка, девушка
Mama, die Mutter - мама
manchmal, ab und zu - иногда
Mann der - мужчина
Männer die - мужчины
männlich - мужской
Mannschaft die - команда
Matratze die - матрас
medizinisch - медицинский
Meer das - море
mehr - более; больше
mein, meine, mein - мой (M), моя (F), моё (N), мои (Pl)
meist - самый
Mensch der - человек
Menschen die - люди
menschlich - человеческий
Metall das - металл, металлический
Meter der - метр
Methode die - метод
mich / mir - меня / мне
Miezekatze die - кошечка
Mikhail - Михаил
Mikrofon das - микрофон
Minute die - минута
mir - мне
mit - с
Möbel die - мебель
mögen, lieben - любить
möglich - возможный
Möglichkeit die - возможность
Moment der - момент
Monat der - месяц
monoton - монотонный
Montag - понедельник
Mörder der - убийца
morgen - завтра
Morgen der - утро
Motor der - двигатель
müde - уставший
Musik die - музыка

müssen - должен; Я должен идти. - Ich muss gehen.
Muti die - мама
Mutter die - мать
Muttersprache die - родной язык
Nn
nach - после
nach außen - на улицу
nach draussen - наружу
nach unten - вниз
Nachbar der - сосед
nächste, in der Nähe - ближайший, соседний
Nacht die - ночь
nah - близко, рядом
näher - ближе
nahm - взял
Name der - имя; название (für Sachen)
Nase die - нос
nass - мокрый
Nationalität die - национальность
Natur die - природа
natürlich - конечно
nehmen - брать, взять
nein - нет
nennen - называть
neu - новый
neun - девять
neunter - девятый
nicht - не
nicht dürfen - нельзя (+ Dative); Ему нельзя работать. - Er darf nicht arbeiten.
nichts - ничего / ничто
nie - никогда
niemand - никто
Nikolaevich (Vatersname) - Николаевич
Nikolai (Name) - Николай
noch - ещё
noch einen - ещё один
normalerweise - обычно
Norwegen - Норвегия
Notiz die - записка
Notizbuch das - блокнот
Notizbücher die - блокноты
Nummer die - номер
nur - лишь, только

Oo
ob - ли; М_о_жет ли он пом_о_чь? - Ob er helfen kann?
obwohl - хот_я_
oder - _и_ли
offenherzig - _и_скренне
öffnen - открыв_а_ть
oft - ч_а_сто
Oh! - О!
ohne - без
Ohr das - _у_хо
Öl das - нефть
olympisch - олимп_и_йский
Pp
Papa - п_а_почка
Papier das - бум_а_га
Park - der парк
Parks die - п_а_рки
Pascha (Name) - П_а_ша
Paschas - П_а_ши; кн_и_га П_а_ши - Paschas Buch
passend - подход_я_щий
passieren - происход_и_ть
passiert - произошл_о_
Patroiulle die, die Streife - патр_у_ль
Pause die - перер_ы_в
Personalabteilung die - отд_е_л кадров
persönlich - л_и_чный
Piepton der - сигн_а_л
Pilot der - пил_о_т
Plan der - план
planen - план_и_ровать
Planet der - план_е_та
Platz der - м_е_сто, пл_о_щадь
plötzlich - неож_и_данно
Polizei die - пол_и_ция
Polizeihauptmeister der - серж_а_нт
Polizist der - офиц_е_р, полиц_е_йский
Position die - д_о_лжность
Preis der - цен_а_
Problem das - пробл_е_ма
Programm das - прогр_а_мма
Programmierer der - программ_и_ст
prüfen - тест_и_ровать
Prüfung die - тест; eine Prüfung bestehen - сдать экз_а_мен
Publikum das - зр_и_тели

Puppe die - к_у_кла
putzen - ч_и_стить
putzend - очищ_а_я
Qq
Quittung die - квит_а_нция
Rr
Räber der - граб_и_тель
Rad das - колес_о_
Radar der - рад_а_р
Radio das - р_а_дио
Raser der - наруш_и_тель
raste - пронёсся
Rätsel das - заг_а_дка
Ratte die - кр_ы_са
Raumschiff das - косм_и_ческий кор_а_бль
Recht das - пр_а_во
rechts - впр_а_во
Rede die - речь
Regel die - пр_а_вило
Regen der - дождь
reiben (sich) - тер_е_ть(-ся)
reisen - разъезж_а_ть
rennen, joggen, laufen - беж_а_ть
Reporter der - репортёр
retten - спас_а_ть
Rettungsdienst der - спас_а_тельная служба
Rettungstrick der - трюк по спас_е_нию жизни
richtete - напр_а_вил на
richtig - пр_а_вильно
richtig(er) - пр_а_вильный
rief an - позвон_и_л
Robert (Name) - Р_о_берт
Roberts - Р_о_берта
rot - кр_а_сный
Rubl (russisches Geld) - рубль
Rubrik die - р_у_брика
rund, umher - вокр_у_г
Russe - р_у_сский / росси_я_нин (M)
Russin - р_у_сская / росси_я_нка (F)
russische - росс_и_йский / р_у_сский (M) (Adj)
russische Sprache - р_у_сский яз_ы_к
Russland - Росс_и_я
Ss
Saatgut das - semен_а_
sagen - сказ_а_ть
sagte - сказ_а_л

sah - видел
Samstag - суббота
Sand der - песок
Sandwich das - сэндвич
Sänger der - певец (M), певица (F)
Satz der - фраза
sauber - чистый
säuberte - почистил
schaffen - суметь
schauen, betrachten - смотреть
schaute, geschaut - посмотрел
Schaufenster das - витрина
schaukelnd - качаясь
schickte - послал
Schiff das - корабль
Schlaf der - сон
schlafen - спать
schlagen - бить, ударить
Schlange die - очередь
schlank - стройный
schlau - хитро, хитрый
schlauer - хитрый
schlecht - плохой
schließen - закрывать
schließlich - наконец
schloss - закрыл
Schlüssel der - ключ
schnell - быстро
schnelle - проворный
schnelle(r) - быстрый
schön - красивый, прекрасный
schon - уже
schoss; angeschossen - выстрелил, подстрелил
Schreibarbeit - писательская работа
schreiben - (на)писать
Schreibtisch der - письменный стол
schreien, rufen - кричать
schrieb - писал
Schriftsteller der - писатель
Schritt der - шаг
Schule die - школа
Schule für Austauschschüler (SAS) - ФЛЕКС
schütten, gießen - насыпать
Schwanz der - хвост
schwarz - чёрный

schweigen - молчать
schweigend - молча
schwer - трудный
Schwester die - сестра
schwimmen, treiben - плыть, плавать
schwimmender, treibender - плывущий
sechs - шесть
sechster - шестой
sechzig - шестьдесят
See der - озеро
sehen - видеть
sehr - очень
sein(e) (Possessivpronomen) - его; Это его книга. - Das ist sein Buch.
seit - с
Sekretärin die - секретарь
selten - редко
Sergey - Сергей
Serie die - сериал
Shchorsa street - улица Щорса
sich abwenden - отвернуться
sich anhaken, hängenbleiben - зацепить(ся)
sich bewerben - подавать заявление
sich entschuldigen - извинять(ся); Извините (меня). - Entschuldigen Sie (mich).
sich kümmern um - заботиться
sich schämen - стыдиться; ему стыдно - er schämt sich
sich setzen - садиться
sich Sorgen machen - волноваться
sich unterhalten - разговаривать
sich verstecken - прятать(-ся)
sicher - уверенный
Sicherheitsgurt der - ремни безопасности
Sie - Вы
sie (Sing. Akkusativ) - её; Я знаю её. - Ich kenne sie.
sie (Pl. Akkusativ) - их; Я знаю их. - Ich kenne sie.
sie (Plural) - они
sie (Sing.) - она
Sie haben - у Вас
sie haben - у них
sie hat - у неё
sieben - семь
siebter - седьмой
siebzehn - семнадцать

sind, befinden sich - находятся; Магазины находятся рядом. - Die Läden sind nah.
singen - петь
sinken, eintauchen - погружаться
Sirene die - сирена
Situation die - ситуация
Sitz der - сиденье
sitzen - сидеть
so oft wie möglich - как можно чаще
sofort - немедленно
Sohn der - сын
Sonntag - воскресенье
sorgfältig - заботливый, осторожный
Spaniel der - спаниель
Spanien - Испания
spanische - испанский
Spaß der - удовольствие
Spaziergang - прогулка
Spiel das - игра
spielen - играть
Spielzeug das - игрушка
Sport der - спорт
Sportfahrrad das - спортивный велосипед
Sportgeschäft das - спортивный магазин
Sprache die - язык
sprechen - говорить
springen - прыгать
Sprung der - прыжок
St Peterburg (city) - Санкт Петербург
Stadt die - город
Stadtzentrum das - центр города
Stand der - положение; семейное положение - der Familienstand
Standard der, Standard- - стандартный
starb - умер
stark - сильно
starke(er) - сильный. крепкий
Stärke die - сила
station - станция
Stechmücke die - комар
Steh auf! - Вставай!
stehen - стоять
stehlen - красть / воровать
Stein der - камень
stellen - ставить
sterben - умирать
Stern der - звезда

Sternchen das - звёздочка
Stift der - авторучка
Stifte die - авторучки
Stimme die - голос
stinkend - вонючий
stoßen, ziehen - толкать
Straße die - дорога, улица
Straßen die - дороги, улицы
strenge - строгий
Strom der - ток
Student der - студент
Studenten die - студенты
Studentenwohnheim das - общежитие
studieren, lernen - учить(-ся) / изучать
Stuhl der - стул
Stunde die - час
stündlich - ежечасно
suchen - искать
super, toll - великолепно
Supermarkt der - супермаркет
Sveta (Name) - Света
Tt
Tablette die - таблетка
Tag der - день
täglich, jeden Tag - ежедневно
Tanker der - танкер
tanzen - танцевать
tanzend - танцуя
tanzte - танцевал
Tasche die - карман, сумка
Tasse die - чашка
Tastatur die - клавиатура
Taxi das - такси
Taxifahrer der - водитель такси
Tee der - чай
Teemaschine - чаеварка
Teil der - часть
teilnehmen - взять / принять участие
Teilnehmer der - участник
Teilzeitarbeit die - частичная занятость
Telefon das - телефон
Telefonhörer der - телефонная трубка
telefonieren - звонить
Teller der - тарелка
Teppich der - ковёр
Text der - текст
Tier das - животное

Tierarzt der - ветеринар
Tiger der - тигр
Tisch der - стол
Tische die - столы
Tochter die - дочь
tödlich - смертельный
Toilette die - туалет
Toll! - Здорово!
tötete, getötet (part.) - убил
trainieren - тренировать
trainiert - тренированный
Transport der - транспорт
transportieren - везти
trat - нажал ногой
Traum der - мечта
träumen - мечтать
traurig - грустный
treffen, kennenlernen - встречать(ся)
Treppe die - лестница
Tresor der - сейф
treten - наступать
tretend - нажимая ногой
Trick der - трюк
trinken - пить
trocken - сухой
trocknen - сушить
tschüss - пока
Tür die - дверь
Üü
über - над
übergreifen - распространять(ся)
überraschen - удивлять
überrascht, verwundert - удивлённый
Überraschung die - удивление, неожиданность
Übersetzer der - переводчик
Überzeugung gewinnen - убедиться
übrigens - кстати
Uu
Uhr - час; Сейчас два часа. - Es ist jetzt zwei Uhr. 2. часы; Это настенные часы. - Das ist eine Wanduhr.
um - в; в час - um eins
um .. zu .. - чтобы
und - и; а
Unfall der - авария
ungerecht - несправедливый

Universität die - университет
uns (Dat.) / uns (Ak.) - нам / нас
unser - наш
unter - под
Unterrichtsstunde die, die Aufgabe - урок
unterstreichen - подчеркнуть
USA die - США
usw. - и так далее
Vv
Vater der - папа
Vatersname der, der zweite Name - отчество
Vatis - папин
Verbrecher der - преступник
verdammt - проклятье
verdienen - зарабатывать
Verein der - клуб
Vereinbarung die - соглашение, договор
Verfolgung die - погоня
vergessen - забыть
verheitatet (ein Mann) - женат(ый); (eine Frau) - замужняя
verkaufen - продавать
Verkäufer der / die Verkäuferin - продавец / продавщица
Verlader der - грузчик
Verlag der - издательство
verlassen - оставить, покидать, уходить
verlieren - терять
verschieden - различный
verschmutzen - загрязнять
verstanden, verstand - понял
Versteckspiel das - прятки
versteckte - спрятался
verstehen - понимать
versuchen - пробовать, пытаться
versuchte - пытался
verwirrt - сконфуженный
Videokassette die - видеокассета
Videothek die - видеомагазин
viel, viele - много
vielseitig, alles könnend - всё подряд
vier - четыре
vierter - четвёртый
vierundvierzig - сорок четыре
Vogel der - птица
voll - полный
Vollzeitarbeit - полная занятость

vor - (тому) назад; год (тому) назад - vor einem Jahr
vor allem - особенно
vorbei - мимо
vorbereiten (sich) - приготовить(ся)
vorgeben; so tun, als ob - притвориться / притворяться
vorher - раньше
vorige, letzte - прошлый
vorn - передний
vorsichtig - внимательно, аккуратно
Ww
wackelte - тряс(-ся)
Waffe die - оружие
wählen (Telefonnummer) - набрать / набирать номер телефона
wählen, aussuchen - выбирать
während - во то время, как / пока
wahrscheinlich - возможно; Я, возможно, пойду в банк. - Ich werde wahrscheinlich zur Bank gehen.
Wal der - кит; der Schwertwal - кит-убийца
war - был, была, было
waren - были
warm - тёплый
warten - ждать
wartete - ждал
warum - почему
was - что; Что это? - Was ist das?
was ist mit…? - что насчёт…?
waschen - (по)мыть, умываться
Waschmaschine die - стиральная машина
Wasser das - вода
Wasserhahn der - кран
Website die - страница Интернета
weg - прочь
Weg der - путь
weg sein - пропал
wegen - из-за
weggehen - уходить
wegnehmen - убрать / убирать
weiblich - женский
weil, denn, da - потому что, так как
weinen - плакать
weiß - белый
weit - далёкий, далеко, широкий, широко
weiter - дальше

weiterhin - всё еще
welcher/welche/welches - какой; Какой стол? - Welcher Tisch?
Welle die - волна
Welpe der - щенок
Welt die - мир
Weltall das - космос
wenig - мало
weniger - меньше, менее
wenigstens - минимум
wenn - когда
wenn, falls - если
wer - кто, который
Werbung die - реклама
werde - буду
werden - будут
werden - становиться
wessen - чей
Wettbewerb der - конкурс
Wetter das - погода
wichtig - важный
wie - как; Как я. - Wie ich.
Wie geht es? - Как дела?
wieder - снова, опять
wieviel - сколько
Wind der - ветер
wir - мы
wir haben - у нас
wird - будет
wirklich - действительно
wirkliche - настоящий
wo - где
Woche die - неделя
wohnhaft - живущий
wollen - хотеть
wollte - хотел
Wort das, die Vokabel - слово
Wörter die, die Vokabeln - слова
wunderbar - удивительный
wusste - знал
wütend - сердито, сердитый
Zz
zahlen - заплатить
Zebra das - зебра
zehn - десять
zehnter - десятый
zeigen - показывать

zeigte - показал
Zeit die - время; время идёт - die Zeit läuft
Zeit nehmen - занимать время; Это занимает пять минут. - Es nimmt fünf Minuten.
Zeit verbringen - проводить время
Zeit zuteilen / finden - уделять время
Zeitschrift die - журнал
Zeitung die - газета
Zentrum das - центр
zerbrechen - разбить
zerstören - разрушать, уничтожить
ziehen - тянуть
ziemlich - довольно (таки)
Zimmer das - комната
Zimmer die - комнаты
zittern - трясти(сь)
Zoo der - зоопарк
zu - к, в, на; Я иду в банк. - Ich gehe zur Bank. 2. слишком; слишком дорогой - zu teuer

zu Fuß - пешком
zu Zeiten - во время
Zug der - поезд
zukünftig - будущий
zurück - назад, обратно
zurückkommen - возвращаться
zusammen - вместе
zuschauen - глядеть
zuvor, bevor - до; Я приеду до пятницы. - Ich komme bevor Freitag.
zwanzig - двадцать
zwei - два
zweihundert - двести
zweimal - дважды
zweitausendeinhundertzwanzig - две тысячи сто двадцать
zweiter - второй
zwingen - заставить / заставлять
zwischen - между

Die 1300 wichtigen russischen Wörter

Дни недели	**Tage der Woche**	зим<u>а</u>	Der Winter
воскрес<u>е</u>нье	Der Sonntag	весн<u>а</u>	Der Frühling
понед<u>е</u>льник	Der Montag	л<u>е</u>то	Der Sommer
вт<u>о</u>рник	Der Dienstag	<u>о</u>сень	Der Herbst
сред<u>а</u>	Der Mittwoch	**Семья**	**Die Familie**
четв<u>е</u>рг	Der Donnerstag	тётя	Die Tante
п<u>я</u>тница	Der Freitag	брат	Der Bruder
субб<u>о</u>та	Der Samstag	дети	Die Kinder
нед<u>е</u>ля	Die Woche	папа	Der Papa
день	Der Tag	дочь	Die Tochter
ночь	Die Nacht	семь<u>я</u>	Die Familie
сег<u>о</u>дня	heute	отец	Der Vater
вчер<u>а</u>	gestern	вн<u>у</u>чка	Die Enkelin
з<u>а</u>втра	morgen	дедушка	Der Großvater
<u>у</u>тро	Der Morgen	б<u>а</u>бушка	Die Oma
в<u>е</u>чер	Der Abend	дедушка и б<u>а</u>бушка	Die Großeltern
Месяцы	**Die Monate**	внук	Der Enkel
янв<u>а</u>рь	Der Januar	прадедушка	Der Urgroßvater
февр<u>а</u>ль	Der Februar	прабабушка	Die Urgroßmutter
март	Der März	мама	Die Mutter
апр<u>е</u>ль	Der April	плем<u>я</u>нник	Der Neffe
май	Der Mai	плем<u>я</u>нница	Die Nichte
и<u>ю</u>нь	Der Juni	родители	Die Eltern
и<u>ю</u>ль	Der Juli	сестр<u>а</u>	Die Schwester
<u>а</u>вгуст	Der August	сын	Der Sohn
сент<u>я</u>брь	Der September	дядя	Der Onkel
окт<u>я</u>брь	Der Oktober	**Внешность и качества**	**Aussehen und Qualitäten**
но<u>я</u>брь	Der November	активный	aktiv
дек<u>а</u>брь	Der Dezember	л<u>ы</u>сый	kahl
Сезоны года	**Die Jahreszeiten**		

характер	Der Charakter	тактичный	taktvoll
умный	klug	талантливый	talentiert
внимательный	rücksichtsvoll	высокий	hoch
творческий	kreativ	худой	dünn
жестокий	grausam	уродливый	hässlich
кудрявый	lockig	злой	unfreundlich
энергичный	energetisch	слабый	schwach
толстый	fett	молодой	jung
щедрый	großzügig	**Эмоции**	**Emotionen**
жадный	gierig	скучающий	gelangweilt
волосатый	behaart	самоуверенный	zuversichtlich
красивый	gut aussehend	довольный	zufrieden
добрый	freundlich	любопытный	neugierig
женатый, замужняя	verheiratet	восторженный	begeistert
старый	alt	эмоция	Die Emotion
полный	rundlich	взволнованный	aufgeregt
вежливый	höflich	бестолковый, глупый	doof
бедный, малоимущий	arm	счастливый	glücklich
красивая	ziemlich	надеющийся	hoffend
богатый, состоятельный	reich	голодный	hungrig
		одинокий	einsam
грубый	unhöflich	неудачный	spitzbübisch
невысокий	kurz	нервный	nervös
холостяк, незамужняя	einzig	обиженный	beleidigt
тощий	dünn	грустный, печальный	traurig
стройный	schlank	испуганный	erschrocken
невьющийся, прямой	gerade	в шоке	schockiert
сильный	stark	сонный	schläfrig
глупый	blöd	удивлённый	überrascht

испытывающий жажду	durstig
уставший	müde
Одежда	**Kleider**
куртка с капюшоном	Der Anorak
ремень	Der Gürtel
блузка	Die Bluse
ботинки	Der Stiefel
браслет	Das Armband
кепка	Die Kappe
шерстяная кофта	Die Strickjacke
одежда	Die Kleider
пальто	Der Mantel
платье	Das Kleid
серёжка	Der Ohrring
шуба	Der Pelzmantel
очки	Die Brille
перчатка	Der Handschuh
шляпа	Der Hut
куртка	Die Jacke
джинсы	Die Jeans
вязаный свитер	Das Trikot
колье	Die Halskette
ночнушка	Das Nachthemd
пижама	Der Pyjama
плащ	Die Regenjacke
кольцо	Der Ring
сандалии	Die Sandalen
шарф	Der Schal
рубашка	Das Hemd
туфли	Die Schuhe
шорты	Die kurze Hose
юбка	Der Rock
тапочки	Die Hausschuhe
кроссовки	Die Turnschuhe
носки	Die Socken
чулки	Die Strümpfe
костюм	Der Anzug
свитер	Das Sweatshirt
купальник	Der Badeanzug
галстук	Die Krawatte
колготки	Die Strumpfhose
спортивный костюм	Der Trainingsanzug
брюки	Die Hose
футболка	Das T-Shirt
зонт	Der Regenschirm
штаны	Die Hose
часы	Die Uhr
Дом и мебель	**Haus und Möbel**
будильник	Der Wecker
квартира	Die Wohnung
балкон	Der Balkon
ванная комната	Das Badezimmer
кровать, постель	Das Bett
спальня	Das Schlafzimmer
постельное покрывало	Die Tagesdecke
скамья, лавка	Die Bank
одеяло	Die Decke
книжный шкаф	Das Bücherregal

ковёр	Der Teppich	простыня	Das Blatt
шкатулка	Die Schatulle	полка	Das Regal
стул; кресло	Der Sessel	душ	Die Dusche
шкаф	Der Wandschrank	диван	Das Sofa
буфет, сервант	Der Schrank	лестница	Die Treppe
занавеска	Der Vorhang	табурет	Der Schemel
рабочий стол	Der Schreibtisch	стол	Die Tabelle
столовая	Das Esszimmer	туалет, унитаз	Die Toilette
дверь	Die Tür	верхний этаж	nach oben
дверной звонок	Die Türklingel	окно	Das Fenster
нижний этаж	unten	**Кухня**	**Die Küche**
мебель	Die Möbel	конфорка	Der Brenner
гараж	Die Garage	шкаф с ящиками	Der Küchenschrank
зал	Der Flur	контейнер	Der Kanister
коридор	Der Korridor	стул	Der Sessel
дом	Das Haus	книга с рецептами	Das Kochbuch
интерьер	Das Innere	посудомоечная машина	Der Geschirrspüler
кухня	Die Küche	водопроводный кран	Der Wasserhahn
лампа, светильник	Die Lampe		
гостиная	Das Wohnzimmer	морозильная камера	Der Gefrierschrank
почтовый ящик	Der Briefkasten	кухня	Die Küche
матрац	Die Matratze	кухонная посуда	Das Geschirr
зеркало	Der Spiegel	микроволновая печь	Die Mikrowelle
тумбочка	Der Nachttisch		
картина; рисунок	Das Bild	духовка	Der Ofen
подушка	Das Kissen	холодильник	Der Kühlschrank
наволочка	Der Kissenbezug	раковина	Das Waschbecken
крыша, кровля	Das Dach	губка	Der Schwamm
комната; помещение	Das Zimmer	печь, печка	Der Herd
сейф	Der Safe	стол	Die Tabelle

тостер	Der Toaster	масло	Die Butter
полотенце	Das Handtuch	торт	Der Kuchen
Посуда	**Das Geschirr**	конфета	Die Süßigkeiten
бутылка	Die Flasche	икра	Der Kaviar
миска	Die Schüssel	сыр	Der Käse
кофейник	Die Kaffeetasse	цыплёнок	Das Hähnchen
чашка	Die Tasse	шоколад	Die Schokolade
вилка	Die Gabel	коктейль	Der Cocktail
сковорода	Die Bratpfanne	какао	Der Kakao
стакан	Das Glas	кофе	Der Kaffee
кувшин	Der Krug	печенье	Das Plätzchen
чайник	Der Kessel	круассан	Das Croissant
нож	Das Messer	котлета	Das Kotelett
крышка	Der Deckel	яйцо	Das Ei
кружка	Der Becher	рыба	Der Fisch
салфетка	Die Serviette	мука	Das Mehl
кастрюля	Die Pfanne	еда	Das Lebensmittel
перечница	Der Pfefferstreuer	жареный	gebraten
тарелка	Der Teller	фрукты	Die Frucht
солонка	Der Salzstreuer	ветчина	Der Schinken
кастрюля для соуса	Der Kochtopf	мороженое	Das Eis
ложка	Der Löffel	варенье; джем	Die Marmelade
сахарница	Die Zuckerschüssel	желе	Das Gelee
посуда	Das Geschirr	сок	Der Saft
чайник для заварки	Die Teekanne	кетчуп	Der Ketchup
Еда	**Essen**	макароны	Die Makkaroni
выпеченный	gebacken	майонез	Die Mayonnaise
фасоль	Die Bohne	мясо	Das Fleisch
говядина	Das Rindfleisch	молоко	Die Milch
горький	bitter	блин, оладья	Der Pfannkuchen
хлеб	Das Brot	вермишель	Die Pasta

перец	Der Pfeffer	печёнка	Die Leber
пирог	Der Kuchen	почки	Die Nieren
пицца	Die Pizza	домашняя птица	Das Geflügel
свинина	Das Schweinefleisch	курица	Das Hähnchen
каша	Der Haferbrei	индейка	Der Truthahn
картофель	Die Kartoffel	утка	Die Ente
рис	Der Reis	гусь	Die Gans
салат	Der Salat	рыба	Der Fisch
соль	Das Salz	треска	Der Kabeljau
солёный	gesalzen	форель	Die Forelle
бутерброд	Das Sandwich	лосось	Der Lachs
соус	Die Soße	хек	Der Seehecht
колбаса, сосиска	Die Wurst	камбала	Die Scholle
суп	Die Suppe	скумбрия	Die Makrele
кислый	sauer	сардина	Die Sardine
специя, пряность	würzen	селёдка	Der Hering
бифштекс, стейк	Das Steak	морепродукты	Die Meeresfrüchte
сахар	Der Zucker	креветка	Die Garnele
сладкий	süß	мелкая креветка	Die Garnele
чай	Der Tee	мидия	Die Muschel
овощи	Das Gemüse	устрица	Die Auster
Мясо и рыба	**Fleisch und Fisch**	омар	Der Hummer
мясо	Das Fleisch	кальмар	Der Tintenfisch
говядина	Das Rindfleisch	краб	Die Krabbe
ягнёнок	Das Lamm	**Фрукты**	**Die Frucht**
баранина	Das Hammelfleisch	яблоко	Der Apfel
свинина	Das Schweinefleisch	абрикос	Die Aprikose
телятина	Das Kalbfleisch	банан	Die Banane
оленина	Das Wild	фрукт	Die Frucht
бекон	Der Speck	виноград	Die Traube
ветчина	Der Schinken	грейпфрут	Die Grapefruit

киви	Die Kiwi	напиток	Getränk
лимон	Die Zitrone	пиво	Das Bier
лайм	Die Limette	напиток	Das Getränk
манго	Die Mango	коктейль	Der Cocktail
дыня	Die Melone	какао	Der Kakao
персик	Der Pfirsich	кофе	Der Kaffee
груша	Die Birne	пить, алкогольный напиток	Das Getränk
ананас	Die Ananas		
слива	Die Pflaume	фруктовый сок	Der Fruchtsaft
Овощи	**Das Gemüse**	холодный чай	Der Eistee
бобы	Die Bohnen	сок	Der Saft
свекла	Die Zuckerrüben	лимонад	Die Limonade
капуста	Der Kohl	молоко	Die Milch
морковь	Die Karotte	молочный коктейль	Der Milchshake
сельдерей	Der Sellerie	апельсиновый сок	Der Orangensaft
огурец	Die Gurke	безалкогольный напиток	Das alkoholfreie Getränk
укроп	Der Dill		
баклажан	Die Aubergine	чай	Der Tee
чеснок	Der Knoblauch	томатный сок	Der Tomatensaft
лук	Die Zwiebel	овощной сок	Der Gemüsesaft
петрушка	Die Petersilie	вода	Das Wasser
горох	Die Erbse	вино	Der Wein
перец	Der Pfeffer	**Приготовление еды (готовка)**	**Das Kochen**
картофель	Die Kartoffel		
тыква	Der Kürbis	добавлять	hinzufügen
редис	Der Rettich	печь, выпекать	backen
помидор	Die Tomate	отбивать	schlagen
овощ	Das Gemüse	варить	kochen
Напитки	**Die Getränke**	рубить	hacken
алкоголь, спирт	Alkohol	повар	kochen
алкогольный	alkoholisches	кулинария, готовка	kochend
		жарить	braten

тереть на тёрке	reiben	гладильная доска	Das Bügelbrett
жарить на рашпере	grillen	стирка	Die Wäsche
плавить	schmelzen	стиральный порошок	Das Waschmittel
крошить	zerkleinern		
смешивать	mischen	швабра с тряпкой	Der Mopp
снимать кожуру	schälen	тряпка	Der Lappen
наливать	gießen	губка	Der Schwamm
прожаривание	braten	подметать, мести	fegen
просеивать	sieben	мусорное ведро	Der Mülleimer
тушить	kochen	пылесос	Der Staubsauger
резать ломтиками	schneiden	протирать, мыть	wischen
помешивать	rühren	**Уход за телом**	**Die Körperpflege**
мыть	waschen	уход	Die Pflege
взвешивать	wiegen	одеколон	Das Eau de Cologne
сбивать	verquirlen	расчёска	Der Kamm
Уборка	**Der Haushalt**	зубная нить	Die Zahnseide
проветривать	Die Luft	дезодорант	Das Deodorant
отбеливатель	bleichen	фен	Der Ventilator
веник	Der Besen	освежитель	Das Erfrischungsmittel
ведро	Der Eimer		
моющее средство	Das Reinigungsmittel	шпилька (для волос)	Die Haarnadel
прищепка	Die Wäscheklammer	корзина с крышкой	Der Korb
грязь	Der Schmutz	гигиена	Die Hygiene
пыль, вытирать пыль	Der Staub	губная помада	Der Lippenstift
		тушь для ресниц	Die Wimperntusche
совок для мусора	Die Schaufel	зеркало	Der Spiegel
опустошать, вытряхивать	leer	жидкость для полоскания рта	Das Mundwasser
мусор, отбросы	Der Müll	лак для ногтей	Die Nagelpolitur
уборка	Die Haushaltung	духи	Das Parfüm
утюг, утюжить	Das Bügeleisen	бритва	Der Rasierer

весы	Die Waage	снег	Der Schnee
ножницы	Die Schere	солнечный	sonnig
шампунь	Das Shampoo	температура	Die Temperatur
крем для бритья	Der Rasierschaum	погода	Das Wetter
душ	Die Dusche	ветер	Der Wind
раковина	Das Waschbecken	ветреный	windig
мыло	Die Seife	**Транспорт**	**Der Transport**
мочалка	Der Schwamm	самолёт	Das Flugzeug
унитаз, туалет	Die Toilette	машина скорой помощи	Der Krankenwagen
зубная щётка	Die Zahnbürste		
зубная паста	Die Zahnpasta	велосипед	Das Fahrrad
полотенце	Das Handtuch	лодка, шлюпка	Das Boot
пинцет, щипчики	Die Pinzette	автобус	Der Bus
Погода	**Das Wetter**	автомобиль	Das Auto
лёгкий ветерок	Die Brise	вертолёт	Der Hubschrauber
ясный, погожий	hell	мотоцикл	Das Motorrad
холодный	frostig	полицейский автомобиль	Das Polizeiauto
облачный	bewölkt		
холод, холодный	kalt	дорога, шоссе	Die Straße
прохладный	kühl	парусник	Das Segelboot
туман	Der Nebel	скутер	Der Roller
туманный	neblig	корабль	Das Schiff
морозный	eisig	улица	Die Straße
град	Der Hagel	светофор	Die Ampel
жара	Die Hitze	поезд	Der Zug
жаркий	heiß	трамвай	Die Tram
молния	Der Blitz	транспорт	Der Transport
лёгкий туман	Der Nebel	грузовой автомобиль	Der LKW
дождь	Der Regen		
дождливый	regnerisch	фургон	Der Van
ливень	Der Regenschauer	**Город**	**Die Stadt**
		аллея	Die Gasse

р<u>а</u>й<u>о</u>н	Der Bereich	галер<u>е</u>я	Die Galerie
проспе́кт	Die Allee	автозапр<u>а</u>вочная ст<u>а</u>нция	Die Tankstelle
б<u>у</u>лочная, пек<u>а</u>рня	Die Bäckerei	вор<u>о</u>та	Das Tor
банк	Die Bank	парикм<u>а</u>херская	Der Friseur
бар	Die Bar	больн<u>и</u>ца	Das Krankenhaus
басс<u>е</u>йн	Die Badeanstalt	гост<u>и</u>ница	Das Hotel
скамь<u>я</u>	Die Bank	перекрёсток	Die Straßenkreuzung
кн<u>и</u>жный магаз<u>и</u>н	Die Buchhandlung	библиот<u>е</u>ка	Die Bibliothek
мост; м<u>о</u>стик	Die Brücke	карта	Die Karte
зд<u>а</u>ние, стро<u>е</u>ние	Das Gebäude	р<u>ы</u>нок	Der Markt
авт<u>о</u>бусная остан<u>о</u>вка	Die Bushaltestelle	п<u>а</u>мятник	Das Monument
каф<u>е</u>	Das Café	кин<u>о</u>	Das Kino
сто<u>я</u>нка маш<u>и</u>н	Der Parkplatz	муз<u>е</u>й	Das Museum
ц<u>е</u>рковь	Die Kirche	ночн<u>о</u>й клуб	Der Nachtclub
киноте<u>а</u>тр	Das Kino	двор<u>е</u>ц	Der Palast
цирк	Der Zirkus	парк	Der Park
г<u>о</u>род (больш<u>о</u>й)	Die Stadt	м<u>е</u>сто сто<u>я</u>нки автотр<u>а</u>нспорта	Der Parkplatz
каф<u>е</u>	Das Café		
<u>у</u>гол	Die Ecke	тротуа́р	Das Pflaster
перекрёсток	Die Kreuzung	перех<u>о</u>д	Der Zebrastreifen
перех<u>о</u>д	Die Fußgängerbrücke	апт<u>е</u>ка	Die Apotheke
		карт<u>и</u>нная галер<u>е</u>я	Die Bildergalerie
зубн<u>о</u>й кабин<u>е</u>т	Die Zahnarztpraxis	пол<u>и</u>ция	Die Polizei
универм<u>а</u>г	Das Kaufhaus	басс<u>е</u>йн	Das Schwimmbad
врач<u>е</u>бный кабин<u>е</u>т	Der Arzt	п<u>о</u>чта	Die Post
апт<u>е</u>ка	Die Drogerie	рестор<u>а</u>н	Das Restaurant
пож<u>а</u>рное деп<u>о</u>	Die Feuerwehr	дор<u>о</u>га	Die Straße
цвет<u>о</u>чный магаз<u>и</u>н	Das Blumengeschäft	дор<u>о</u>жный знак	Das Straßenschild
кл<u>у</u>мба	Das Blumenbeet	шк<u>о</u>ла	Die Schule
фонт<u>а</u>н	Der Brunnen	скамь<u>я</u>	Der Sitz

магазин	Das Geschäft	перемена	Die Unterbrechung
тротуар	Der Bürgersteig	калькулятор	Der Taschenrechner
небоскрёб	Der Wolkenkratzer	стул	Der Sessel
площадь	Der Platz	мел	Die Kreide
стадион	Das Stadion	химия	Die Chemie
киоск	Der Stall	зажим	Die Klemme
статуя	Die Statue	класс	Das Klassenzimmer
магазин	Das Geschäft	скрепка	Der Clip
улица	Die Straße	планшет с зажимом	Das Klemmbrett
план города	Die Straßenkarte	часы	Die Uhr
окраина, пригород	Der Vorort	корректор	Die Korrekturflüssigkeit
подземный переход	Die U-Bahn	учебный план	Der Lehrplan
супермаркет	Der Supermarkt	парта	Der Schreibtisch
бассейн	Das Schwimmbad	рисование	Die Zeichnung
стоянка такси	Der Taxistand	образование	Die Bildung
театр	Das Theater	резинка	Der Radiergummi
город (небольшой)	Die Stadt	экзамен	Die Prüfung
план города	Der Stadtplan	экзамен	Die Untersuchung
центральная площадь	Der Stadtplatz	папка	Die Datei
светофор	Die Ampeln	география	Die Erdkunde
ж.д. вокзал	Der Bahnhof	глобус	Der Globus
метро	Die Untergrundbahn	клей	kleben
подземный переход	Die Unterführung	директор школы	Der Schulleiter
университет	Die Universität	маркер	Der Textmarker
зоопарк	Der Zoo	история	Die Geschichte
Школа	**Die Schule**	каникулы	Der Urlaub
рюкзак	Der Rucksack	урок, занятие	Die Lektion
звонок	Die Glocke	запирающийся шкафчик	Das Schließfach
биология	Die Biologie		
классная доска	Die Tafel	карта	Die Karte

оценка	Das Kennzeichen	контрольная работа	Der Test
маркер	Der Marker	учебник	Das Lehrbuch
математика	Die Mathematik	расписание	Der Zeitplan
музыка	Die Musik	**Профессии**	**Die Berufe**
тетрадь	Das Notizbuch	бухгалтер	Der Buchhalter
блокнот	Der Notizblock	актёр	Der Schauspieler
канцелярские товары	Der Bürobedarf	администратор, руководитель	Der Administrator
бумага	Das Papier	архитектор	Der Architekt
ручка	Der Stift	художник	Der Künstler
карандаш	Der Bleistift	спортсмен	Der Athlet
пенал	Das Mäppchen	парикмахер	Der Herrenfriseur
физика	Die Physik	бармен	Der Barkeeper
дырокол	der Locher	телохранитель	Der Leibwächter
ученик	Der Schüler	строитель	Der Erbauer
канцелярская кнопка	Die Reißwecke	кассир	Der Kassierer
		уборщик	Der Reiniger
линейка	Das Lineal	тренер	Der Trainer
школа	Die Schule	композитор	Der Komponist
ножницы	Die Schere	консультант, советник	Der Berater
скотч	Der Tesafilm		
семестр	Das Semester	повар	Der Koch
точилка	Der Anspitzer	курьер	Der Kurier
степлер	Der Hefter	зубной врач	Der Zahnarzt
скобки для степлера	Die Heftklammern	конструктор, проектировщик	Der Designer
канцелярские товары	Die Schreibwaren	доктор, врач	Der Arzt
		водитель	Der Fahrer
стикер, наклейка	Der Aufkleber	экономист	Der Ökonom
студент	Der Schüler	электрик	Der Elektriker
клейкая лента	Das Band	инженер	Der Ingenieur
учитель	Der Lehrer	финансист	Der Financier

пожарный	Der Feuerwehrmann	**Действия**	**Die Aktionen**
экскурсовод	Der Führer	сгибать(ся)	biegen
парикмахер	Der Friseur	нести, носить	tragen
переводчик устный	Der Dolmetscher	ловить; поймать	fangen
журналист	Der Journalist	ползать	kriechen
юрист, адвокат	Der Anwalt	нырять	tauchen
библиотекарь	Der Bibliothekar	тянуть, тащить	ziehen
управляющий, менеджер	Manager	ударять (по чему-л.)	schlagen
военнослужащий	Der Soldat	держать; обнимать	halten
музыкант	Der Musiker	подпрыгивать	hüpfen
медсестра	Die Krankenschwester	прыгать, скакать	springen
		бить ногой	treten
фотограф	Der Fotograf	прислонять, опирать	lehnen
сантехник	Der Klempner	поднятие, поднимать	aufheben
полицейский	Der Polizist		
политик	Der Politiker	маршировать	marschieren
почтальон	Der Briefträger	тянуть, тащить	ziehen
священник	Der Priester	толкать; пихать	drücken
профессия	Der Beruf	класть, ставить	stellen
программист	Der Programmierer	бежать, бегать	laufen
учёный	Der Wissenschaftler	сидеть; садиться	sitzen
секретарь	Die Sekretärin	прыгать, скакать	überspringen
продавец	Der Verkäufer	шлёпать, хлопать	schlagen
певец	Der Sänger	приседать	hocken
стилист	Der Stylist	тянуться, вытягиваться	strecken
таксист	Der Taxifahrer	бросать, кидать	werfen
учитель	Der Lehrer	ходить на цыпочках	auf Zehenspitzen gehen
ветеринар	Der Tierarzt		
официант	Die Bedienung	идти, ходить	gehen
писатель	Der Schriftsteller		

Музыка	Die Musik
аккомпанимент	Die musikalische Begleitung
аккордеон	Das Akkordeon
альбом	Das Album
волынка	Der Dudelsack
балалайка	Die Balalaika
балет	Das Ballett
группа	Das Band
контрабас	Der Bass
фагот	Das Fagott
дирижёрская палочка	Der Taktstock
смычок	Der Bogen
медные духовые инструменты	Die Blechbläser
виолончель	Das Cello
камерная музыка	Die Kammermusik
кларнет	Die Klarinette
классическая музыка	Die klassische Musik
писать музыку	komponieren
композитор	Der Komponist
концерт	Das Konzert
дирижёр	Der Dirigent
тарелки	Das Becken
барабан	Die Trommel
барабанные палочки	Die Trommelstöcke
флейта	Die Flöte
рояль	Der Konzertflügel
гитара	Die Gitarre
арфа	Die Harfe
рожок	Das Horn
инструментальная музыка	Die Instrumentalmusik
динамик, громкоговоритель	Der Lautsprecher
микрофон	Das Mikrofon
музыкальные инструменты	Die Musikinstrumente
музыкант	Der Musiker
гобой	Die Oboe
опера	Die Oper
оперетта	Die Operette
оркестр	Das Orchester
орган	Die Orgel
перкуссия, ударные инструменты	Das Schlagzeug
пианино	Das Klavier
сольный концерт	Die Aufführung
саксофон	Das Saxophon
сингл песня	Die Single
солист	Der Solist
песня	Das Lied
звук	Der Klang
струнные инструменты	Die Streichinstrumente
симфония	Die Symphonie
синтезатор	Der Synthesizer
записывать нотами	transkribieren
тромбон	Die Posaune
труба	Die Trompete
туба	Die Tuba

видео-клип	Das Video (Clip)	катание на роликовой доске	Das Skateboarding
альт	Die Viola	катание на коньках	Das Skaten
скрипка	Die Geige	катание на лыжах	Das Skifahren
виртуоз	Der Virtuose	катание на санях	Das Schlittenfahren
духовые инструменты	Die Blasinstrumente	плавание	Das Schwimmen
Спорт	**Der Sport**	футбол	Das Fußballspiel
аэробика	Das Aerobic	теннис	Das Tennis
атлетика	die Leichtathletik	волейбол.	Das Volleyballspiel
баскетбол	Das Basketballspiel	тяжёлая атлетика	Das Gewichtheben
боулинг	Das Bowling	соревнование по борьбе	Das Ringen
бокс	Das Boxen		
гребля на каноэ	Der Kanusport	парусный спорт	Das Segeln
езда на велосипеде	Das Radfahren	**Тело**	**Der Körper**
танцы	Das Tanzen	лодыжка	Der Knöchel
прыжки в воду, погружение	Das Tauchen	рука	Der Arm
		спина	Der Rücken
футбол	Das Fußballspiel	лысый	kahl
гольф	Das Golf	борода	Der Bart
гимнастика	Die Gymnastik	тело	Der Körper
хоккей	Das Eishockey	зад	Das Gesäß
пробежка, бег трусцой	Das Jogging	икра (икры ног)	Die Waden
		щека	Die Wange
дзюдо	Das Judo	грудная клетка	Die Brust
карате	Das Karate	подбородок	Das Kinn
парашютный спорт	Das Fallschirmspringen	локоть	Der Ellbogen
		глаз, глаза	Das Auge (die Augen)
настольный теннис	Das Tischtennis		
гонки	Das Rennen	бровь	Die Augenbraue
плавание под парусами	Das Segeln	ресница	Die Wimper
		веко	Das Augenlid
стрельба	Das Schießen	лицо	Das Gesicht

палец	Der Finger	большой палец	Der Daumen
ноготь	Der Fingernagel	палец ноги	Die Zehe
стопа (стопы)	Der Fuß (die Füße)	ноготь на пальце ноги	Der Zehennagel
лоб	Die Stirn		
очки	Die Brille	язык	Die Zunge
волосы	Das Haar	зуб, зубы	Der Zahn (die Zähne)
волосатый	behaart		
кисть руки	Die Hand	талия	Die Taille
голова	Der Kopf	женщина	Die Frau
пятка	Die Hacke	**Природа**	**Die Natur**
указательный палец	Der Zeigefinger	берег, пляж	Der Strand
		каньон	Die Schlucht
колено	Das Knie	морское побережье	Die Küste
нога	Das Bein	пустыня	Die Wüste
губа, губы	Die Lippe(n)	поле, луг	Das Feld
мизинец	Der kleine Finger	лес	Der Wald
человек, мужчина	Der Mann	ледник	Der Gletscher
средний палец	Der Mittelfinger	холм, возвышенность	Der Hügel
усы	Der Schnurrbart		
рот	Der Mund	низина, впадина	Die Höhle
шея	Der Hals	остров	Die Insel
нос	Die Nase	джунгли, дебри	Der Dschungel
ладонь	Die Handinnenfläche	озеро	Die See
зрачок	Die Pupille	гора	Der Berg
безымянный палец	Der Ringfinger	природа	Die Natur
голень	Das Schienbein	океан	Der Ozean
плечо	Die Schulter	равнина	Die Ebene
живот, желудок	Der Bauch	пруд	Der Teich
солнцезащитные очки	Die Sonnenbrille	река	Der Fluss
		скала, камень	Der Felsen
бедро	Der Schenkel	море	Das Meer

Домашнее животное	Das Haustier
кот, кошка	Die Katze
собака	Der Hund
морская свинка	Das Meerschweinchen
хомяк	Der Hamster
лошадь	Das Pferd
котёнок	Das Kätzchen
домашнее животное	Das Haustier
свинья	Das Schwein
поросёнок	Das Ferkel
щенок	Der Welpe
кролик	Der Hase

Животные	Die Tiere
животное	Das Tier
летучая мышь	Die Fledermaus
медведь	Der Bär
бобёр	Der Biber
бизон	Der Bison
верблюд	Das Kamel
шимпанзе	Der Schimpanse
олень	Der Hirsch
осёл	Der Esel
слон	Der Elefant
лиса	Der Fuchs
жираф	Die Giraffe
горилла	Der Gorilla
бегемот	Das Nilpferd
конь, лошадь	Das Pferd
гиена	Die Hyäne
кенгуру	Das Känguru
коала	Der Koala
леопард	Der Leopard
лев	Der Löwe
лама	Das Lama
обезьяна	Der Affe
лось	Der Elch
мышь	Die Maus
панда	Der Pandabär
кабан	Das Schwein
заяц	Der Hase
крыса	Die Ratte
носорог	Das Nashorn
скунс	Der Skunk
белка	Das Eichhörnchen
тигр	Der Tiger
волк	Der Wolf
зебра	Das Zebra

Птицы	Die Vögel
птица	Der Vogel
канарейка	Der Kanarienvogel
курица	Das Hühnchen
журавль, цапля	Der Kranich
ворона	Die Krähe
кукушка	Der Kuckuck
утка	Die Ente
орёл	Der Adler
фламинго	Der Flamingo
гусь	Die Gans
сокол	Der Falke
колибри	Der Kolibri

страус	Der Vogel Strauß	пион	Die Pfingstrose
сова, филин	Die Eule	мак	Der Mohn
попугай	Der Papagei	роза	Die Rose
павлин	Der Pfau	подснежник	Das Schneeglöckchen
пеликан	Der Pelikan	подсолнух	Die Sonnenblume
пингвин	Der Pinguin	тюльпан	Die Tulpe
фазан	Der Fasan	фиалка	Das Veilchen
голубь	Die Taube	**Деревья**	**Die Bäume**
чайка	Die Möwe	кора	Die Akazie
воробей	Der Spatz	бук	Die Buche
аист	Der Storch	берёза	Die Birke
ласточка	Die Schwalbe	ветка	Der Ast
лебедь	Der Schwan	каштан	Die Kastanie
дятел	Der Specht	шишка	Der Kegel
Цветы	**Die Blumen**	ель	Die Tanne
букет	Der Strauß	лес	Der Wald
камелия	Die Kamelie	лист	Das Blatt
гвоздика	Die Nelke	липа	Die Linde
крокус	Der Krokus	клён	Der Ahorn
нарцисс	Die Narzisse	дуб	Die Eiche
георгина	Die Dahlie	пальма	Die Palme
маргаритка	Das Gänseblümchen	сосна	Die Kiefer
одуванчик	Der Löwenzahn	тополь	Die Pappel
цветок	Die Blume	корень	Die Wurzel
гладиолус	Die Gladiole	дерево	Der Baum
ирис	Die Iris	ствол	Der Baumstamm
лаванда	Das Lavendel	ива	Die Weide
лилия	Die Lilie	**Море**	**Das Meer**
лотос	Der Lotus	аллигатор	Der Alligator
нарцисс	Die Narzisse	кашалот	Der Cachalot
орхидея	Die Orchidee		

коралл	Die Koralle	белый	weiß
краб	Die Krabbe	красный	rot
речной рак	Der Flusskrebs	оранжевый	orange
крокодил	Das Krokodil	розовый	rosa
дельфин	Der Delfin	серый	grau
рыба	Der Fisch	чёрный	schwarz
лягушка	Der Frosch	**Размер**	**Die Größe**
медуза	Die Qualle	размер	Die Größe
омар	Der Hummer	маленький	klein
моллюск	Das Weichtier	большой	groß
океан	Der Ozean	средний	mittel
осьминог	Der Tintenfisch	маленький	klein
выдра	Der Otter	большой	groß
море	Das Meer	огромный	enorm
морская змея	Die Seeschlange	длинный	lang
тюлень	Der Seehund	короткий	kurz
акула	Der Hai	широкий	breit
ракообразное	Die Meeresfrüchte	узкий	eng
креветка	Die Garnele	высокий	hoch
улитка	Die Schnecke	высокий	groß
морская звезда	Der Seestern	низкий	niedrig
рыба-меч	Der Schwertfisch	глубокий	tief
черепаха земная	Die Schildkröte	мелкий	flach
черепаха	Die Schildkröte	толстый	dick
морж	Das Walross	тонкий	dünn
кит	Der Wal	далеко	weit
Цвета	**Die Farben**	близко	in der Nähe von
жёлтый	gelb	**Материалы**	**Die Materialien**
зелёный	grün	кирпич	Der Ziegel
голубой, синий	blau	картон	Der Karton
коричневый	braun	глина	Der Lehm

ткань	Das Tuch
бетон	Der Beton
стекло	Das Glas
кожа	Das Leder
материал	Das Material
металл	Das Metall
бумага	Das Papier
пластик	Der Kunststoff
резина	Das Gummi
камень	Der Stein
древесина	Das Holz
ткань	Der Stoff
Аэропорт	**Der Flughafen**
самолёт	Das Flugzeug
аэропорт	Der Flughafen
проход	Der Gang
подлокотник	Die Armlehne
рюкзак	Der Rucksack
багаж	Das Gepäck
посадка (на борт)	Das Einsteigen
салон (самолёта)	Die Kabine
ручная кладь	Das Fortfahren
кабина (самолёта)	Der Cockpit
таможня	Der Zoll
задержка	Die Verzögerung
место назначения	Das Reiseziel
авария	Der Notfall
рейс	Der Flug
корпус, фюзеляж	Der Rumpf
вход / выход	Das Gate
посадка, приземление	Die Landung
туалет	Die Toilette
спасательный жилет	Die Rettungsweste
жидкость	Die Flüssigkeit
пассажир	Der Passagier
паспорт	Der Reisepass
взлётно-посадочная полоса	Die Startbahn
расписание	Der Zeitplan
сиденье, место	Der Sitz
охранник	Der Sicherheitsbeamte
чемодан	Der Koffer
хвост	Das Heck
взлёт	Das Abheben
терминал	Der Terminal
билет	Die Fahrkarte
тележка	Der Wagen
шасси	Das Fahrwerk
виза	Das Visum
окно	Das Fenster
крыло	Der Flügel
География	**Die Erdkunde**
район, область	Der Bereich
столица	Die Hauptstadt
город	Die Stadt
страна	Das Land
район	Der Kreis
край, область	Die Region
государство / штат	Das Bundesland
небольшой город	Die Stadt

деревня	Das Dorf	водоём	
мыс	Das Kap	река	Der Fluss
отвесная скала, утёс	Das Kliff	море	Das Meer
		источник, родник, ключ	Die Quelle
ледник	Der Gletscher		
холм	Der Hügel	ручей	Der Strom
гора	Der Berg	**Преступления**	**Das Verbrechen**
горная цепь	Die Bergkette / Bergkette -	поджог	Die Brandstiftung
		вооружённое / разбойное нападение	Der Angriff
ущелье	Der Pass		
пик	Die Spitze		
равнина	Die Ebene	двоежёнство	Die Bigamie
плато, плоскогорье	Das Plateau	шантаж	Die Erpressung
вершина	Der Gipfel	взяточничество	Die Bestechung
долина	Das Tal	кража со взломом	Der Einbruch
вулкан	Der Vulkan	жестокое обращение с ребёнком	Der Kindesmissbrauch
пустыня	Die Wüste		
экватор	Der Äquator		
лес	Der Wald	заговор	Die Verschwörung
горная местность	Das Hochland	шпионаж	Die Spionage
джунгли	Der Dschungel	подделка	Die Fälschung
низменность	Das Tiefland	мошенничество	Der Betrug
оазис	Die Oase	геноцид	Der Völkermord
болото, топь	Der Sumpf	угон транспортного средства	Die Entführung
тропики	Die Tropen		
тундра	Die Tundra	убийство	Der Mord
канал	Der Kanal	похищение людей	Die Entführung
озеро	Die See	непредумышленное убийство	Der Totschlag
океан	Der Ozean		
океаническое течение	Die Meeresströmung	уличное ограбление	Der Überfall
		убийство	Der Mord
пруд, заводь,	Der Pool / Teich	лжесвидетельство	Der Meineid

изнаси́лование	Die Vergewaltigung	два́дцать оди́н	einundzwanzig
бунт	Das Randalieren	два́дцать два	zweiundzwanzig
ограбле́ние	Der Raub	три́дцать	dreißig
воровство́ в магази́не	Der Ladendiebstahl	со́рок	vierzig
		пятьдеся́т	fünfzig
клевета́	Die Verleumdung	шестьдеся́т	sechzig
контраба́нда	Der Schmuggel	се́мьдесят	siebzig
госуда́рственная изме́на	Der Verrat	во́семьдесят	achtzig
		девяно́сто	neunzig
наруше́ние, вторже́ние	Das unerlaubte Betreten	сто	einhundert
		сто оди́н	einhundertundeins
Чи́сла	**Nummern**		...
оди́н	eins	две́сти	zweihundert
два	zwei	ты́сяча	eintausend
три	drei	миллио́н	eine Million
четы́ре	vier	**Поря́дковые числи́тельные**	**Ordnungszahlen**
пять	fünf		
шесть	sechs	пе́рвый	erste
семь	Sieben	второ́й	zweite
во́семь	acht	тре́тий	dritte
де́вять	neun	четвёртый	vierte
де́сять	zehn	пя́тый	fünfte
оди́ннадцать	elf	шесто́й	sechste
двена́дцать	zwölf	седьмо́й	siebte
трина́дцать	dreizehn	восьмо́й	achte
четы́рнадцать	vierzehn	девя́тый	neunte
пятна́дцать	fünfzehn	деся́тый	zehnte
шестна́дцать	sechzehn	оди́ннадцатый	elfte
семна́дцать	siebzehn	двена́дцатый	zwölfte
восемна́дцать	achtzehn	трина́дцатый	dreizehnte
девятна́дцать	neunzehn	четы́рнадцатый	vierzehnte
два́дцать	zwanzig		

пятн__а__дцатый	fünfzehnte	дв__а__дцать восьм__ой__	achtundzwanzigste
шестн__а__дцатый	sechzehnte	дв__а__дцать дев__я__тый	neunundzwanzigste
семн__а__дцатый	siebzehnte	тридц__а__тый	dreißigste
восемн__а__дцатый	achtzehnte	сороков__о__й	vierzigste
девятн__а__дцатый	neunzehnte	пятидес__я__тый	fünfzigste
двадц__а__тый	zwanzigste	шестидес__я__тый	sechzigste
дв__а__дцать п__е__рвый	einundzwanzigste	семидес__я__тый	siebzigste
дв__а__дцать втор__о__й	zweiundzwanzigste	восьмидес__я__тый	achtzigste
дв__а__дцать тр__е__тий	dreiundzwanzigste	девян__о__стый	neunzigste
дв__а__дцать четвёртый	vierundzwanzigste	с__о__тый	hundertste
дв__а__дцать п__я__тый	fünfundzwanzigste	т__ы__сячный	tausendste
дв__а__дцать шест__о__й	sechsundzwanzigste	милли__о__нный	millionste
дв__а__дцать седьм__о__й	siebenundzwanzigste		

Buchtipps

Das Erste Russische Lesebuch für Anfänger Band 1
Zweisprachig mit Russisch-deutscher Übersetzung
Stufen A1 A2

Das Buch enthält einen Kurs für Anfänger und fortgeschrittene Anfänger, wobei die Texte auf Deutsch und auf Russisch nebeneinanderstehen. Die Motivation des Schülers wird durch lustige Alltagsgeschichten über das Kennenlernen neuer Freunde, Studieren, die Arbeitssuche, das Arbeiten etc. aufrechterhalten. Die dabei verwendete Methode basiert auf der natürlichen menschlichen Gabe, sich Wörter zu merken, die immer wieder und systematisch im Text auftauchen. Sätze werden stets aus den im vorherigen Kapitel erklärten Wörtern gebildet. Das zweite und die folgenden Kapitel des Anfängerkurses haben nur jeweils 29 neue Wörter. Audiodateien und Leseprobe sind auf www.lppbooks.com/Russian/FirstRussianReader_audio/ inklusive erhältlich.

Das Erste Russische Lesebuch für Anfänger Band 2
Zweisprachig mit Russisch-deutscher Übersetzung
Stufe A2

Dieses Buch ist Band 2 des Ersten Russischen Lesebuches für Anfänger. Das Buch enthält einen Kurs für Anfänger und fortgeschrittene Anfänger, wobei die Texte auf Russisch und auf Deutsch nebeneinanderstehen. Die dabei verwendete Methode basiert auf der natürlichen menschlichen Gabe, sich Wörter zu merken, die immer wieder und systematisch im Text auftauchen. Sätze werden stets aus den im vorherigen Kapitel erklärten Wörtern gebildet. Die Audiodateien sind auf www.lppbooks.com/Russian/FirstRussianReaderVolume2_audio/ inklusive erhältlich.

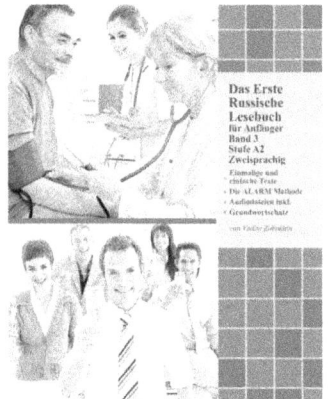

Das Erste Russische Lesebuch für Anfänger Band 3
Zweisprachig mit Russisch-deutscher Übersetzung
Stufe A2

Dieses Buch ist Band 3 des Ersten Russischen Lesebuches für Anfänger. Das Buch enthält einen Kurs für Anfänger und fortgeschrittene Anfänger, wobei die Texte auf Russisch und auf Deutsch nebeneinanderstehen. Die dabei verwendete Methode basiert auf der natürlichen menschlichen Gabe, sich Wörter zu merken, die immer wieder und systematisch im Text auftauchen. Sätze werden stets aus den im vorherigen Kapitel erklärten Wörtern gebildet. Die Audiodateien sind auf www.lppbooks.com/Russian/FirstRussianReaderVolume3_audio/ inklusive erhältlich.

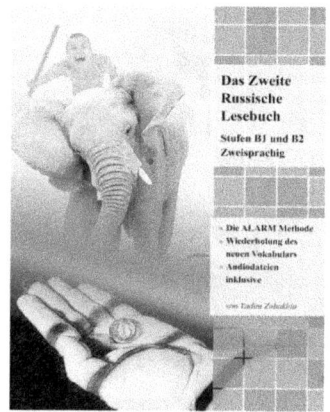

Das Zweite Russische Lesebuch
Zweisprachig mit Russisch-deutscher Übersetzung
Stufen A2 B1

Ein Privatdetektiv ist hinter der Frau her, die er liebt. Ehemaliger Luftwaffenpilot, er entdeckt einige Seiten in der menschlichen Natur, mit denen er nicht zurechtkommen kann. Dieses Buch ist bestens für Sie geeignet, wenn Sie bereits Erfahrung mit der russischen Sprache haben. Das Buch ist nach der ALARM-Methode aufgebaut. Diese Methode ermöglicht Ihnen ein schnelles Erlernen russischer Wörter, Sätze und Grammatikstrukturen. Neue Worte werden im Buch von Zeit zu Zeit wiederholt, dadurch können Sie sich leichter an sie erinnern. Die Audiodateien sind auf www.lppbooks.com/Russian/SecondRussianReader_audio/ inklusive erhältlich.

Das Erste Russische Lesebuch für Medizinische Fachangestellte
Zweisprachig mit Russisch-deutscher Übersetzung
Stufe A1 und A2

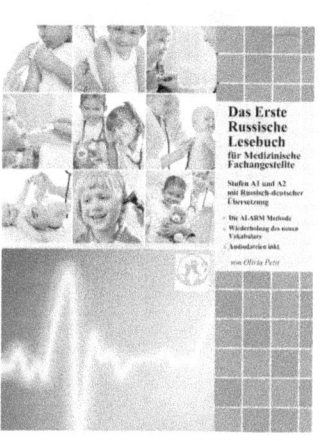

Bei diesem Lehrbuch handelt es sich um ein Lesebuch speziell für medizinische Fachangestellte, und dementsprechend behandeln die Lektionstexte und Vokabeln auch Themen wie Patientengespräche, Diagnostik, die Beschreibung von Symptomen und vieles mehr, was man im Kontakt mit Ärzten und Patienten braucht. Die Lektionen sind in mehrere Blöcke unterteilt: Vokabelliste mit Übersetzung, kurze Übungsdialoge und Texte (zweisprachig) und meistens im Anschluss einige Verständnisfragen zu den Gesprächsinhalten. Ein praktisches Lesebuch, das anhand von Texten, die typische Situationen in Krankenhaus und Arztpraxis behandeln, ein umfangreiches medizinisches Vokabular vermittelt. Die Audiodateien sind auf www.lppbooks.com/Russian/FRRMP/ inklusive erhältlich.

Das Erste Russische Lesebuch zum Kochen
Zweisprachig mit Russisch-deutscher Übersetzung
Stufen A1 A2

Lernt man eine Sprache, hilft die Bekanntheit mit einem Thema, eine Verbindung zwischen zwei Sprachen herzustellen. Das Erste Russische Lesebuch zum Kochen stellt die Wörter und Sätze sowohl in Russisch als auch in Deutsch zur Verfügung. Fünfundzwanzig Kapitel sind in Themen und Inhalte bezüglich Kochen und Nahrung gegliedert. Rezeptanleitungen, zusammen mit leichten Fragen und Antworten, zeigen den Gebrauch dieser Wörter und Sätze. Zusätzliche Hilfe beinhalten die Russisch-Deutsche und Deutsch-Russische Wörterbücher. Es könnte Ihren Appetit anregen oder Russischlernenden wie Ihnen helfen, ihre Kenntnis in einem bekannten Umfeld der Küche zu verbessern. Die Audiodateien sind auf www.lppbooks.com/Russian/FRRC/ inklusive erhältlich.

Das Erste Russische Lesebuch für Touristen
Zweisprachig mit Russisch-deutscher Übersetzung
Stufe A1

Das Lesebuch ist ein Kurs für Anfänger, wobei die Texte auf Deutsch und auf Russisch nebeneinanderstehen. Es ist der ideale Begleiter für alle, die Sprachen unterwegs lernen wollen. Das Buch enthält am häufigsten gebrauchten Wörter, einfache Sätze und Redewendungen, um sich schnell zu verständigen. Die dabei verwendete Methode basiert auf der natürlichen menschlichen Gabe, sich Wörter zu merken, die immer wieder und systematisch im Text auftauchen. Sätze werden stets aus den im vorherigen Kapitel erklärten Wörtern gebildet. Die Audiodateien sind auf www.lppbooks.com/Russian/FRRT/ inklusive erhältlich.

Das Erste Russische Lesebuch für Familien
Zweisprachig mit Russisch-deutscher Übersetzung
Stufen A1 A2

Das Buch enthält eine Darstellung der russischen Gespräche des täglichen Familienlebens, wobei die Texte auf Russisch und auf Deutsch nebeneinander stehen. Die Lektionen sind in mehrere Blöcke unterteilt: Vokabelliste für den täglichen Gebrauch, zweisprachige Texte, und Verständnisfragen zu den Gesprächsinhalten. Die dabei verwendete ALARM-Methode basiert auf der natürlichen menschlichen Gabe, sich Wörter zu merken, die immer wieder und systematisch im Text auftauchen. Sätze werden stets aus den im vorherigen Kapitel erklärten Wörtern gebildet. Die Audiodateien sind auf www.lppbooks.com/Russian/FRRF/ inklusive erhältlich.

Das Erste Russische Lesebuch für Kaufmännische Berufe und Wirtschaft
Zweisprachig mit Russisch-deutscher Übersetzung
Stufen A1 A2

Der Inhalt des Buches ist aufgeteilt in 25 Kapitel, die auf die Stufen A1 und A2 des gemeinsamen europäischen Referenzrahmen vorbereiten sollen. In jedem Kapitel wird eine Anzahl an Vokabeln vermittelt, die anschließend direkt in kurzen, einprägsamen Sätzen und Texten veranschaulicht werden. Dabei handelt es sich durchgehend um alltagstaugliches Material für Berufssituationen wie Telefonate, Besprechungen, Geschäftsreisen und Geschäftskorrespondenz. Der Clou aber ist, dass sich jeweils zwei Spalten durch die Lektionen ziehen: links die russischen Übungssätze und Texte, rechts die deutsche Übersetzung. Dazu gibt es inklusive Audiodateien auf www.lppbooks.com/Russian/FRRB/index_de.html

Das Erste Russische Lesebuch für Studenten
Zweisprachig mit Russisch-deutscher Übersetzung
Stufen A1 A2

Das Buch enthält einen Kurs für Anfänger und fortgeschrittene Anfänger, wobei die Texte auf Deutsch und auf Russisch nebeneinanderstehen. Die Dialoge sind praxisnah und alltagstauglich. Die dabei verwendete Methode basiert auf der natürlichen menschlichen Gabe, sich Wörter zu merken, die immer wieder und systematisch im Text auftauchen. In jedem Kapitel wird eine Anzahl an Vokabeln vermittelt, die anschließend direkt in kurzen, einprägsamen Texten und Dialogen veranschaulicht werden. Die Audiodateien sind auf www.lppbooks.com/Russian/FRRS/ inklusive erhältlich.

Кто потерял деньги? Wer verlor das Geld?
Das Erste Russische Lesebuch für Stufen A1 und A2
Zweisprachig mit Russisch-Deutscher Übersetzung

Der erste Teil des Buches erklärt mit Beispielen den grundlegenden Satzbau der russischen Sprache, wobei die Texte auf Russisch und auf Deutsch für einen leichteren Einsicht nebeneinander stehen. Der zweite Buchteil stellt einen Krimi dar. Die dabei verwendete ALARM-Methode basiert auf der natürlichen menschlichen Gabe, sich Wörter zu merken, die immer wieder und systematisch im Text auftauchen. Sätze werden stets aus den im vorherigen Kapitel erklärten Wörtern gebildet. Die Audiodateien und Leseprobe sind auf www.lppbooks.com/Russian/WLM/ inklusive erhältlich.

www.ingramcontent.com/pod-product-compliance
Lightning Source LLC
Chambersburg PA
CBHW080336170426
43194CB00014B/2590